Bibliographie

Gehörbildung / Hörerziehung

mit Einführung und vierfachem Index

[Bibliography of Aurals Skills and Music Perception]

Bibliographie

Gehörbildung / Hörerziehung

mit Einführung und vierfachem Index

[Bibliography of Aurals Skills and Music Perception]

Lutz Felbick

Impressum

Edition TONART, Aachen

ISBN: 9789403619293

Lektorat: Uta Kegel (www.Schreibwerk-Kegel.de)

Covergestaltung: DANA
Ausschnitte aus der Hörpartitur von R. Wehinger zur Komposition *Artikulation* von G. Ligeti 1958 (Wehinger 1970).

Gedruckt in Deutschland

Die Deutsche Nationalbibliothek verzeichnet diese Publikation in der Deutschen Nationalbibliografie.

Die Bildung des Gehörs ist das Wichtigste.
Robert Schumann[1]

The ear hears – the brain listens.
Pauline Oliveros[2]

Vorwort

Diese Bibliographie ist ein Portal für Titel aus dem vielschichtigen Themenkreis des Musikhörens. Gegenstand der Betrachtung sind nicht einzelne Kompositionen. Stattdessen stehen die zahlreichen Phänomene des Musikhörens und damit die komplexen Hörvorgänge selber im Fokus. Mit dem vorangestellten Zitat von Pauline Oliveros wird vorgeschlagen, zwischen den Begriffen *Hearing* und *Listening* zu unterscheiden, eine Differenzierung, die in der deutschen Sprache nur unscharf mit den Ausdrücken *Hören, Horchen* oder *Lauschen* umschrieben werden kann. Auch die in der Musikpädagogik üblichen Begriffe *Gehörbildung/Hörerziehung* bzw. *Ear Training* entsprechen der Thematik nur unvollkommen oder sind sogar missverständlich, insbesondere bei dem angloamerikanischen Begriff („The ear can't be trained"[3]). In neuerer Zeit ist hier eher der Begriff *aural skills* als Sammelbezeichnung üblich. Damit sind sämtliche Aspekte inklusive des *Prima-Vista-Singens* (*Sight Singing* und *Solmization*) eingeschlossen. Die wissenschaftlichen Grundlagen werden desweiteren im musikpsychologischen Fach *Music Perception* erforscht.

Die nachfolgend vorangestellte Einführung gibt eine Übersicht über die Gesamtthematik und nennt exemplarisch einige Titel zu den angesprochenen Teilbereichen. Mit Hilfe des vierfachen Index können sowohl Autoren und Autorinnen,[4] als auch relevante Fachzeitschriften, Dissertationen und wichtige Stichworte schnell gefunden werden.

---

[1] Musikalische Haus- und Lebensregeln. In: *Neue Zeitschrift für Musik* 32, (1850), Anhang, Beilage zu Bd. 32, Nr. 36. Begriffsgeschichtlich ist dieses Zitat von Bedeutung, denn der Terminus *Gehörbildung* kann als sprachliche Variante dieses Leitspruchs betrachtet werden. Der erst in den 1950er Jahren erscheinende Terminus *Hörerziehung* wurde ganzheitlicher verstanden als die zunächst enger geführten Übungen zur *Gehörbildung* bzw. zum *Ear Traning.*

[2] Pauline Oliveros, *The difference between hearing and listening* Vortrag auf YouTube.com (12.11.2015).

[3] Pauline Oliveros, a.a.O.

[4] Aus Gründen der besseren Lesbarkeit wird auf die gleichzeitige Verwendung der Sprachformen männlich, weiblich und divers (m/w/d) verzichtet. Sämtliche Personenbezeichnungen gelten

Bei der hier vorgenommen Auswahl der Bücher und Zeitschriftenartikel wurde davon ausgegangen, dass die Einbeziehung wichtiger Titel aus den Nachbardisziplinen des Musikhochschulfachs Gehörbildung/Hörerziehung[5] für eine fundierte Forschung und Sachkenntnis unerlässlich ist. Bei genauer Betrachtung werden sich vermeintlich weniger relevante Studien im Kontext der Hörforschung als sinnvolle Ergänzungen erweisen. Beispielsweise Fragestellungen, die sich mit dem Hören von Klangfarben, psycho-akustischen Effekten und speziellen Soundaspekten befassen, mit denen Toningenieure konfrontiert sind und die jenseits der klassischen Themen der Gehörbildung liegen (Stichwort: „techical ear training").

Da die Thematik weltweit Beachtung findet, enthält die Sammlung zahlreiche Titel der internationalen Literatur. Einige Titel konnten bisher bibliographisch nicht vollständig ermittelt werden, sollen jedoch auch als nicht vollständig erschlossene Daten in die Betrachtung eingehen. Die mehr als dreitausend Titel umfassende Bibliographie des Zeitraums vom Jahr 1000 bis 2020 ist als Grundlage für weitere Forschungen gedacht. Artikel aus etwa fünfhundert verschiedenen Zeitschriften wurden zitiert. Das work-in-progress-Projekt erhebt nicht den Anspruch, sämtliche relevanten Titel lückenlos aufzuführen – dies wäre im gesetzten Rahmen nicht zu leisten. Jedoch ermöglicht eine Durchsicht der Titel erste Einblicke in unterschiedliche Forschungsfelder und pädagogische Aufgabenstellungen.

Die hier gewählte chronologische Ordnung kann als Grundlage für eine Geschichte des Hochschulfachs Gehörbildung/Hörerziehung dienen. Aus dieser Historie können die zum Teil deutlich ideologisch geprägten Schriften aus der Zeit der Nazidiktatur oder aus dem bildungspolitischen Diskurs der 1970er Jahre nicht ausgeklammert werden, denn sie sind in historischer Hinsicht von Bedeutung.

Der Diskurs fand teilweise in Form von wissenschaftlichen Arbeiten statt, aber auch weniger wissenschaftlich angelegte Veröffentlichungen vermitteln einen Eindruck des Themenspektrums. Die Relevanz neuerer wissenschaftlicher Studien geben dem Fach eine Beachtung, die der Arbeit an einer Hochschule würdig ist. Allerdings muss beklagt werden, dass die deutsche Musikhochschullandschaft sich im Gegensatz zu anderen Ländern beim Fach Gehörbildung/Hörerziehung in ihrer Mehrheit zögerlich gegenüber einer interdisziplinären Zusammenarbeit verhält. Ein wichtiges Ziel dieser Veröffentlichung wäre, an hiesigen Musikhochschulen eine bessere Akzeptanz für die Einbeziehung von wissenschaftlichen Erkenntnissen auf der Basis einer internationalen Betrachtungsweise zu befördern.

---

gleichermaßen für alle Geschlechter.

[5] An dieser Stelle sei darauf hingewiesen, dass der Begriff *Hörerziehung* neben der musikpädagogischen Verwendung 1993 auch im Kontext des *Bundes Deutscher Taubstummenlehrer* erscheint. Inwiefern angesichts möglicher gemeinsamer Erkenntnisgrundlagen ein interdisziplinärer Austausch sinnvoll sein könnte, wäre zu prüfen.

Das Verzeichnis der 175 Dissertationen hebt einige besonders gründlich und ausführlich angelegte Arbeiten hervor, allerdings ist insgesamt keine qualitative Bewertung der Titel beabsichtigt, zumal eine subjektive Bewertung von der jeweiligen Fragestellung abhängig ist.

Bekanntlich weichen die in wissenschaftlichen Formaten erscheinenden bibliographischen Normen erheblich voneinander ab. Zeitschriftenartikel orientieren sich hier mit geringfügig vorgenommenen Anpassungen am APA-Format: Author, A. & Author, B. (year). Title of article. In: *Journal Title*, Volume(Issue), pages. Sofern ausgeschriebene Vornamen vorliegen, werden diese aufgeführt. Werden mehrere Verfasser eines Titels genannt, so erscheint der in der Quelle zuerst genannte Autor im Index. In den meisten Fällen wird dies der Hauptautor sein.

Dem Wunder des Hörens kommt man nicht endgültig auf die Spur. Musiker, Chorleiter, Hochschullehrer und Wissenschaftler befassen sich seit tausend Jahren mit diesem Thema, haben Konzepte entwickelt, einzelne Aspekte des Hörens untersucht und unzählige Erfahrungen im Umgang mit dem menschlichen Gehör dokumentiert. Musikpädagogen und Wissenschaftler veröffentlichten Texte, in denen Möglichkeiten der Annäherung mittels sorgfältig angelegter Studien aufgezeigt werden. Offensichtlich ist das Geheimnis aber nicht vollständig zu lüften.

Diese Arbeit ist auch das Ergebnis der Suche eines Hochschullehrers, der das Fach Gehörbildung/Hörerziehung seit fast dreißig Jahren an einer Musikhochschule unterrichtet. Diese Suche ist noch nicht abgeschlossen. So liegt eben auch noch keine abschließende Antwort vor. Wer der Welt mit geöffneten Ohren begegnet, wird sich immer wieder über Neues und Unerwartetes freuen. Deshalb sollte eine Arbeit über das Hören unbedingt ergebnisoffen angelegt sein.

Wie betrachtet man eine tausend-jährige, interdisziplinäre und internationale „Schwarmintelligenz"?

Es zeigt sich ein kaum überschaubares Spektrum der Herangehensweisen. Die amerikanische Komponistin Pauline Oliveros verstand das Lauschen als eine Meditation. Die Mitglieder eines Chores, die entweder den Chorleiter imitieren oder die Noten vom Blatt singen, lernen diese Art des Hörens meistens intuitiv. Daneben existieren seit dem Mittelalter unzählige Methoden, sich einen unbekannten Gesang ohne Zuhilfenahme eines Instrumentes oder einer anderen Person nur auf der Basis einer Notenvorlage zu erarbeiten.

Ludwig van Beethoven ist ein populäres Beispiel für einen Komponisten, der trotz seiner zunehmenden Taubheit eine perfekte innere Klangvorstellung seiner kompositorischen Ideen hatte. Insofern ist eine Hörempfindung – ähnlich dem Phänomen des auch in dieser Bibliographie thematisierten „Ohrwurms" – nicht zwangsläufig an ein akustisches Ereignis gebunden.

Die auditive Wahrnehmung ist seit dem 19. Jahrhundert Gegenstand wissenschaftlicher Untersuchungen. Heute werden diese Phänomene in der Gestaltpsychologie, der Musikpsychologie, der Kognitionswissenschaft, der Neurobiologie usw. untersucht. An Musikhochschulen oder vergleichbaren universitären Instituten werden die Fächer Prima-Vista-Singen, Gehörbildung, Hörerziehung und Höranalyse angeboten.

Für diesen Unterricht müssen Konzepte entwickelt werden. Eine gute Intonation der richtigen Tonhöhe ist u.a. Voraussetzung für einen guten Abschluss eines klassisch angelegten Musikstudiums und somit Unterrichtsgegenstand. Die Praxis der Musikwelt ist allerdings sehr vielfältig und so darf das Phänomen von ganz andersartigen Intonationen nicht vergessen werden, beispielsweise in der Ästhetik der afro-amerikanischen Musik.

Spätestens jetzt stellt sich die Frage, ob es neben der akademischen eurozentristischen Beschäftigung mit dem Phänomen des Hörens einen nichtakademischen Weg gäbe, der im Einzelfall sogar adäquater und zielführender sein könnte.

Solche Zweifel beträfen dann die Ausrichtung einer akademisch und institutionell angelegten Musikausbildung. Oder wäre ein Zugang denkbar, der sowohl intuitiv und unakademisch als auch wissenschaftlich angelegt ist? Sowohl Herz als auch Hirn beim Umgang mit Musik? Vermeintlich trivial ist Musik so vielschichtig angelegt, dass sie diese beiden scheinbar widersprüchlichen Wege schlichtweg vereint.

Bereits in der Antike spekulierten Philosophen über mögliche Zusammenhänge zwischen den musikalischen Schwingungen, dem Körper, dem Geist und der Seele. Alva Noë, Philosophieprofessor in Berkeley, stellte 2009 eine radikale Philosophie des menschlichen Bewusstseins vor und fragte zu Recht, ob sich das Bewusstsein tatsächlich innerhalb unseres Körpers befindet. Der Autor wendet sich gegen eine dezidierte Tendenz der Neurowissenschaften. Inbesondere deren Neigung, „das Gehirn als Ort des Denkens anzusehen, als Generator jener Welt, die dem Besitzer dieses Gehirns erscheint; verknüpft mit der neurowissenschaftlichen Nutzanwendung, dass man nur das Gehirn untersuchen muss, will man sehen, wie Wahrnehmung, Gedanken und Bewusstsein sich bilden – eben im Kopf." (FAZ 21.12.2010). Der Originaltitel seines auch in Deutschland erschienenen und diskutierten Buches lautet *Out of Our Heads: Why You Are Not Your Brain, and Other Lessons from the Biology of Consciousness* (Noë 2009). Wenn die Wahrnehmung und das Bewusstsein („Seele") ihren Ort nicht im Gehirn haben sollten, ergeben sich ganz neue Fragestellungen.

Besonders danken möchte ich Heribert Leuchter, der mir seit Jahrzehnten ein treuer Freund und Improvisationskollege ist. Er hat zur Qualitätsverbesserung meiner einführenden Texte beigetragen. Mein lieber Hochschulkollege Prof. Hans Peter Reutter initiierte im „Corona-Sommer-Semester" 2020 eine ausgiebige virtuelle Fachdiskussion mit weiteren lieben Kollegen an der Düsseldorfer Robert Schumann Hochschule. Im Laufe dieser Diskussion entstand die Idee, das vorliegende Buch zu veröffentlichen. Dazu mussten meine in Fachkreisen seit 1997 in Umlauf befindlichen Manuskripte qualitativ verbessert und in Buchform gebracht werden (Rodriguez 2008, 22, Kaiser 2003/05, 200). Die Freundschaft mit Hans Peter Reutter, seine herzliche Kollegialität und seine von hoher fachlicher Kompetenz geprägten Beiträge bedeuten mir auch nach der altersbedingten Beendigung meiner Hochschultätigkeit noch sehr viel. Einen fachlichen Austausch gibt es bis heute weiterhin mit der im April 2003 gegründeten GMTH-Fachgemeinschaft Hörerziehung / Gehörbildung. Die anwesenden fünf Expertinnen und sieben Experten hatten sich beim ersten Treffen auf diese FG-Bezeichnung geeinigt. Dies steht in unmittelbarem Zusammenhang mit der Titelgebung dieser Bibliographie. In seiner noch sehr rudimentären Form wurde dieses Projekt bereits Anfang 1997 von Prof. Irene Matz (Stuttgart) als äußerst wichtig bezeichnet. Diese wissenschaftliche Grundlegung des Faches sei vielen Lehrern als solche kaum bewußt. Sowohl Frau Matz als auch allen ehemaligen und derzeitigen FG-Mitgliedern, die an den Hochschulen wirkten bzw. dort noch tätig sind, gilt mein Dank für den jahrelangen fachlichen Austausch.

Die amerikanische Komponistin und Improvisationskünstlerin Pauline Oliveros hat mir in zahlreichen Begegnungen den weiten Blick auf die tiefen Dimensionen des Hörens und Meditierens ermöglicht. Ähnliches habe ich meiner Lehrerin Prof. Almut Rößler zu verdanken, die mir die vielfarbige Klangwelt des großartigen französischen Komponisten Olivier Messiaen nahebrachte. Diesen beiden großartigen Lehrerinnen bin ich ebenso dankbar wie den professionellen Jazzmusikern, die mich vor 50 Jahren erstmals anregten, die Kunst der Improvisation systematisch zu lernen.

Meiner lieben Frau und unserer gemeinsamen Tochter danke ich für die nicht endende Geduld und die konstruktiven Beträge zu meiner Arbeit.

Für Anregungen zu weiterer Literatur oder für Kritik bin ich dankbar. Kontakt: Lutz@Felbick.de

Einführung

Die Gehörbildung bzw. Hörerziehung als Unterrichtsfach an Musikhochschulen kann sowohl in wissenschaftlicher als auch pädagogischer Hinsicht aus ganz verschiedenen Perspektiven betrachtet werden.[6] Die unterschiedlichen Ansätze und die grundsätzlichen Herausforderungen, die für eine wissenschaftliche Theoriebildung und eine musikpädagogische Praxis des Faches relevant sein könnten, sollen im Folgenden überblickartig dargestellt werden. Anhand der systematischen Darstellung sollen weiterhin exemplarisch einige Ansätze interdisziplinär skizziert werden, die für ein grundlegendes Verständnis der Phänomene von Bedeutung sein könnten.[7]

Mit dem „ungeliebten Nebenfach" der Gehörbildung/Hörerziehung (Westermann 1995) sind bei Lehrenden wie Studierenden an Musikhochschulen immer noch große Unsicherheiten verbunden. Geht es doch hierbei um nichts Geringeres als die detaillierte auditive Perzeption, also um die bewusste Wahrnehmung von musikalischen Ereignissen und die Fähigkeit, diese verbal oder mit Hilfe der Schrift visuell darzustellen. Wiederum müssen im optimalen Fall auch visuelle Darstellungen der Noten so gelesen werden, dass daraus beispielsweise beim Vom-Blatt-Singen musikalische Ereignisse werden. In beiden Fällen müssen innerlich Vorstellungen von den akustischen Ereignissen bzw. von den Notenbildern entwickelt werden. Vielfach ist der Erfolg oder Misserfolg des Faches abhängig von der Erfahrung, dem Geschick und der Geduld der Lehrenden.

Das Fach gehört innerhalb des Hochschulstudiums im Allgemeinen zu den musiktheoretisch-wissenschaftlichen Fächern. Man dürfte daher erwarten, dass umfangreiche wissenschaftliche Erkenntnisse vorlägen, aus denen sich eine zufriedenstellende „Theorie des musikalischen Hörens" entwickeln ließe. Diese liegt aber wegen der komplexen und nur bedingt erforschbaren zerebralen Verarbeitungsprozesse nur punktuell vor. Auch der „Forschungsgegenstand" Musik ist als physikalisches Ereignis relativ komplex, denn die zeitlich strukturierten Klangfolgen lassen sich nur sehr unvollkommen mit Hilfe von Frequenzangaben und deren Beziehungen zueinander beschreiben. Auch das Notenmaterial kann nicht als zufriedenstellende Darstellung des Klanges betrachtet werden, zumal die Notenschrift bei speziellen, musikalischen Verläufen nicht zur Anwendung kommen kann (Wehinger 1970; vgl. Grafikelemente des hiesigen Buchumschlags).

Wie das Stichwortverzeichnis zeigt, bezieht sich eine beachtliche Zahl von Arbeiten unmittelbar auf das Thema Gehörbildung/Hörerziehung. Diverse Zweige der wissen-

---

[6] Der folgende einführende Text basiert auf einer Arbeit des Autors aus dem Jahre 2000. In den letzten 20 Jahren haben sich durch neuere Veröffentlichungen weitere Aspekte ergeben, die einige Aktualisierungen erforderlich machten. In anderen Bereichen sind die in der älteren Literatur dokumentierten Erkenntnisse noch relevant.

[7] Im März 2021 fasste der Autor dieses Buches wesentliche Gedanken in dem von ihm konzipierten und verfassten Wikipediaartikel Gehörbildung zusammen (https://de.wikipedia.org/wiki/Geh%C3%B6rbildung).

schaftlichen Forschung veröffentlichten weiterhin Beiträge, die beispielsweise die auditive Wahrnehmung der Sprache thematisieren und den Diskurs somit aus ganz anderen wissenschaftlichen Perspektiven bereichern. Genannt seien hier vor allem die Beiträge aus der Psychologie, der empirischen Musikpsychologie (Auhagen 1994, Hubbard 2011), der Rezeptionsforschung (z.B. Ross 1983), der Wahrnehmungspsychologie (Carterette/Freidmann 1974–78, Mausfeld 2005, Mausfeld 2010), der kognitiven Psychologie und der Gestaltpsychologie (Ehrenfels 1890, Reinecke 1960, Pallesen 2010, Fourier 2019, Houlahan 2015).

Der Hörvorgang kann innerhalb eines kybernetischen Modells beschrieben werden (Reinecke 1974). Auch im Zusammenhang mit der Gedächtnisforschung wird das Hören untersucht (Ma et al 2015). Das Hören von Musik ist in der inzwischen bemühten Neuropsychologie als ein besonderer Hörvorgang mit einer eigenen Komplexität erkannt worden und kann mit dem Ergebnis aufwarten, dass „man zerebrale Vorgänge beim Musizieren zur Zeit noch nicht untersuchen" kann. Die fundierte Theorie der Höranalyse bedarf also noch des Zusammentragens von zahlreichen Forschungsergebnissen und Erfahrungen (Popper/Eccles 1982, Bruhn/Oerter/Rösing 1993, 632, Jourdain 1998, Wolf 2015, Hertig 2019, 106).

Auch Forschungen, die sich aus logopädischer (Gundermann 1982) oder psychophysikalischer Sicht (Zwicker 1982) mit der Verarbeitung von Klängen beschäftigen, können für die Gehörbildung/Hörerziehung von Bedeutung sein.

Bei Fragen der Tonalität und der damit verbundenen Erkenntnistheorie sind musikphilosophische Überlegungen von Interesse (Riemann 1914f., Pfrogner 1953, Zipp 1974, Albersheim 1980, Vogel 1975), weiterhin die philosophische Hermeneutik (Gruhn 1989) und die Ton- bzw. Hörpsychologie (Helmholtz 1863, Stumpf 1883). Handschin (1927) berief sich bei seinen Forschungen ähnlich wie Riemann auf den mittelalterlichen Philosophen Johannes Scotus. Aus den musikalisch-mathematischen Fakten des traditionellen abendländischen Tonsystems folgerte er, dass es eine Proportionspsychologie geben müsse. Angesichts der Bedeutung der Tonbeziehungen für die Musikwahrnehmung ist diese Forderung sehr gut nachvollziehbar.

Geht es um die Frage der Hörerziehung innerhalb der Neuen Musik, trifft man leider auf eine Unzahl polemischer Ausführungen (Federhofer/Wellek 1971/72). Dazu finden sich singuläre Feststellungen, aber es wird nur in sehr geringem Maße systematisch auf die Frage der Gehörbildung/Hörerziehung eingegangen (Lissa 1969, Ansermet 1965, Haas/Karkoschka1981, Warner 1969, Lachenmann 1970 und 1985, Friedmann 1990, Kabisch/Wehinger 1997, Hecker 2020).

Andere Formen von Hörfähigkeiten, wie das Intonationshören (Enders 1981, Geller 1997) und das Hören von Klangspektren (Nitsch 1978, Warnke 1976, Hesse 1972, Berby 2007) sind in der Regel Gegenstand des Instrumentalunterrichts. Sehr detailliert werden Intonationsprobleme des Chorgesangs bei Behmann (1984) dargestellt.

In den Lehrbüchern zur Gehörbildung/Hörerziehung werden aber gelegentlich auch Übungen zur Intonation angeboten (Bowman/Terry 1993).

Schließlich fehlt noch ein Blick auf die in der Musikpädagogik verwendeten Lehrbücher. Zu ihnen gehören einige bekannte Lehrwerke (Übersicht bei Kaiser 1994: z. B. Edlund 1963, Edlund 1966, Mackamul 1969, Quistorp 1970, Brühl 1978, Kühn 1983, Zilkens 1993, Kaiser 1998, Hertig 2019, Donelian 2020, Hecker 2020).

In der musikpädagogischen Literatur Frankreichs wurde seit Lavignac (1882) eine kaum überschaubare Fülle von Lehrheften mit dem Schwerpunkt Solfége einschließlich des Musikdiktats veröffentlicht.[8] Inzwischen wurde diese recht starre Unterrichtsmethode im Kontext des Faches *Formation musicale* aufgelockert und die Autoren entwickeln wesentlich kreativer angelegte Lehrkonzepte. Die traditionellen Lehrinhalte werden aber ebenfalls angeboten (Jollet 1985–1991, Jollet 1990–95, Labrousse 1993–98, Chépélov 2006 u.v.a, vgl. Bowman/Terry 1993, Bowman 2002).

Zu speziellen Fragen des Faches der Musikpädagogik gibt es entsprechende Literatur, z.B. zum Thema Rhythmus (Heitmann 1996). Die in diesen Unterrichtswerken benutzten Unterrichtsmethoden weichen z.T. allerdings erheblich voneinander ab.

Einen ganz eigenen Ansatz hat der Jazz mit seiner Ear-Training-Literatur entwickelt (Busch 1986, Aebersold 1989, Geld 1997, Swann 2000, Brent 2008, Maceli 2009). Wie Absolventen der Berklee-School, Boston, dem Autor berichteten, sind allerdings einige Methoden nicht veröffentlicht und liegen lediglich in Form von unveröffentlichten Arbeitsblättern vor. Diese Praxis zeigt sich ebenfalls in der hiesigen Musikhochschulpädagogik. Selbst die von prominenten, deutschen Vertretern der Gehörbildung nahezu fertiggestellten Fachbücher werden nicht veröffentlicht. So gehen bedauerlicherwesie wertvolle Erkenntnisse von jahrzehntelanger Hochschulerfahrung verloren.

In dem Unterrichtsfach Ear Training sind im angloamerikanischen Sprachraum häufig die Fächer Solmisation und Sight Singing eingeschlossen (Damschroder 1996). In deutschen Hochschulen ist die Solmisation hingegen oft der allgemeinen Musikpädagogik und nicht den Fächern Musiktheorie/Gehörbildung zugeordnet. Die Lehrbücher der angloamerikanischen Literatur sind so zahlreich, dass eine Auflistung an dieser Stelle wenig sinnvoll erscheint und nur einige Titel genannt werden können (Arkossy 1994, Curtis 1995, Adophe 1995, Benward 1996, Karpinski 2017). In welchem Gründlichkeit diese Themen hier erforscht werden, sei an der 2020 erschienenen Arbeit von Huey gezeigt. Sie führt in ihrer umfangreihen Literaturliste 23 Dissertationen auf. Diese umfangreichen wissenschaftlichen Arbeiten befassen sich mit den speziellen Fragen des Blattsingens (Sight singing) und den verschiedenen Solmisationsmethoden: Buchanan 1946, Ottman 1956,

[8] Dieser Tradition folgten zahlreiche Autoren in Spanien, Italien, Portugal, Südamerika u.a.

Barnes 1960, Blum 1968, Henderson 1969, Danfelt 1970, Justus 1970, Autry 1975, Steckman 1979, Collins 1979, Brink 1980 White 1983, Daniels 1985, Hutchcroft 1985, Ozeas 1991, Cassidy1993, Smith 1998, Brown 2001, Casarow 2002, Karas 2005, Myers 2008, Hung 2012 und Carlson 2016.

In Deutschland findet eine Zusammenarbeit von Gehörbildungslehrern mit Instrumentallehrern vereinzelt statt. Gelegentlich wird die Thematik ausdrücklich von letzteren als Unterrichtsgegenstand erwähnt (vgl. Vogel 1995), allerdings liegen zu solchen Kooperationen bislang noch keine aussagekräftigen Untersuchungen vor.

Die Gesangsschulen und Lehrbücher für Chorleitung (Nägeli 1810, Behrmann 1984) enthalten wertvolle Hinweise zu Fragen der Gehörbildung. In diesem Zusammenhang sei auf die eminent wichtige Rolle der Solmisation und ihrer Varianten hingewiesen (hist. Übersicht bei Stoverock 1964, Rüdiger 1969, Smith, T.A. 1991, Antinone 2000, vgl. den Wikipedia-Artikel Solmisation). In neueren Arbeiten wurde vorgeschlagen, den Terminus Solmisation als Sammelbegriff für die verschiedenartigen Traditionen des Solfège und der relativen Systeme zu verwenden (Wolf 2015, 69). Eine Kurzdarstellung darf zur ersten Orientierung innerhalb der verwirrenden Vielfalt der Methoden in dieser Einführung nicht fehlen.[9]

Da einige Theoretiker der Renaissancezeit die seit Guido von Arezzo gebräuchlichen sechs Silben problematisch fanden, soll der belgischer Komponist Hubert Waelrant bereits 1550 die „belgische Solmisation“ mit den sieben Silben: bo, ce, di, ga, lo, ma, ni (Bocedisation) vorgeschlagen haben. Etwa gleichzeitig führte der bayrische Hofmusikus Anselm von Flandern für das *h* den Namen *si*, für *b* aber *bo* ein. Andere Bezeichnungen wurden empfohlen von Ericius Puteanus (*Modulata Pallas*, 1599), Adriano Banchieri (*Cartella musicale* 1610), Pedro d'Urenna (um 1620), Daniel Hitzler (Bebisation, 1628) oder Graun (Damenisation, 1750). Von diesen Vorschlägen, die mit dem gemeinsamen Namen Bobisationen zusammengefasst werden, gelangte schließlich nur der zu allgemeiner Gültigkeit, der die Silbe *si* für *h* setzte. Sämtliche Solmisationssilben sind dem Johanneshymnus entnommen, ebenfalls die Anfangsbuchstaben der beiden Schlussworte: Sancte Ioannes (Guido von Arezzo, *Epistola de ignotu cantu*, Anfang 11. Jahrh.). Ann Glover benutzte anstelle der Silbe *si* die Silbe *ti*, denn sie reduzierte die Silben auf den Anfangsbuchstaben, der dann bei *so* und *si* identisch gewesen wäre.

Die 2020 erschienene Dissertation von Beth Ann Huey *Determination of Biases in Sight-Singing Textbooks Published between 1980 and 2018* vermittelt eine aktuelle Übersicht. In der online zugänglichen Arbeit bestricht außerdem die umfangreiche und sorgfältig kommentierte Bibliographie (S. 231-293).

[9] An dieser Stelle sei aber auf eine Erläuterung zur mittelalterliche Solmisation verzichtet, sie lässt sich an anderer Stelle nachlesen (Miller 1973, Wikipedia-Artikel Solmisation).

Die Autorin liefert auf der Basis von 22 Lehrbüchern einen ausführlichen Vergleich diversen Methoden der Solmisation. Diese sind in vier Varianten üblich und werden bezeichnet als

- Movable System,
- Do-based minor/movable do,
- La-based minor/movable do,
- Fixed system.

Das „Do-based minor/movable do“ ist in Deutschland nur wenig bekannt, denn hiesige Vertreter der Relativen Solmisation gehen heute bei den Molltonarten im Regelfall von einem „La-based minor/movable do“ aus. Das Fixed System ist in Ländern mit romanischen Sprachen üblich und wird dort meistens als Solfège/Solfeggio bezeichnet. Die Solmisationssilben sind in diesen Ländern identisch mit den Tonnamen. Phleps bringt es mit der Formulierung seines 2001 erschienenen Titels auf den Punkt: „Die richtige Methode oder Worüber Musikpädagogen sich streiten”. Dieser Streit führte vielfach dazu, dass man vollständig auf eine der vielen methodischen Möglichkeiten verzichtete. Allerdings ist diese Zurückhaltung angesichts der in vielen Jahrhunderten gesammelten musikpädagogischen Erfahrungen und Erfolge nicht nachvollziehbar. In Deutschland ist in historischer Hinsicht noch der besondere Umstand zu berücksichtigen, dass man sich in der unmittelbaren Nachkriegszeit musikpädagogisch von den Methoden der 1930er Jahre distanzieren wollte. Auch die Begründung, die Hörerziehung müsse sich noch mehr an der Neuen Musik orientieren, führte zu einer Abkehr von der Relativen Solmisation, deren Ausgangspunkt ein tonales Zentrum ist. In den 1990er Jahren wurden vermehrt einflussreiche Veröffentlichungen herausgegeben, die inzwischen fester Bestandteil der musikpädagogischen Literatur und Praxis geworden sind und im Diskurs nicht mehr grundsätzlich in Frage gestellt werden. (Grunenberg 1991; Grunenberg/Heygster 1998).

Die Relative Solmisation (Movable System) ist nicht nur eine adäquate Methode für die am meisten verbreitete Hörweise, sondern auch für das wesentlichste kompositorische Gestaltungsmerkmal. Beim relativen Hören werden die Verhältnisse zwischen den Tonhöhen wahrgenommen. Die absoluten Tonhöhen können von den „Relativhörern” nicht benannt werden. Die Wahl einer Ausgangsfrequenz ist allerdings für die Komposition einer Melodie zweitrangig, denn diese wird durch die Wahl der Tonbeziehungen zu einer wiedererkennbaren Gestalt. Deshalb kann eine Tonfolge entweder in einer hohen Tonlage oder einer tieferen Tonlage erklingen, aber die „Gestaltqualität“ bleibt bei der Wahrnehmung unverändert (Ehrenfels 1890). Das Wesen der Melodie ändert sich also durch eine Transposition nicht, die Wiedererkennbarkeit wird dadurch nicht gefährdet. Diese Erkenntnisse lassen die Relative Solmisation, in welchen Varianten auch immer, für viele Musikpädagogen als die stimmigste Methode erscheinen. Für das Hören von harmonischen Abläufen hat die Funktionstheorie ein weiteres relatives System für das hörende Verstehen von Musik zur Verfügung gestellt.

In der ersten Hälfte des 19. Jahrhunderts ist in Deutschland eine explosionsartige Verbreitung von Gesangsschulen festzustellen. Deren Inhalt bestand teilweise aus dem „Notentreffen“, dem „Singen nach Noten“, den „Übungen im Treffen von Tönen“, dem „Notensingen“ oder schlicht der „Solmisation” oder den „Solfeggi” (Zitate aus Whistling 1845). In manchen Gesangsschulen wurde auf diese Inhalte bereits im Titel hingewiesen, andere Werke werden im Titel nur als Gesangslehre bezeichnet, aber die pädagogische Absicht, das Notensingen in den Mittelpunkt der Arbeit zu stellen, wird bereits im Vorwort z.B. bei Waldmann 1841, deutlich.[10] In der Gesangschule von Pfeiffer/Nägeli 1810 wird die bereits von Mattheson so genannte „Notierungskunst“ ausführlich auf 26 Seiten mit dem Vorschlag eines methodischen Vorgehens vorgestellt. Recht verbreitet ist in dieser Zeit die von Jean-Jacques Rousseau[11] bereits 1742 eingeführte Ziffernmethode (Natorp 1813, Koch 1814, Engstfeld 1825, Jakob 1828, Waldmann 1841).

In seiner systematisch angelegten Literaturübersicht verzeichnet Whistling 1822 insgesamt acht Autoren, die „Anweisungen zum Singen“ geben. In der späteren Ausgabe (Whistling 1845) steigt diese Zahl dann auf 193 Autoren, wobei von einigen Autoren bis zu sieben verschiedene Solfeggi-Werke in Deutschland erhältlich waren.[12] Da konkrete Aussagen zu diesen 193 Autoren und deren Werken einer speziellen Studie bedürfen, wurden nur einige dieser kaum überschaubaren Zahl von „Anweisungen zum Singen“ bzw. „Singübungen“ exemplarisch in die Bibliographie aufgenommen.

Auch die Lehrbücher des Tonsatzes (Riemann, Maler 1931, de la Motte 1981, S. 315–327) beinhalten mitunter wichtige Hinweise zur Gehörbildung. Teilweise kann man sogar davon ausgehen, dass die Autoren primär einen Lehrgang zur Gehörbildung intendieren, auch wenn dies bei der Titelgebung nicht immer erkennbar ist. Dies trifft zunächst für Autoren zu, deren Werke die Funktionstheorie in den Mittelpunkt stellen. Bezeichnenderweise trägt die Dissertation Riemanns den Titel *Über das musikalische Hören* (1873). Sein später als *Musikalische Logik* bezeichnetes Werk zeigt die von ihm intendierten Zusammenhänge, denn seine Funktionstheorie geht sehr konsequent aus dieser Hörtheorie hervor (vgl. Riemann 1877, Riemann 1903, Riemann 1914 und Felbick 1998). Auch Arnold Schönberg sah in einem seiner musiktheoretischen Werke in erster Linie die Gehörbildung als Hauptziel des Lehrgangs (Schönbergs 1942/1972, Vorwort S.1). Aus dem Titel

[10] Dies war bereits im 18. Jahrhundert üblich. Marpurg (1763, 3f.) schlägt als Anfängermethoden vor „Clavisiren… syllabisieren, abecediren, buchstabiren“ oder „solmisiren oder solfeggiren“. Der Vorrede kann man entnehmen, dass ihm auch die Ziffenmethode Rousseaus bekannt war.

[11] Inwiefern Rousseau die von Athanasius Kircher 1650 veröffentlichte *Musurgia universalis* bekannt war, lässt sich nicht nachweisen. Die relative Ziffernmethode wird von Kircher in diesem Werk bei 4stg. Sätzen beispielsweise im Lib. VIII, S. 84 bereits verwendet. Um 1790 fertigte der in der Zisterzienserabtei Stift Stams tätige Gesangslehrer Stephan Paluselli eine Tafel zur relativen Solmisation an, von deren weiteren Verbreitung nichts bekannt ist (Post 1995, S. 26, vgl. Montéclair 1709).

[12] Vgl. https://www.digitale-sammlungen.de; einige dieser Gesangsschulen verzichten auf Übungen und Erläuterungen zum Notensingen.

Modelle für den Anfänger im Kompositionsunterricht geht diese – neben anderen hier erwähnten Zielen – zuerst genannte Absicht des Lehrgangs nicht hervor.

Schmücker hatte bereits 1930 darauf hingewiesen, dass eine Kombination aus Tonträgern und Lehrbüchern in der Gehörbildung anzustreben sei. Dieser Idee folgte man aber erst wesentlich später. Seit den 1980er Jahren werden zahlreiche multimediale Lehrgänge angeboten, die sich der Gehörbildung annehmen (Busch 1986, Krahl/Zopf 1989, Arnold 1990, Breuer 1990, Schuh 1991, Riede 1991, Enders 1999). Im Internet veröffentlichten viele Autoren ihre Unterrichtseinheiten, z.B. der Freiburger Hochschullehrer Jörg Scheele (http://www.jshoeren.de). Mit der auch in deutscher Sprache vorliegenden Software EarMaster hat Hans Lavdal Jacobsen besonders überzeugende und vielseitige Konzepte vorgelegt (Felbick 2014). In einigen Musikhochschulen wurde zur Ergänzung des Präsenzunterrichtes ein Hörlabor eingerichtet. Veröffentlichungen zu diesem Themenbereich sind bisher nicht bekannt.

Im Jahr 2020 wurde die Thematik des außerschulischen Lernens durch die Corona-Pandemie besonders relevant, denn der Unterricht konnte nicht mehr als Präsenzunterricht stattfinden. Dazu stellte die Gesellschaft für Musiktheorie (GMTH) eine Sammlung hilfreicher Angebote für die digitale Lehre vor (https://www.gmth.de/digital.aspx). Hier wurden auch diverse Möglichkeiten aufgezeigt, Videos als Vorträge, Tutorials oder Lehrgänge über YouTube anzubieten, deren Quantität sich jährlich vergrößert. Eine Qualitätssicherung ist aber bei der Fülle der frei ins Netz gestellten Angebote nicht in jedem Falle festzustellen, denn manche Autoren folgen völlig veralteten, pädagogischen Konzepten. Immer wieder orientieren sich die kostenlosen Kurse an dem Fokus auf einzelne Elemente, deren Zusammensetzen dann zur musikalischen Gestalt führen soll. In der Gestaltpsychologie gilt aber seit Ehrenfels (1890) der Grundsatz, dass die Gestalt etwas anderes ist als die Summe einzelner Elemente. Stoffer (1981) betonte in seiner Dissertation zur musikalischen Wahrnehmung die *Repräsentation musikalischer Strukturen* und zeigte die funktionalen und strukturellen Aspekte eines kognitiven Modells des Musikhörens auf. Wenn sich die Übungen auf das Abfragen einzelner Intervalle und Akkorde beschränken, ist dies zwar technisch relativ leicht umzusetzen, aber der Gesamtthematik wird damit nur partiell gedient (Felbick 2020, vgl. das Konzept von Marinovici 1997).

Problematisch bleiben die Entwürfe von Hörertypologien, die kritischen wissenschaftlichen Kriterien standhalten. Selbst mit Hilfe historischer, philosophischer und soziologischer Modelle oder empirischer Untersuchungen (Adorno 1962, Alt 1935, Besseler 1959, Rauhe 1971, Wellek 1939) blieben die Ansätze unbefriedigend. So hält Helga de la Motte-Haber im Vorwort zur Dissertation von Christa Nauk-Börner 1980 fest:

> „Keine der bisher für das Musikhören entwickelten Typologien hält den Grundsätzen der wissenschaftlichen Begriffsbildung stand."

An dieser grundsätzlichen Einschätzung hat sich in den letzten 40 Jahren nichts geändert.

Einer der wichtigsten Theoretiker war Hugo Riemann, dessen wesentliche Erkenntnisse ansatzweise auch heute in der Kognitions- und Wahrnehmungspsychologie noch allgemeine Gültigkeit haben (Felbick 1998).

Er bemühte sich, eine Kategorienlehre des Musikhörens zu formulieren, wobei er sowohl metrische und rhythmische als auch harmonische Kategorien in sein Blickfeld nahm (Riemann 1917). Riemann unterscheidet sich von anderen Autoren (Enders 1969) vor allem durch seine induktive Methode (Riemann 1914): Ausgehend von einer platonisch-spekulativen Theorie der Musik formuliert er erste Gedanken zu einer „Lehre von den Tonvorstellungen", bei der das akustische Ereignis selbst – u.a. mit dem expliziten Verweis auf Beethovens Taubheit – für die Tonvorstellung weniger wichtig ist, als bisher angenommen. Diese These bestätigt sich in Versuchen (Felbick 1989): Man fordert Testpersonen auf, die Tonfolge *dis-e* bzw. *es-e* nachzusingen. Beide Töne werden auf einem temperiert gestimmten Tasteninstrument harmonisiert (H-Dur/E-Dur, bzw. c-Moll/C-Dur), d.h. es handelt sich akustisch um die gleiche physikalische Frequenz. Die Testpersonen nehmen aber, obwohl es sich auf dem begleitenden Instrument um die gleiche Frequenz handelt, unterschiedliche Tonhöhenempfindungen wahr, die z.T. erheblich variieren. Das bedeutet, dass die physikalische Darbietung und die Wahrnehmung der Tonhöhen nicht übereinstimmen. Man kann davon ausgehen, dass die Testpersonen immer „das Gemeinte" hören, auch dann, wenn es nicht vollkommen realisiert ist (Riemann 1921, 87; Güldenstein 1971, 26, Bregman 1994). Anna Wolf fasst die hier angesprochene Problematik in ihrer Dissertation (2015, 69) sehr treffend zusammen:

> „Das Hören von Musik ist in aller erster Linie ein Wahrnehmungsprozess, der vom *Fundamentalproblem der Wahrnehmungspsychologie* betroffen ist. Die menschliche Wahrnehmung ist keine Rekonstruktion der physikalischen Welt, sondern wird von Konzeptformen beeinflusst, die ein Perzept erstellen. Informationen aus der Außenwelt sind damit reine Stichwortgeber für die vom Gehirn konstruierte Wahrnehmung (Mausfeld, 2010)."

In sämtlichen Arbeiten wird immer nur von Hypothesen zu einzelnen Aspekten des Hörens ausgegangen. Diese reichen wegen der physikalisch-psychologischen Komplexität des Hörvorgangs nicht für eine umfassende wissenschaftliche Theorie des Hörens aus. Weder kann ein akustisches Ereignis umfassend exakt, „objektiv und analysatorbezogen" dargestellt werden (Lindner 1977, 80), noch kann der psychologische Vorgang umfassend erforscht werden. Es besteht in Untersuchungen dieser Art immer ein „experimentelles Dilemma" (Ross 1983, 380). Da der Rezeptionsvorgang komplex und vieldimensional ist, scheint es ratsam, den leichtfertig aufgestellten Hypothesen zur Theorie des musikalischen Hörens oder den sich daraus ergebenden Vermutungen zu Grundfragen der Musik skeptisch zu begegnen.

Auch weitere zentrale Fragen der Gehörbildung müssen unbeantwortet bleiben, wie z.B. die nach der (angeborenen) Musikalität. Gembris (1986) kommt in seiner Untersuchung zu dem Schluss, dass eine unreflektierte Auffassung „eher durch Weltanschauung bestimmt [sei], als daß sie sich auf handfeste Forschungsergebnisse stützen kann". Das menschliche Hören ist immer noch ein Geheimnis, und es bleibt ein Grund sich zu wundern. Dabei ist der Aufruf zu gegenseitigem Respekt über die musikalischen Grenzen hinweg, wie ihn Schönberg fordert, eine gute Perspektive. Innerhalb bestimmter außereuropäischer Musikkulturen könne es vielleicht sogar allein der Rhythmus sein, der einen Zauber ausübe. Eine Schlussfolgerung scheint für den Komponisten „unausweichlich: es gibt ein Geheimnis." (Schönberg 1950 [Edition 1992], 183)

Ähnlich äußert sich Zwicker (1982): „Das Studium des menschlichen Gehörs und seiner Eigenschaften [soll] dazu dienen, sich im Wundern zu üben." Im Lichte – oder besser im Dunkel – dieses Geheimnisses bleibt für Lehrende wie Studierende die Unsicherheit des „ungeliebten Nebenfaches" bestehen.

Nur wenige Einzelerkenntnisse gelten als gesichert. So darf man davon ausgehen, dass beim Wahrnehmungsvorgang gespeicherte Elemente und Vorstellungen aus dem Langzeitgedächtnis (Lindner 1977) als Repräsentationen bzw. Patterns (Auhagen 1994, 233) bei Bedarf abgerufen werden.

Verschiedene Faktoren spielen bei diesem Verarbeitungsprozess eine Rolle:

- die grundsätzliche und aktuelle persönliche Disposition und die Erwartungshaltung des Rezipienten,
- die im Langzeitgedächtnis vorhandenen bzw. fehlenden Repräsentation bestimmter Patterns,
- die Beschaffenheit des akustischen Ereignisses, inklusive der zeitlichen, rhythmischen und dynamischen Aspekte und den daraus folgenden wahrnehmungs- und gestaltpsychologischen Grundkonstellationen (Poppensieker 1986),
- die begrenzte Gedächtniskapazität des Kurzzeitgedächtnisses, das Nadelöhr der Rezeption (Miller 1956), dessen Apperzeptionsgrenze informationstheoretisch beschrieben werden kann (Reinecke 1975),
- sobald diese begrenzt memorierbare Informationskapazität während der Rezeption erschöpft ist, fasst der Rezipient das Wahrgenommene zu Gruppen, sogenannten „chunks" (Nauck-Börner 1988), zusammen. Diese werden klassifiziert in wichtige und unwichtige Informationen und mit den entsprechenden Repräsentation im Langzeitgedächtnis verglichen.

Sämtliche Diskussionen, bei denen diese zentralen Aspekte des Musikhörens und Musikverstehens nicht berücksichtigt werden, scheinen in die Irre zu gehen. Inwiefern andere Formen des Gedächtnisses, wie z.B. das fotographische Gedächtnis es erforderlich machen, von diesen Grundprinzipien abzuweichen, müsste diskutiert werden (Oliveros 1999). Schönberg schreibt jedenfalls mit Recht: „Erinnern ist der erste Schritt zum Verstehen." (Schönberg 1950 [Edition 1992], 141)

Memorierter Inhalt kann singend, sprechend, pfeifend, nachimprovisierend oder ggf. mit Hilfe der Schrift wiedergegeben bzw. beschrieben werden.

Die Terminologie ist mitunter verwirrend, denn die Begriffe Gehörbildung und Hörerziehung werden im Allgemeinen sowohl in der Literatur als auch im Musikhochschulbereich nicht immer klar voneinander getrennt. Im Musiklexikon MGG (Neuausgabe 1994f.) wird der Begriff Hörerziehung im Artikel Gehörbildung erwähnt (Kaiser 1995). Darüber hinaus wird das Lemma Hörerziehung nicht gesondert aufgeführt. Im Zusammenhang mit den Diskussionen über das Curriculum zum Unterrichtsfach Musik ab den 1950er Jahren ist der Begriff Hörerziehung neu entstanden (Borris 1956, Günther 1965, 74). Im Tagungsbericht der DACH-Tagung (1978) wird der Begriff Gehörbildung unter Hörerziehung subsumiert (s.a. Mackamul 1975). An einigen Musikhochschulen wird nur der Begriff Hörerziehung verwendet, an anderen nur der Begriff Gehörbildung. An manchen Hochschulen wird zwar in der Prüfungsordnung von Hörerziehung gesprochen, aber im Vorlesungsverzeichnis von Gehörbildung. Anscheinend wird in den meisten Fällen Hörerziehung mit Gehörbildung begrifflich gleichgesetzt.

Waczkat (1992) definiert das Ausbildungsziel des Gehörbildungsunterrichtes „als die Fähigkeit, Tonvorstellungen zu entwickeln, ein Notenbild beim Lesen innerlich hören zu können.“ Hörerziehung dagegen sei „ganz allgemein die Einbeziehung von auditiver Wahrnehmung in das Unterrichtsgeschehen.“

In der Literatur erscheinen weitere Begriffe wie Hörschulung (Brühl 1978), Hörtraining (Heitmann 1996), auditive Tonalitätsbestimmung (Auhagen 1994) oder Bildung im Hören (Kaiser 1992), im angloamerikanischen Sprachraum Ear Training, Aural Training, Aural Skills, Aural Education u.ä. In der Musikpsychologie (Gruhn 1989) sind die Begriffe Rezeptionsforschung, Perzeption und Apperzeption sowie auditive Wahrnehmung üblich. Interessant sind in diesem Zusammenhang Begriffsbildungen von Logopäden, wie z.B. pädagogische Audiologie (Lindner 1975) oder Akupädie (Gundermann 1982).

Für die Gehörbildung als Unterrichtsfach stellt sich die Frage, wie geprüft und zensiert werden soll. Daher bedient man sich häufig der Methode des Musikdiktates, welches sich mit leicht prüfbarem und (hoch-) schulkompatiblem Material beschäftigt.

Zu diesem Thema äußern sich Haas/Karkoschka (1981) im Zusammenhang mit der Hörerziehung Neuer Musik: „Allgemein läßt sich sagen, daß überall dort, wo mit differenzierten Zensuren geprüft wird, die prüfbaren Elemente eine Bedeutung erhalten, die ihnen von der Sache her nicht zukommt.“

Gleichzeitig werden Vorschläge zu einer neuen Hörerziehungsmethodik und -didaktik gemacht, die, ähnlich wie Mackamul, das Formen- und Klangfarbenhören und den Interpretationsvergleich als Methode vorschlagen.

Offensichtlich liegt Mackamul (1969) das Hören Neuer Musik sehr am Herzen: Er versucht das Problem der Gehörbildung so zu lösen, dass er zwischen tonalem Hören und intervallischem Hören unterscheidet. Es ist aber wohl kaum nachzuvollziehen, dass es – wie man aus Mackamuls Ausführungen entnehmen könnte – sowohl ein intervallisches als auch ein tonales Hören zum Beispiel einer reinen Quinte geben könnte. In Wirklichkeit sind die Verhältnisse der tonalen Beziehungen komplizierter, zumal die Frage zu erörtern wäre, ob man in Verbindung mit dem „Zurechthören" an temperierte oder reine Intervalle denkt (Rohwer 1960, Enders 1981).

Mit der sogenannten „freien" Tonalität, den zuvor ungebräuchlichen und andersartigen Tonbeziehungen, haben sich grundsätzlich neue Probleme für die Gehörbildung ergeben, die eine besondere Herangehensweise erfordern. Demzufolge ist Neue Musik mit den bis zur Jahrhundertwende des 19./20. Jahrhunderts in der Gehörbildung üblichen Methoden und der damit verbundenen älteren Tonalitätsauffassung nicht mehr zu bewältigen (Karkoschka 1969, Zumbrunn 1972, Mosch 1997, Moßburger 2003). Schon bei der Begrifflichkeit tonal/atonal scheiden sich bekanntlich die Geister, zumal es keine allgemein akzeptierte Definition von Tonalität gibt (Auhagen 1994, Lachenmann 1996, 107; Felbick 1999).

Ausgangspunkt der hiesigen Überlegungen ist zunächst eine Aussage von Diether de la Motte, der Tonalität als die „erkennbare Ordnung des Tonmaterials" definiert und daraus folgert, dass der im Allgemeinen eng gefasste Begriff im Sinne der Dur-Moll-Tonalität nicht nur durch die Tonalität der Gregorianik, sondern auch durch die der Dodekaphonie erweitert werden müsse (de la Motte 1981, 351). Zu anderen Aspekten der Neuen Musik erfahren wir in diesem Zusammenhang nichts. Obwohl de la Motte im Folgenden eine hervorragende Darstellung der Hörprobleme polytonaler (d.h. freitonaler) Musik liefert, verzichtet er darauf, seine Erkenntniswege aufzuzeigen und zu erläutern. Seine weiteren Ausführungen zeigen, dass er in seinem „Lese- und Arbeitsbuch" stillschweigend davon ausgeht, dass er die Tonalität mit Hilfe der Partitur analysiert. Offensichtlich wird die „Ordnung des Tonmaterials" durch eine visuelle Analyse erkannt.

Hilfreicher und differenzierter sind die Ausführungen von Kolneder (1962), der zwischen der visuellen und auditiven Analyse unterscheidet. Damit klingt ein Begriff an, der inzwischen als Höranalyse bezeichnet wird. Offensichtlich auditive Rezeption voraussetzend stellt Kolneder fest, dass „innerhalb der sogenannten ernsten Musik manche Menschen Werke eines gewissen stilistischen Bereichs nicht hören wollen und können, weil sie in ihnen keine sinnvolle musikalische Ordnung zu erkennen vermögen" (Kolneder 1962). Er stellt das „Erkennen von musikalisch Gestaltetem" in den Mittelpunkt seiner Überlegungen.

Um diesem Phänomen auf die Spur zu kommen, führte der Autor dieser Bibliographie ein Seminar zu den Liedern der Wiener Schule durch, in dem die Studierenden sowohl mit der auditiven als auch mit der visuellen Analyse befasst waren. Die auditive Analyse wurde sowohl ohne als auch mit Vorlage eines Partiturextrakts (Gesangsstimme ohne Klavierbegleitung) durchgeführt. Nachdem die Studierenden die Lieder auf unterschiedlichen Wegen analysiert hatten, kam es zu unterschiedlichen Bewertungen. Mit Hilfe der visuellen Analyse konnten gewisse musikalische Gestalten erkannt werden, die bei der auditiven Analyse nicht wahrnehmbar waren.

Theodor W. Adornos Musikphilosophie übte einen großen Einfluss auf das Musikleben der Nachkriegszeit aus, zumal er sich differenziert zu Fragen des Musikhörens äußerste. Seine Thesen zu den *Typen musikalischen Verhaltens,* insbesondere seine Forderung nach den Expertenkompetenzen (Adorno 1968, 17f.) werden seit längerer Zeit kritisch gesehen (Bruhn/Oerter/ Rösing 1993, 130-135). Bei dem von ihm geforderten strukturellen Hören wären Experten spätestens bei der frühen seriellen Musik der 1950er Jahre überfordert, denn diese Strukturen erschließen sich ausschließlich auf visuellem Weg. In diesem Sinne äußerte sich bereits Schönberg in einem Brief aus dem Jahre 1945, er würde sich ebenso wie Brahms weigern, „ein Stück zu beurteilen, von dem er nicht die Noten gesehen habe." Offensichtlich war er nicht in der Lage, sämtliche strukturellen Details hörend aufzunehmen (Vogel 1975, 261). Bei Schönberg ist zudem unklar, ob sein Musikdenken primär visuell oder auditiv ausgerichtet war, z.B. wenn er im Zusammenhang mit den Begriffen Reihe und Krebs über die Einheit des musikalischen Raumes spricht. Herzfeld (NZfM 1955/74) weist deutlich auf den Unterschied zwischen beidem hin: „Der Krebs ist eigentlich kein akustisches Phänomen."

Es kann also zu Missverständnissen kommen, wenn der Unterscheid nicht erkannt wird zwischen einer Partitur als dem sichtbaren „musikalischen Material" auf der einen Seite und der Wahrnehmung der akustischen Ereignisse auf der anderen Seite. Nancy (2014) unterschied die Wahrnehmung des Unsichtbaren und Immateriellen als das wesentliche Kriterium der akustischen Künste. Dem gegenüber steht die Wahrnehmung von sichtbaren Erscheinungen.

Es wird interessant sein, diesem Phänomen der unterschiedlichen Wahrnehmung von Sichtbarem und Unsichtbarem nachzuspüren. So stellt Zender fest (1991, 106f.): „Auge und Ohr erzählen verschiedene Geschichten über die Welt. ... Die Ohrenkünste und die Augenkünste spiegeln jeweils nur einen Teil menschlicher Weltwahrnehmung."

„Es besteht [einerseits] kein Zweifel darüber, daß im Musikdenken unseres Jahrhunderts... eine starke Verlagerung vom Gehörsmäßigen ins Optische erfolgt ist." (Kolneder 1962, 66). Die Komposition MO-NO von D. Schnebel, die nur in Schriftform vorliegt und für die eine akustische Realisierung nicht vorgesehen ist, zeigt dieses Faktum in aller Konsequenz. Andererseits ist eine Bewegung innerhalb der Musik zu spüren, die sich gegen die Dominanz des Schriftlichen mit seinen Traditionen und Dogmen auflehnt. Schon Debussy beispielsweise ignoriert das „qui locutus est ad patres nostros" und das „sola scriptura", die überlieferten Autoritäten und die sich in den vom Akademismus anerkannten Schriften dokumentierenden Wahrheiten. So fordert er eine neue Orientierung an der Priorität des Hörens: „On cherche trop à écrire, on fait de la musique pour le papier alors qu'elle est faite pour les oreilles! On attache trop d'importance à l'écriture musicale" (Claude Debussy, *Monsieur Croche*). Ähnlich hatte sich bereits Georg Philipp Telemann geäußert, der 1744 eine zuvor als unumstößlich geltende Regel der schriftbasierten Musiktheorie relativierte.[13] Jenseits der Musik kann der Übergang von der Oralität zur Schriftkultur bei der Verschriftlichung mündlich erzählter und überlieferter Märchen studiert werden. Die Kunst des Märchenerzählens ist nicht nur eine „zeitgenössische Kunst", sondern die „zeitnaheste Kunst", die im Bereich der Wortkünste denkbar ist. So haben die oralen Kulturen ihre eigenen künstlerischen Qualitäten, die sich von denen der Schriftkultur u.U. stark unterscheiden (Assmann 1983, Ong 1982, Wenzel 1995).

Ähnlich wie der Übergang vom mündlichen Erzählen zur Verschriftlichung gab es in der Musikgeschichte den Übergang von der Überlieferung über das Gedächtnis zum Festhalten mit Notenschrift (Zender 1996,19). Isidor von Sevilla formulierte im Jahr 630: „Wenn die Töne vom Menschen nicht mit dem Gedächtnis festgehalten werden, vergehen sie, weil sie nicht aufgeschrieben werden können." (Lug 1983).

In der im Jahre 789 verfassten „admonitio generalis" von Karl dem Großen sind die ersten Impulse für die zunehmende Verschriftlichung von Musik zu erkennen.[14] Er ermahnt darin die Geistlichen, sich mit den sogenannten „notas" zu beschäftigen. Bekanntlich wurden schon kurz darauf die ersten Neumen überliefert.

Das Bestreben dieser karolingischen Reformidee ist auf den Wunsch zurückzuführen, sich „die Erde untertan zu machen". Die bekannte Bibelstelle (1. Mose 1,28) wurde offensichtlich so interpretiert, dass auch die Geisterwelt durch den Menschen gebannt werden sollte. Es konnte Karl dem Großen keinesfalls recht sein, dass die liturgischen Gesänge in seinem Reich von völlig unterschiedlichen Geistern durchdrungen waren. Sein Ziel war es, seinen Hof zu einem „Neuen Rom" werden zu lassen und damit das Christentum noch besser in einen beherrschbaren Staatsapparat zu integrieren. So sollten die Geister der Musik durch die von ihm initiierten Verschriftlichung kontrollierbar werden. Es lässt sich von hier aus eine historische Entwicklung bis zur seriellen Musik aufzeigen, in der Musik in allen Parametern beherrschbar werden sollte. Dieser schriftorientierte und sich immer mehr ins Visuelle verlagernde Umgang mit Musik resultiert demzufolge aus der Geschichte des christlichen Abendlandes und unterscheidet sich von dem Musikpraktiken anderer Kulturkreise.

Hingegen setzte sich John Cage konsequent für die Befreiung der musikalischen Geister ein. Sowohl in einigen aleatorischen Kompositionen als auch in der

---

[13] Vgl. Telemanns Vorbericht zu dem 1744 veröffentlichten Kantatenjahrgang *Musicalisches Lob Gottes in der Gemeine des Herrn.* Hier differenziert er bei dem „Verbot" von angeblich häßlichen Quintparallelen zwischen „Augen- und Ohren-Quinten". Letztere hätten „bereits das Bürgerrecht wo nicht gar die Würde, als Schönheiten, gewonnen".

[14] Vgl. Felbick, Lutz (2019), Aachen und die karolingische Musiktradition. In: *Mitteilungen der Arbeitsgemeinschaft für rheinische Musikgeschichte e.V.*, 97, 4-23.

Improvisation könnten, so Cage, die Qualitäten der oralen Kulturen erlebt werden. Unbestritten trügen auch gemäß Schönbergs Idealvorstellungen sowohl Kompositions- als auch Improvisationsversuche, und seien sie auch noch so unvollkommen (!), am besten dazu bei, innere Klangvorstellungen umzusetzen und zu entwickeln (Schönberg 1950/1976, 101 bzw. 140). Andererseits wird derjenige, der innere Klangvorstellungen hat, den Wunsch haben, diese umzusetzen. Behrendt (1985) formuliert in der ihm eigenen plakativen Weise: „Wer hört, improvisiert". Das Musikleben wird allerdings vielfach von einer paradoxen Situation dominiert: „Vom Instrumentalisten wird [heute] nicht verlangt, daß er Musik macht." (Bailey 1987, 148). Dieses Phänomen ist auf einen ab dem 18. Jahrhundert beginnenden Paradigmenwechsel zurückzuführen, denn noch Werckmeister (1698, Cap. 32) meint, man solle „nicht jedem Prahler alsobald glauben" nur weil er in der Lage ist, etwas nach Noten auswendig vorzutragen, denn das Extempore-Spiel sei sehr wichtig und es sei „nicht genug, daß man sich mit anderen Federn schmücke." (Werckmeister 1702, §128)

Inzwischen beherrschen neben einigen wenigen befähigten Organisten und Komponisten nur Musiker des Jazz und der damit verwandten Musikstile die Kunst der Improvisation (Bailey 1987). Basis der Gehörbildung und Hörerziehung sollte im musikpädagogischen Idealfall eine improvisatorische Praxis werden, wie sie in den oralen Kulturen und den afroamerikanischen Musikstilen gepflegt wird.

Diese musikpädagogische Priorisierung der Improvisation und damit auch der Gehörbildung gegenüber der Beschäftigung mit Noten ist eines der Hauptanliegen dieses Buches. Insofern bleibt die scheinbar banale Forderung das angestrebte Ziel, „dass ein Musiker in Klang denken soll" (Wolf 2016, 30). Aber es ist mehr als eine Forderung, denn die Neurobiologie hat seit langer Zeit die Eckpunkte erkannt, die zur Ausbildung des musikalischen Denkens, Hörens und Lernens höchste Bedeutung haben. Für die Bildung eines „Musikverstandes" ist Improvisation „das zentrale Feld, auf dem diese Fähigkeit geübt und erweitert werden kann." (Gruhn 1998, 240).

Wiewohl dies schon seit vielen Jahrzehnten gefordert wurde, haben die derzeitigen Ausbildungsstrukturen dem Wandel des Musikverständnisses im Sinne der Erweiterung des musikalischen Horizontes und der Bedeutung der oralen Musikrezeption noch nicht Rechnung getragen. Die 1970 erhobene Feststellung von Monika Quistorp, die Gehörbildung sei das *„Kernfach der musikalischen Erziehung"* (Quistorp 1970), bleibt mehr als fünfzig Jahre später eine noch nicht realisierte Wunschvorstellung. Das eingangs zitierte musikpädagigische Prinzip Schumanns, die Bildung des Gehörs sei das Wichtigste, traf nur selten auf geöffnete Ohren. Das vorliegende Buch will einen Beitrag leisten, die Thematik in einen größeren Kontext zu stellen und – bei aller gebotenen Zurückhaltung gegenüber vorschnell gegebenen Antworten – Lösungsmöglichkeiten zu den bislang unbeantworteten Fragen aufzeigen.

1000-1499

Guido von Arezzo (um 1025/1028). Epistola de ignoto cantu directa [https://chmtl.indiana.edu/TML].

Jacobus de Hispania (zwischen 1260-1330). *Speculum musicae* [https://chmtl.indiana.edu/TML].

Tinctoris, Johannes (ca. 1472–73). *Expositio manus* [https://chmtl.indiana.edu/TML]

Guilielmus Monachus (ca. 1490-1500). *De preceptis artis musice et pratice compendiosus libellus* [https://chmtl.indiana.edu/TML].

Keinspeck, M. (1497). *Lilium Musice planae,* Basel: Michael Furter (weitere Editionen Ulm : Johann Schäffler , Augsburg: Johann Froschauer, 1498,) [https://www.deutsche-digitale-bibliothek.de und http://www.vdm16.sbg.ac.at].

1500-1599

Prasberg (Praspergius), Balthasar (1501). *Clarissima plane atque choralis musice interpretatio.* Basel: Michael Furter.

Wollick, N. (1501). *Opus aureum musicae.* Köln: Heinrich Quentell.

Saess, Heinrich (1505). *Musica plana atque mensurabilis una cum nonnullis solmisationis regulis certissimis insertis summa diligentia compendiose exarata* [A complete survey of notated plainchant with infallible rules of solmization included] Fulda.

Cochlaeus, Johannes (1507). *Musica.* Köln.

Heyden, Sebald (1504). *De arte canendi, ac vero signorum in cantibus usu, liber primus* [The art of singing or rather, the use of signs in singing, book one]. Nürnberg.

Stoquerus, Gaspar [Caspar Stocker] (ca. 1570). *De vera solfizationis ratione.* [https://chmtl.indiana.edu/TML].

1600-1699

Descartes, R. (1618, gedruckt 1650). *Compendium musicae.* Utrecht.

Hizler, D. (1623). *Extract aus der newen Musica oder Singkunst.* Nürnberg [vgl. Preußner 1939].

Gengenbach, N. (1626). *Musica nova, Newe Singekunst, so wol nach der alten Solmisation als newen Bobisation und Bebisation der Jugend so leicht vorzugeben als zuvor noch nie an Tag kommen*: 1. Theoreticam; 2. Practicam; 3. Technologicam. Leipzig [vgl. Preußner 1939].

Sweertius, Franciscus (1628). *Athenae belgicae.* [vgl. Jessie-Ann Owens 1997 und Hubert Waelrant „Bocedisation"].

Hase, W. (1657). *Gründliche Einführung in die Music oder Singkunst der Jugend, Anfangs der gemeinen Jugend zum besten , und in sonderheit für die Schule der Stadt Osteroda gestellet.* Goslar [vgl. Preußner 1939].

Gibel (ius), O. (1659). *Kurtzer , jedoch Gründlicher Bericht von den Vocibus Musicalibus: Darin gehandelt wird von der Musicalischen Syllabication, oder (wie man gemeiniglich redet) von der Solmisation.* Bremen: Köhler.

Souhaitty, Jean-Jacques (1677). *Nouveaux elemens de chant ou l'Essay d'une nouvelle découverte qu'on a faite dans l'art de chanter.* Paris: Pierre le Petit. [vgl. den Beitrag https://www.cantus-scholarum.univ-tours.fr/ressources/sources/methodes-faciles-de-plain-chant/souhaitty-elemens/]

Lorber, C. (1696). *Lob der edlen Musik.* [vgl. Preußner 1939].

1700-1799

Samber, J.B. (1704). *Manuductio ad organum, das ist: gründlich- und sichere handleitung durch die höchst-nothwendige solmisation, zu der edlen schlag-kunst* ... Salzburg: J. B. Mayrs, seel. wittib, und erb.

Montéclair Michel Pignolet de (1709) *Nouvelle méthode pour apprendre la musique.* Paris. Digitalisat: https://www.loc.gov

Cini, Giuseppe-Ottavio (1708). *Solfeggiamenti a due voci* [Solfeggiamenti for two voices], Lucca.

Buttstett, J.H. (1717). *Ut, re, mi, fa, sol, la, tota musica et harmonia æterna*, Erffurt: O. F. Werthern; zu finden in Leipzig, bey J. H. Kloss.

Matthesson, J. (1739). *Der vollkommene Capellmeister,* Hamburg.

Rousseau, J.J. (1742). *Project de nouveaux signes.* Paris [Collection complette des oevres de Jean-Jacques Rousseau, 1782].

Rousseau, J.J. (1743). *Dissertation sur la musique moderne.* Paris.

Rameau, J.-Ph. (1750). *Démonstration du principe de l'harmonie.* Paris.

Agricola, Johann Friedrich (1757). *Anleitung zur Singkunst.* Berlin [Translated and Edited by Julianne C. Baird under the title Introduction to The Art of Singing. Cambridge: Cambridge University Press, 1995].

Groschopff, J. G. (1763). *Neue und erleichterte art zu solmisiren, nebst andern vortheilen, die singkunst in kurzer-zeit zu erlernen.* Ulm. https://www.loc.gov/resource/muspre1800.101514/?sp=19

Marpurg, F.W. (1763). Anleitung zur Singkunst, Berlin

Nares, J. (ca. 1780). *A treatise on singing in which is exhibited and explained by examples all the known rules of solmisation, or learning to sing by notes with directions for the delivery & management of the voice, drawn from observations on nature as well as art, highly usefull in all societies where singing by notes is necessary, being adapted to make that study easy & clear.* London: Longman and Broderip. https://www.loc.gov/item/17017453/

1800-1809

Momigny, J.-J. de (1808). *Le nouveau solfège avec accomagnement de piano dans lequel le phrase est reduit en principes*. Paris [eingel. und kommentiert von A. Palm, hrsg. v. R. Schmidt, Repr. Ffm. 1984].

1810-1819

Mengozzi, Bernardo (ca. 1804). *Gesanglehre des Conservatoriums der Musik in Paris: enthaltend die Grundregeln des Gesanges, Uebungen für die Stimme, Solfeggien aus den besten ältern und neuern Werken und Arien in jeder Art von Bewegung und Charakter*. Leipzig: Hoffmeister & Kühnel.

Pfeiffer, M. T. & Nägeli, H.G. (1810-1821). *Vollständige und ausführliche Gesangschule, Gesangsbildungslehre nach Pestalozzischen Grundsätzen.* Zürich. https://www.e-rara.ch/zuz/content/zoom/6501108

Zeller, C.A. (1810-1817). Elemente der Musik, Königsberg 1810. In: *Beiträge zur Beförderung der Preußischen Nationalerziehung*, 4.Heft, Königsberg.

Natorp, B.C.L. (1813). *Anleitung zur Unterweisung im Singen für Lehrer in Volksschulen.* Potsdam.

Koch, Johann Friedrich Wilhelm (1814). *Gesanglehre: Ein Hülfsmittel für Elementarschullehrer, durch eine einfachere Bezeichnungsart und Lehrmethode und durch eine zweckmäßige Sammlung von Singstücken einen reinen mehrstimmigen Volksgesang zu bilden.* Magdeburg: Heinrichshofen.

Galin, P. (1818). *Exposition d'une nouvelle méthode pour l'enseigement de la musicque.* Paris [holländisch 1821].

1820-1829

Whistling, C. F. (1820). Anweisungen zum Singen und Singübungen. In: Ders. *Handbuch der musikalischen Literatur, oder, Allgemeines systematisch-geordnetes Verzeichniss der in Deutschland und in den angrenzenden Ländern gedruckten Musikalien auch musikalischen Schriften und Abbildungen mit Anzeige der Verleger und Preise.* Leipzig, S. 55 und Bd. 3, S. 211–217.

Lemoine, Henry (1824). *Méthode du Méloplaste.* Paris [weitere Ausgabe Lyon 1835].

Engstfeld, Peter Friedrich (1825). *Kleine praktische Gesangschule: Ein Übungsbuch für Ziffernsänger.* Essen.

Jakob, Friedrich August Leberecht (1828). *Fassliche Anweisung zum Gesang-Unterricht in Volksschulen: Nach naturgemäßen Grundsätzen und das Singen nach Noten und Ziffern verbindend bearbeitet von Friedrich August Leberecht Jakob.* Breslau: Grüson.

1830-1839

Diabelli, Anton (1832). *Gründlicher, zur Gesanglehre unumgänglich nothwendiger Unterricht in der Solmisation für den Sopran von J.J. Fux.* Wien [basierend auf dem Singfundament von Johann-Joseph Fux, welches zunächst nur handschriftlich, in mehreren leicht voneinander abweichenden Quellen überliefert wurde, vgl. Erwähnung unter der Rubrik „Gesangschulen und Stimmübungen (Solfeggien)" in *Neue Zeitschrift für Musik* 7. Bd., Nr. 24, 22. September 1837, S. 93f. und Nr. 26, 29. September 1837, S. 101f.].

Glover, S.A. (1835). *Scheme of Rendering Psalmodie Congregational, comprising a Key to the Sol-Fa Notation of Music and Directions for Instruction a School.* Norwich [übertragen und mit zusätzlichen Materialien versehen von Walter Heise, Osnabrück 1988].

1840-1849

Waldmann, Joseph (1841). *Gesanglehre für Volksschulen* Nebst einer Beilage von 50 ein-, zwei- u. dreistimmigen Liedern. Carlsruhe, Freiburg.

Whistling, Carl Friedrich (1845). Anweisungen zum Singen und Singübungen. In: Ders., *Handbuch der musikalischen Literatur, oder, Allgemeines systematisch-*

geordnetes Verzeichniss der in Deutschland und in den angrenzenden Ländern gedruckten Musikalien auch musikalischen Schriften und Abbildungen mit Anzeige der Verleger und Preise, Bd. 3 (S. 211–217). Leipzig.

Glover, S.A. (1845). *A Manual of the Nordwich Solfa System*. London.

N.N. (1848). A Few Words on Solmization. In: *The Musical Times and Singing Class Circular.* June 1st 1848, S. 3.

1850-1859

Glover, S.A. (1850). *Manual Containing a Development of the Tetrachordal System*. London.

Wieck, F. (1853). *Clavier und Gesang*. Leipzig: F. Whistling.

Drobisch, M.W. (1855). Über musikalische Tonbestimmung und Temperatur. In: *Abhandlungen der Königlich sächsischen Gesellschaft der Wissenschaften zu Leipzig* (Bd. 4 (2), S.3–121). Leipzig: S. Hirzel.

Curwen, J. (1858). *The Standard Course of Lessons and Exercises on the Tonic-Sol-Fa Method.* London [weitere Auflagen 1861, 1875].

1860-1869

Chevé, E.-J.-M. (1860). *Exercices élémentaire de lecture musicale à l'usage des écoles primares.* Paris.

Stahl, Fr. Th. (1860). *Chevé, Emile, Singschule nach der Chevé'schen Elementar-Gesanglehre (Methode Galin-Paris-Chevé) mit Genehmigung der Verfasser bearbeitet.* T. 1, H. 2 Enthält die Treffübungen in Moll, Uebungen in der zwei- und Vier, Drei- und Sechs-theilung der Taktzeit, dynamische Uebeungen, sowie 75 Lieder und Kanons. Arnsberg [vgl. Stahl 1881].

Helmholtz, H.v. (1863). *Die Lehre von den Tonempfindungen als pysiologische Grundlage für die Theorie der Musik.* Braunschweig [weitere Auflage 1913, Nachdruck Hildesheim 1967].

1870-1879

Lanz, J. N. (1873). *Die Gehörentwicklungsmethode von Schelble*. Braunschweig.

Riemann, H. (1873). *Musikalische Logik* [als Dissertation mit dem Titel *Ueber das musikalische Hören*]. Leipzig.

Gill, W.H. (1874). Solmization of the Minor Scale. In: *The Musical Times* . June 1, 1874, 522. [Mit der Fragestellung zum moveable-do-system: „Tonic of the Minor Scale is called *do* or *la*?“].

Steed, A. Orpheus (1874). Solmization of the Minor Scale. A Few Words on Solmization. In: *The Musical Times and* Singing Class Circulation, 555-556.

Ellis, Alexander J. (1876). On the Sensitiveness of the Ear to Pitch and Change of Pitch in Music. In: *Proceedings of the Musical Association.* 3 (1), 1–32.

Hullah, John Pyke (1876). *Hullah's Method of Teaching Singing (2nd ed.).* London: Longmans, Green and Co.

Twain, M. A. (1876). A literary nightmare. In: *Atlantic Monthly*, 37, 167–170.

Riemann, H. (1877). *Musikalische Syntaxis, Grundriß einer harmonischen Satzbildungslehre*. Leipzig.

Bullen, George W. (1878). The Galin–Paris–Chevé Method of Teaching Considered as a Basis of Musical Education. In: *Proceedings of the Musical Association*, 4th session, 68–93.

Curwen, J. (1879). *Tonic Sol-fa*, London.

Curwen, John & Hullah, John (1879). *School music abroad (1879–1901).* [introduced by Bernarr Rainbow (Hg.), Clarabricken, Clifden, Co. Kilkenny, Ireland [Reproduced under the direction of Leslie Hewitt for Boethius Press, c1985. (s.a. deutsche Übersetzung)].

1880-1889

Stahl, Fr. Th. (1881). *Chevé, Emile, Singschule nach der Chevé'schen Elementar-Gesanglehre(Methode Galin-Paris-Chevé) mit Genehmigung der Verfasser bearbeitet T. 1, Die Ziffermethode H. 1 Enthält die Treffübungen in Dur, die einfachsten rhythmischen und dynamischen Uebungen sowie 20 Kanons, , S. 18. T. 1 H. 2 A. Treffübungen (Melodik), B. Taktübungen (Rhythmik), C. Uebungen im ausdrucksvollen Singen (Dynamik)*. Arnsberg [vgl. Stahl 1860].

Lavignac, A.J.A. (1882). *Cours complet theoretique et practique de dictèe musicale*. Paris u. Brüssel.

Seward, Th. Frelinghuysen (1883). *The tonic sol-fa music reader: a course of instruction and practice in the tonic sol-fa method of teaching singing, with a choice collection of music suitable for day schools and singing schools*. New York and Chicago, Biglow & Main, c1883.

Stumpf, C. (1883). *Tonpsychologie* (Bd. 1). Leipzig: S. Hirzel.

Ebbinghaus, H. (1885). *Über das Gedächtnis. Untersuchungen zur experimentellen Psychologie*. Leipzig: Duncker & Humblot.

Ellis, Alexander J. (1886). Tonic Sol-fa Minor Scale. In: *The Musical Times and Singing Class Circular*, 547-549.

Ellis, Alexander J. (1886). Tonic Sol-Fa Minor Scale. Correction. In: *The Musical Times and Singing Class Circular*, 679.

Goold, Joseph (1886). Tonic Sol-Fa Minor Scale. In: *The Musical Times and Singing Class Circular*, 615.

Riemann, H. (1888). *Grundlinien der Musikästhetik*. Leipzig [weitere Auflagen: 1903, 1912, 1919].

Riemann, H. (1889). *Katechismus des Musikdiktats*. Leipzig 1889 [2. Auflage als Handbuch des Musikdiktats, ebd. 1904].

1890-1899

Ehrenfels, Chr. v (1890). Über „Gestaltqualitäten" . In: *Vierteljahrsschrift für wissenschaftliche Philosophie 14 , herausgegeben von R. Avenarius; unter Mitwirkung von C. Göring, M. Heinze, W. Wundt*. O. R. Reisland, Leipzig, 249–292. https://gallica.bnf.fr/ark:/12148/bpt6k94141n/f254.image [abgerufen am 06.04.2021]).

Bonnet, J. & Guilhot, P. (1890). *L'Instituteur et l.élève musiciens Association Galiniste*. Paris.

Eitz, Carl (1891). *Das mathematisch reine Tonsystem*. Leipzig.

Gilman, B.I. (1892). Report of an Experimental Test of Musical Expressions. In: The *American Journal of Psychology* 4 (1892), 558–76 und 5 (1892/1893), 42–73.

Kries, J.v. (1892). Über das absolute Gehör. In: *Zeitschrift für Psychologie und Physiologie der Sinnesorgane,* 3, 257–279.

Lipps, Th. (1892). Der Begriff der Verschmelzung in Stumpfs „Tonpsychologie", Bd. 2. In: *Philosophische Monatshefte* XXVIII, 547-591.

McNaught, W. G. (1893). The History and Uses of the Sol-fa Syllables. In: *Proceedings of the Musical Association.* London: Novello, Ewer and Co. 19, 35–51.

Planck, M. (1893). Die natürliche Stimmung in der modernen Vokalmusik. In: *Vierteljahresschrift für Musikwissenschaft* IX, 418–440. Leipzig.

Stumpf, C. (1897). Neueres über die Tonverschmelzung. In: *Zeitschrift für Psychologie und Physiologie der Sinnesorgane* XV, 280–303.

Faist, A. (1897). Versuche über Tonverschmelzung. In: *Zeitschrift für Psychologie und Physiologie der Sinnesorgane* XV, 102-131.

Meinong, A. & Witasek, St. (1897). Zur Experimentellen Bestimmung der Tonverschmelzungsgrade. In: *Zeitschrift für Psychologie und Physiologie der Sinnesorgane,* 15, 189–205.

Hundoegger, A. (1897). *Leitfaden der Tonika-Do Lehre*, Hannover [später auch unter dem Titel: *Lehrweise nach Tonika Do* , Agnes Hundoegger 8. Aufl. d. Leitfadens , völlig neu bearb. von Elisabeth Noack. Berlin: Tonika-Do-Verlag] https://www.hmtm-hannover.de/fileadmin/mount/pdf/Bibliothek/Hundoegger_Nachlass.pdf

Abraham, O. (1898). Über das Abklingen von Tonempfindungen. In: *Zeitschrift für Psychologie und Physiologie der Sinnesorgane.*

Rougnon, P.-L. (1898). *Cours élémentaire de musique, théorie, devoirs, solfège, dictée . musicale, harmonie... Théorie musicale élémentaire accompagnée d'un questionnaire*. Paris: E. Gallet.

Eccarius-Sieber, Artur. (1899). *Die musikalische Gehörbildung*. Berlin: N. Simrock.

Stumpf, Carl (1899). *Neueres über die Tonverschmelzung*. Leipzig.

Lipps, Th. (1899). Tonverwandtschaft und Tonverschmelzung. In: *Zeitschrift für Psychologie und Physiologie der Sinnesorgane*, 19, 1–40.

Jadassohn, S. (1899). *Das Tonbewußtsein – Die Lehre vom Musikalischen Hören*. Leipzig [engl. als *A Practical Course in Ear Training or a Guide for Aquiring Relative and Absolute Pitch*]. Leipzig.

Lange, G. (1899). *Zur Geschichte der Solmisation*. Diss. Berlin: A. Schulze [vgl. *Sammelbände der Internationalen Musikgesellschaft* 4 (Aug.-Oct.), 535-622 und *Zeitschrift für Psychologie und Physiologie der Sinnesorgane,* 27 1902].

Meyer, M. (1899). Is the memory of absolute pitch capable of development by training. In: *Psychological Review*, 6, 514–516.

Shinn, G. (1899, 1900). *Elementary Ear Training*, 2 Bde. London.

1900

Johne, R. (1900). *Das Musikdiktat.* Hildburghausen.

Müller, G.E. & Pilzecker, A. (1900). Experimentelle Beiträge zur Lehre vom Gedächtnis. In: *Zeitschrift für Psychologie und Physiologie der Sinnesorgane,* Ergänzungsband 1, 1–300.

1901

Abraham, O. (1901). Das absolute Tonbewußtsein und die Musik [Absolute tone consciousness and music]. In: *Sammelbände der Internationalen Musikgesellschaft*, 8, 486–91. [Translation by Christopher Aruffo, www.acousticlearning.com]

Meyer, M. (1901). Zur Theorie des Hörens. In: Eduard Pflüger, *Archiv für die gesamte Physiologie des Menschen und der Thiere*, Bonn.

Sekles, B. (1901). *Musikdiktat.* Mainz.

1903

Riemann, H. (1903). *Vereinfachte Harmonielehre oder die Lehre von der tonalen Funktion der Akkorde*. London.

1904

Shinn, F. G. (1904). *A Method of Teaching Harmony Based upon Systematic Ear Training*. London.

1905

Battke, M. (1905/06). *Die Erziehung des Tonsinns*. Berlin.

1906

Aubry, P. (1906). *A propos de dictée . musicale*. Paris, au bureau d'édition de la Schola cantorum.

Auerbach, Felix (1906–1907). Das absolute Tonbewußtsein und die Musik. In: *Sammelband der internationalen Musikgeschichte* 8, 105–112.

https://archive.org/details/SammelbandeDerInternationalenMusikgesellschaft081906-07/page/n1/mode/2up

Krueger, F. (1906). Die Theorie der Konsoanz I u. II. In: *Psychologische Studien* II, 252 ff.

1907

Jaques-Dalcroze, Emile (1907). *La Rhythmique*. frz. und dt. Lousanne [Rhythmus, Musik und Erziehung, frz. dt. und engl. Basel 1922, Nachdruck 1988].

Altmann, Gustav (1907–1908). Die Methode Jaques-Dalcroze. In: *Die Musik* 7(18), 345–348. https://www.digizeitschriften.de/dms/img/?PID=PPN84623971X_007_03_27%7CLOG_0064

1908

Altmann, Gustav (1908). Das absolute Gehör. In: *Neue Musikzeitung* 29, 493–494.

Mengewein, Carl (1908). *Die Ausbildung des musikalischen Gehörs. Ein Lehrbuch in drei Teilen für Konservatorien, Musik-Seminare sowie für den Einzelunterricht*. Wiesbaden.

Ratez. E. (1908). *100 Lecons Progressives de Solfège,* Livre 1, 2. Paris.

1909

Löbmann, Hugo (1909). Die Gehörsbildung im Plane der Pestalozzischen Erziehungs-Idee. In: Carl Mennicke (Hg.), *Riemann-Festschrift: gesammelte Studien. Hugo Riemann zum sechzigsten Geburtstage überreicht*. 122–133. https://archive.org/details/riemannfestschri00menn

Münnich, R. (1909). Von der Entwicklung der Riemannschen Harmonielehre und ihrem Verhältnis zu Oettingen und Stumpf. In: Carl Mennicke (Hg.), *Riemann-Festschrift: gesammelte Studien. Hugo Riemann zum sechzigsten Geburtstage überreicht* . 60–76. https://archive.org/details/riemannfestschri00menn

1910

Boepple, P. (1910). *Die Elemente der Musikalität.* Neuchatel.

Danhauser, A., Lemoine, L. & Lavignac, A. (1910). *Solfège des Solfèges*. Vol. 1–32. Paris.

1911

Eitz, Carl (1911). *Bausteine zum Schulgesangsunterrichte im Sinne der Tonwortmethode.* Leipzig.

Gusinde, Alois (1911). *Übungsschule für musikalische Gehörbildung*. Leipzig. Breitkopf & Härtel.

Hornbostel, E.M. v. (1911). *Über ein akustisches Kriterium für Kulturzusammenhänge*. In: *Zeitschrift für Ethnologie*, 43, 601–615 [Nachdruck in: Erich Moritz von Hornbostel (1986), *Tonart und Ethos, Aufsätze*. S. 207–227. Leipzig: Reclam jun.].

Trotter, Th.H.Y. (1911). *Ear-Training and Sight Singing Gradus*. London.

1912

MacPerson, Ch. St. & Read, E. (1912–1918). *Aural Culture Based Upon Musical Appreciation*, 3 Bände. London.

1913

Holländer, Alexis (1913). *Das Musikdiktat: Methode und Material für die Lehrer und Lehrerinnen an höheren Lehranstalten, Musikschulen, Konservatorien* usw. Leipzig.

Hollis, Dann (1913). *Musical Dictation*. New York 1913.

MacPerson, Ch. St. (1913). *Ear-Training*. London.

Revesz , G. (1913). *Zur Grundlegung der Tonpsychologie*. Leipzig: Veit. [Neuausgabe 1946 u.d.T. Einführung in die Musikpsychologie. Bern, Francke].

Venables, Leonard Charles (1913). *Ear Training, A course of study for the writing by ear of melodies and rhythms, separately and in combination.* London.

1914

Werlé, H. (1914). Was ist uns das Tonwort? Gedanken über die Eitzsche Lehre. In: *Musikpädagogische Zeitschrift*, Wien, Nr. 3, 76–79; Nr. 4, 124–127.

Bennedik, Frank (1914). *Historische und psychologisch-musikalische Untersuchungen über die Tonwortmethode von Eitz*. Langensalza: Julius Beltz.

Eitz, Carl (1914). *Der Gesangunterricht als Grundlage der musikalischen Bildung* (= Pädagogium. Eine Methoden-Sammlung für Erziehung und Unterricht, Bd.2). Leipzig: Klinkhardt.

Götze, Gustav (1914). *KlassischeStoffe für das Musikdiktat und für Gesangübungenvorgeschrittener Schüler*. Berlin-Lichterfelde: Vieweg [https://d-nb.info/579465977/04]

Krause, E. (1914). *Übungen zum Selbststudium des Musikdiktats und für den Klassenunterricht in Konservatorien und Seminaren*, op. 120. Hamburg.

Rehorn, Chr. (1914). *Klare Tonauffassung. Neue Ziele zur lehramtlichen und künstlerischen Ausbildung der Musik*. Duisburg.

Riemann, H. (1914/1915). Ideen zu einer „Lehre von den Tonvorstellungen". In: *Jahrbuch der Musikbibliothek Peters*, XXI, 1914 - XXII, 1915 [s.a. Riemann 1916].

1915

Werlé, H. (1915). Aufgaben und Ziele des Schulgesangunterrichtes. In: *Die Stimme*, 9, 317–321.

1916

Copp, E.F. (1916). Musical Abilty. In: *Journal of Heredity*. 7 (7), 297–305.

Riemann, H. (1916). Neue Beiträge zu einer „Lehre von den Tonvorstellungen". In: *Jahrbuch der Musikbibliothek Peters*, XXIII, 3–21. [s.a. Riemann 1914/15].

1917

Amende, W. (1917). Tonwort und Schule. In: *Archiv für Volksschullehrer*, April 1917, 742–748.

1919

Seashore, C. E. (1919). *The psychology of musical talent.* Boston, New York: Silver, Burdett and Company.

1920

Berg, A. (1920). Die musikalische Impotenz der „neuen Ästhetik" Hans Pfitzners (1920) . In: *Musikblätter des Anbruch* 2, Nr.11–12 [Wiederabdruck in Willi Reich Alban Berg, Zürich 1963, 194–206].

Gedalage, A.L. (1920). *Enseignement de la musique par l.education méthodique de l'oreille*, 2 Bände. Paris.

1921

Fetzer, Thusnelde. (1921). *Lehrgang zur Bildung des Klangbewußtseins.* Stuttgart / Berlin: Cotta.

Jaques-Dalcroze, Emile (1921). *Rhythm, music and education, by Émile Jaques-Dalcroze.* translated from the French by Harold F. Rubinstein. New York and London: G. P. Putnam's sons.

Wedge, George (1921). *Ear Training and Sight Singing.* New York: Schirmer.

Werlé, H. (1921). Das Tonwort auf der Schulmusikwoche. In: *Halbmonatsschrift für Schulmusikpflege*, 16(14), 103f.

Werlé, H. (1921). Was ist uns heute das Eitzsche Tonwort? In: *Halbmonatsschrift für Schulmusikpflege*, 17(13), 98–100; 17(15), 115f.; 17(16), 124–126.

1922

Eitz, Carl (1922). Das Tonwort als Denkmittel gegenüber dem logisch wertlosen musikalischen Abc. In: *Musik und Schule* [Vorträge der 1. Schulmusikwoche vom 1 7.-21.S.1922 in Berlin]. Hg. v. Zentralinstitut für Erziehung und Unterricht Berlin (S. 63–65). Leipzig: Quelle & Meyer.

1923

Rasse, F. (1923). *55 Lecons de Solfège*. Paris.

Schiegg, Anton (1923). *Zur Lösung des Tonnamenproblems. Zugleich ein Beitrag zur Erteilung eines naturgemäßen Schulgesangunterrichtes*. München u. Berlin: Oldenburg.

Stiebler, L. (1923). *Vocal study of fundamental harmony; suggestions to teachers and students*. Baltimore.

Werlé, H. (1923). Tonwort-Ersatz. In: *Halbmonatsschrift für Schulmusikpflege*, 18(17), 109–112; 18(18), 119–122.

1924

Bayer, A. (1924). Zur Verbesserung des Tonworts. In: *Schul-Anzeiger für Niederbayern*, 40 (15), 165–168.

Berg, Alban (1924). Warum ist Schönbergs Musik so schwer verständlich? In: *Sonderheft der Musikblätter des Anbruch.*

Gallon, N. (1924). *Cent Dictèes . Musicales progressives a deux parties*. Paris 1924.

Home, Ethel, (1924). *Ear Training and Musical Dictation*. London.

Maryon, E. (1924). *The Science of Tone-Color* . Boston: C. C. Birchard & Co.

Preußner, Eberhard (1924). Die Methodik im Schulgesang der evangelischen Lateinschulen des 17. Jahrhunderts. In: *Archiv für Musikwissenschaft* 6, 407ff.

Schiegg, Anton (1924). Der Tonname als Unterrichtshilfe. Versuch einer Lösung des Tonnamenproblems. In: *Halbmonatsschrift für Schulmusikpflege*, 18(21), 144–146.

Schiegg, Anton (1924). „Tonwort-Ersatz." Von Heinrich Werlé=Mainz. Eine Entgegnung. In: *Halbmonatsschrift für Schulmusikpflege*, 18(21), 146f.

Schering, A. (1924). *Musikalische Bildung und Erziehung zum musikalischen Hören.* (Wissenschaft und Bildung 85).

Werlé, H. (1924). Schlußwort. In: *Halbmonatsschrift für Schulmusikpflege*, 18(21), 147.

1925

Besseler, H. (1925). Grundfragen des musikalischen Hörens. In: *Jahrbuch der Musikbibliothek Peters* Leipzig, 25–52.

Mathews, B.D. (1925). *Harmonic Ear Training and Theory*. Cincinnatti.

Reuter, F. (1925). *Das musikalische Hören auf psychologischer Grundlage*. Leipzig [weitere Auflage Lindau 1942].

Stumpf, C. (1925). *Die Sprachlaute*. Berlin.

1926

Belaiew-Exemplarsky, S. (1926). Das musikalische Empfinden im Vorschulalter. In: *Zeitschrift für angewandte Psychologie* 27, 177 ff.

Hornbostel, E.M.v. (1926). Psychologie der Gehörerscheinungen. In: A. Bethe u.a. (Hg.) *Handbuch der normalen und pathologischen Physiologie*, Berlin.

Jacoby, H. (1926). Muß es Unmusikalische geben? In: *Zeitschrift für Psychoanalytische Pädagogik* I, Stuttgart 1926, 27(2) 33–38 und 27(4).

Ochs, S. (1926). *Über die Art, Musik zu hören*. Berlin.

Ropartz, J.G. (1926). *Enseignement du Solfège*, Vol. 1–3. Paris.

Stephani, Hermann (1926). *Grundfragen des musikalischen Hörens*. Leipzig.

1927

Burkard, Jakob Alexander (Hg.) (1927). *Hundert Lieder zum Studium ihrer Formen: Transponier-, Gehör- und Geistesschulung,* Heft 1-3. Frankfurt / Main: Burkard.

Handschin, J. (1927). Die Musikanschauung des Johannes Scotus. In: *Deutsche Vierteljahresschrift für Literaturwissenschaft . und Geistesgeschichte* V, 317–339.

Jöde, Fritz (1927). *Nachwort der Elementarlehre der Musik*. Wolfenbüttel.

Jöde, Fritz (1927). *Musikschulen für Jugend und Volk*. Wolfenbüttel.

Kühn, W. (1927). Die Tonwortkonferenz. Gehalten anläßlich des ersten deutschen Kongresses für Schulmusik. In: *Die Musikerziehung*, 4(8), 254f.

Prüfer, J. (1927). Das Fingerklavier. In: Friedrich Fröbel, *Mutter- und Koselieder*, Leipzig, 26.

Reuter, Fr. (1927). *Zur Methodik der Gehörübungen und des Musikdiktats.* Leipzig.

Stern, Günther (1927). Zur Phänomenologie des Zuhörens - erläutert am Hören impressionistischer Musik. In: *Zeitschrift für Musikwissenschaft*, 610–619.

Walker, E. (1927). *Das musikalische Erlebnis und seine Entwicklung*. Diss. Phil. Tübingen.

1928

Eitz, Carl (1928). *Das Tonwort. Bausteine zur musikalischen Volksbildung*. Hg. v. Frank Bennedik [revidierte Neuauflage der Bausteine von 1911]. Leipzig: Breitkopf & Härtel.

Heuler, R. (1928). *Anleitung zur schulmäßigen Behandlung des Unterrichts im Singen.* Würzburg: Triltsch (2. Aufl.).

Jöde, Fritz (1928). *Neue Musikschulen für Jugend und Volk. Ein Gebot der Stunde*, 2. Auflage, Wolfenbüttel.

Reuter, Fr. (1928). *Praktische Gehörbildung auf der Grundlage der Tonika-Do-Lehre*. Leipzig.

Werlé, H. (1928). Musikpolitische Bilanz von Wien. In: *Halbmonatsschrift für Schulmusikpflege*, 23(11), 81f.

1929

Bournonville, Armand (1929). *40 Lecons de Solfège,* Vol. 1, 2. Paris.

Heuler, R. (1929). *Ende der Eitzschen Tonwortmethode und anderes vom Tonwort.* Würzburg: Triltsch.

Schünemann, G. (1929). Ursprung und Bedeutung der Solmisation. In: *Schulmusikalische Zeitdokumente, Vorträge der VII. Reichsschulmusikwoche in München.* Leipzig, 41 ff.

Stier, A. (Hg.) (1929). *Stoffverteilungsplan für den Gesangunterricht in Schulen auf Grund der Tonika-Do-Lehre mit methododischen Anmerkungen*, im Auftrag des Tonika-Bundes Hannover [Alte Döhrener Str. 91]: Tonika-Do-Verlag.

1930

Dandelot, G. (1930). *Cent Dictées . Musicales a deux voix*. Paris.

Kurth, E. (1930). *Musikpsychologie*. Berlin.

Moser, H. J. (1930). Zwei neue Schulsolmisationen. In: *Zeitschrift für Schulmusik*, 3(9), 169–174.

Münnich, R. (1930). *JALE. Ein Beitrag zur Tonsilbenfrage und zur Schulmusikpropädeutik*. Lahr: Schauenburg.

Pennequin, J.-B. (1930). *20 Lecons de Solfège*. Paris.

Schmücker, M.-Th. (1930). *Diktate zur Musikgeschichte*. Berlin.

Werlé, H. (1930). *Methodik des Musikunterrichts auf der Grundstufe*. Leipzig: Kistner & Siegel.

1931

Hasse, Kurt (1931). *Die Tonika-Do-Lehre als Grundlage moderner Musikerziehung*. Dresden.

Kühn, W. (1931). Geschichte der Musikerziehung. In: Ernst Bücken (Hg.), *Handbuch der Musikerziehung*. Potsdam: Athenaion, 5–68.

Maler, W. (1931). *Beitrag zur durmolltonalen Harmonielehre*. Leipzig.

Waldmann, G. (1931). *Diktate zur Musiklehre* (Reihe 1000 Musik-Diktate / von Maria Leo) Hannover.

1932

Kühn, W. (1932). Deutsche Einheitstonnamen. In: *Die Musikerziehung*, 33(9/10), 259–283, 33(11/12), 312–324; 10(1), 7–20.

Kühn, W. (1932). *Die deutsche Tonkunst im Aufbau der deutschen Kultur. Ein musikkulturelles Aufbauprogramm*. Königsberg: Verlag der Musikerziehung.

Petran, L.A. (1932). An experimental study of pitch recognition. In: *Psychological Monographs*, 42, 1–120.

Stier, A. (1932). Deutsche Einheits-Tonnamen. In: *Mitteilungen des Tonika Do-Bundes* 1932, 7(10), 2–8.

Wellek, A. (1932). Gehörtypen und Gehörbildung. In: *Die Musikpflege* III.

1933

Elkan, Ida (1933). *Technical Work in Ear Training for the Piano*. New York.

Lawton, Annie (1933). *Foundations of Practical Ear Training*, 2 Bände. London.

Mollowitz, Käte (1933). *Über die Musikerziehung bei Ann Glover und John Curwen - Eine pädagogisch-psychologische Würdigung und Kritik*. Diss., Königsberg.

Ortmann, O. (1933). Some tonal determinants of melodic memory. In: *Journal of Educational Psychology* 24, 454–467.

Rühlmann, Franz (1933). Zur Volksmusikkultur durch Carl Eitz. In: *Die Musik* 26(2), 96–104.

Stier, A. (1933). Zur Methodenfrage. In: *Mitteilungen des Tonika Do-Bundes* 1933, 8(9), 1–7.

Schiegg, Anton (1933). Solmisation und Stimmbildung. In: *Die Stimme*, 28, 68–70.

1934

Delachi, Paolo (1934). *Lezione di solfeggio*. Ricordi (casa editrice).

Hundoegger, A. (ca. 1934). *Übungen zum vomblattsingen: für Schulen, Singgruppen, Chöre und Musikseminare, Agnes Hundoegger. Ergänzt von ihren Schülern und Mitarbeitern Tonika-Do-Verlag.*

Junker, R. (1934). Solmisation und musikalische Volksbildung unter Berücksichtigung der Eindrücke in der vom R.D.T.M., Ortsgruppe Hannover, und dem Tonika-Do-Bund unter Leitung von Kantor Stier vom 2. bis 4. Januar 1933 in Hannover abgehaltenen Arbeitstagung für Musikerziehung. In: *Musikalische Volksbildung*, 3(1), 2–9; 3(2), 24–29.

Münnich, R. (1934). Zum zweiten Jahr des Dritten Reiches. In: *Zeitschrift für Schulmusik*, 7(1), 4–6.

Münnich, R. (1934). Offene Antwort. In: *Zeitschrift für Schulmusik*, 7(2/3), 35f.

Münnich, R. (1934). Schlußwort. In: *Zeitschrift für Schulmusik*, 7(6), 83f.

Rühlmann, Franz (1934). Beschluß und neuer Beginn! In: *Musikalische Volksbildung*, 3(4), 57.

Stier, A. (1934). Die Grundfragen der Schulmusikerziehung. In: *Mitteilungen des Tonika Do-Bundes*, 9(3), 1–7.

Stier, A. (1934). Nochmals „Eitz" und „Tonika Do". (Eine Abwehr.). [Auseinandersetzung mit Paul Becker: Das Tonwort und seine Anwendung im ersten Unterricht. Berlin-Lichterfelde: Vieweg 1934]. In: *Mitteilungen des Tonika Do-Bundes*, 9(9), 1–7.

Stier, A. (1934). Zur Richtigstellung. In: *Zeitschrift für Schulmusik*, 7(6), 81f.

Stier, A. (1934). Reformatorischer Choral und deutsches Volkstum. In: *Musik und Kirche*, 6(2), 57–63.

1935

Alt, Michael (1935). *Die Erziehung zum Musikhören. Eine Darstellung der Typen des musikalischen Genießens und Wertens beim Jugendlichen und ihre pädagogische Bedeutung*. Leipzig.

Schenker, H. (1935). *Neue musikalische Theorien und Phantasien. Band 3. Der freie Satz*. Wien: Universal-Edition.

Stier, A. (1935). Zur Lage. In: *Mitteilungen des Tonika Do-Bundes*, 10(1), 4f.

Wellek, A. (1935). Die Mehrseitigkeit der Tonhöhe als Schlüssel zur Systematik der musikalischen Erscheinungen. In: *Zeitschrift für Psychologie*, 134.

1936

Herbst, Kurt (1936). „Die Erziehung zum Musikhören". Eine kritische Auseinandersetzung mit dem gleichnamigen Buch von Michael Alt. In: *Die Musik* 28, 600 ff.

Raabe, Peter (1936). *Lebendige Musik. Anleitung zum Musikhören*. Weimar.

Rühlmann, F. (1936). „Ende der Eitz'schen Tonwortmethode"? Ein kritischer Streifzug. In: *Zeitschrift für Musik*, 103(7), 806–812.

1937

Bachem, A. (1937). Various types of absolute pitch. In: *The Journal of the Acoustical Society of America*, 9, 146–151.

Delabre, L.G. (c1937). *Exercices de solfège élémentaire. Intonation - rythme*. Paris: Durand & cie; Philadelphia, Pa.: Elkan-Vogel Co.; [etc., etc.].

Ehrenfels, Christian Freiherr v. (1937). Über Gestaltqualitäten. In: *Philosophia* (Belgrad), 2, 139–141. [Nachdruck in: Ferdinand Weinhandl (Hg.), *Gestalthaftes Sehen. Ergebnisse und Aufgaben der Morphologie. Zum Hundertjährigen Geburtstag von Christain von Ehrenfels*. Darmstadt: Wissenschaftliche Buchgesellschaft 1978, 61–63].

Schenk, P. (1937). *Rhythmisches Musikdiktat*. Leipzig.

1938

Adorno, Theodor (1938). Über den Fetischcharakter in der Musik und die Regression des Hörens. [Concerning the fetishistic character in music and the regression of hearing]. *Zeitschrift für Sozialforschung* 7, 321f.

Mersmann, Hans (1938). *Musikhören*. Berlin [weitere Auflage 1952].

Silvey, C.T. (1938). A Study of Personal Reactions to the Solmization Method of Teaching. In: *Music Educators Journal*, 25(1), 65.

1939

MacMillan, Ernest (1939). *On the Preparation of Ear Tests*. London.

Kühn, W. (1939). *Führung zur Musik. Voraussetzungen und Grundlagen einer einheitlichen völkischen Musikerziehung*. Lahr: Schauenburg.

Preußner, E. (1939). Solmisationsmethoden im Schulunterricht des 16. und 17. Jahrhunderts. In: *Festschrift F. Stein*, Braunschweig.

Wellek, A. (1939). *Typologie der Musikbegabung im deutschen Volke*. München.

1940

Allchin, Basil C. (1940). *Aural Training*. London.

Bachem, A. (1940). The genesis of absolute pitch. In: *The Journal of the Acoustical Society of America*, 11, 434–439.

Lemoine, H. (1940). *Solfège des solfèges. Nouvelle édition du solfège pour voix de soprano de Henry Lemoine et G. Carulli, augmentée d.un grand nombre de leçons d.auteurs anciens & modernes, choisies et classées par A. Danhauser & L. Lemoine.* Classification nouvelle des volumes 1A, 1B, 1C, 2A, 2B, 3A, et 6A avec addition de nombreuses leçons composées ou choisies par Albert Lavignac.. Nouveau supplément faisant suite aux solfèges 1A, 1B, 2A, 2B et comprenant 12 leçons de clé de sol, 8 clé de fa et 4 sol et fa par X... Paris.

Stier, A. (1940). Dienst an der inneren Front. In: *Kirchenmusikalische Mitteilungen*, 7(25/26), 398f.

1941

Lichte, H. W. (1941). Attributes of complex tones. In: *Journal of Experimental Psychology*, 28, 455–465.

Read, E. (1941). *Exercises in Aural Training*, 2 Bände. London.

1942

Gallon, N. (1942). *Cent Dictèes . Musicales progressives a trois parties*. Paris.

Schönberg, A. (1942). *Modelle für den Anfänger im Kompositionsunterricht*. New York 1942 [deutsch Wien 1972].

1945

Koester, T. (1945). The time error in pitch and loudness discrimination as a function of time interval and stimulus level. In: *Archives of Psychology*, 297.

Wyatt, R.F. (1945). *Improvabilyty of pitch discrimination*. Eavaston.

1946

Buchanan, W. (1946). *Comparison of fixed and movable solfège in teaching sight singing from the staff*. (Doctoral dissertation, University of Michigan). Dissertation Abstracts International, 10–04, 0080.

Brown, Andy (1946). *Ad-lib; chord scheme instructions plus eleven ear Training choruses for trumpet, clarinet [and] tenor saxophone*. New York.

Hindemith, P. (1946). *Elementary Training for Musicians*. New York [Neuaufl. 1949, 1974].

Riker, B.L. (1946). The ability to judge pitch. In: *Journal of Experimental Psychology*, 36, 331– 346.

1947

Deese, V. & Grindley, G. C. (1947). The transposition of visual patterns. In: *British Journal of Psychology,* 37, 152–163.

Lazzari, Alfonso (1947). *Solfeggi cantati.* Milano.

van de Velde, E. (1947). *Solfège Populaire*. Ed. A, B, Tours.

1948

Gallon, N. (1948). *Cinquante Dictèes . Musicales progressives a quatre parties*. Paris.

Handschin, J. (1948). *Der Toncharakter - Eine Einführung in die Tonpsychologie*. Zürich.

Jersild, Jorgen (1948–51). *Laerebog i solfege*. Copenhagen.

Lohr, Ina (1948). *Solmisation und Kirchentonarten.* [2. Aufl.] Basel.

1949

Gallon, N. (1949). *200 Dictèes . Musicales progressives a 1 partie*. Paris.

Leemann, H. (1949). *Wohlauf und singt! Ein Lehrgang in Lektionen für den Schulgesang nach Tonika-Do*. Frauenfeld.

Werlé, H. (1949). *Musik im Leben des Kindes. Anhang: System und Methode einer Erziehung zum Tonbewußtsein.* Dresden / Düsseldorf: Ehlemann.

1950

Grabner, H. (1950). *Neue Gehörübung*. Berlin: Deutscher Musikliteratur-Verlag.

Maletzke, G. (1950). *Der Rundfunk in der Erlebniswelt des heutigen Menschen. Untersuchungen zur psychologischen Wesenseigenart des Rundfunks und zur Psychologie des Rundfunkhörers*. Diss. Hamburg.

Piaget, J. (1950). *The psychology of intelligence*. London: Routledge & Kegan Paul.

Quinet, Fernand (1950). *12 leçons de solfège à changements de clés sur 7 clés:* Sol, fa, 3e et 4e lignes, ut 1re, 2e, 3e et 4e lignes. Suivies de deux leçons de Concours du Conservatoire Royal de Liège; Edgard Tyssens (Publ.); Liège.

Schönberg, A. (1950). *Style and Idea*, New York: Philosophical Library [deutsch: Stil und Gedanke. Frankfurt 1976, 1992].

Wenz, J. (1950). *Musikerziehung durch Handzeichen - Formung eines alten Weges*. Wolfenbüttel.

1951

Borris, S. (1951). *Klingende Elementarlehre*. Berlin.

Jersild, J. (1951). *Laerebog i sofège* Kopenhagen 1948–1951, *Laerebog i ritmelaesning*, ebd. 1951 [dt. als *Lehrbuch der Gehörbildung* 5 Bde.]. Kopenhagen.

Mainwaring, J. (1951). Psychological factors in the teaching of music. Part I: Conceptual musicianship. In: *British Journal of Educational Psychology*, 21(2), 105–121.

Mainwaring, J. (1951). Psychological factors in the teaching of music. Part II: Applied musicianship In: *British Journal of Educational Psychology*, 21(3), 199–213.

van Krevelen, A. (1951). The ability to make absolute judgments of pitch. In: *Journal of Experimental Psychology,* 42, 207–215.

Schenk, P. (1951). *Schule der musikalischen Gehörbildungslehre*. H. 1–8. Trossingen: Hohner.

Stevens, S.S. (1951). *Handbook of experimental psychology*. New York.

1952

Harris, J.D. (1952). The decline of pitch discrimination with time. In: *Journal of Experimental Psychology,* 43, 96–99.

Hick, W.E. (1952). On the rate of gain of information. In: *Quarterly Journal of Experimental Psychology,* 4, 11–26.

Husmann, H. (1952). Eine neue Konsonanztheorie. In: *Archiv für Musikwissenschaft* IX.

Pollack, I. (1952). The information of elementary auditory displays. *The Journal of the Acoustical Society of America,* 24, 745–749.

Salzer, F. (1952). *Structural hearing, Tonal coherence in music*. New York: Charles Boni., New York 1952 [deutsch *Strukturelles Hören*. Wilhelmshaven].

Stephani, Reinhart (1952). *Die deutsche musikalische Jugendbewegung*. Diss. Marburg.

1953

Gentilucci, Lazzarri-Micheli (1953). *30 solfeggi parlati in chiave di sol*. Milano.

Husmann, H. (1953). Der Aufbau der Gehörswahrnehmungen. In: *Archiv für Musikwissenschaft* 1953, 95–115.

Husmann, H. (1953). Vom Wesen der Konsonanz. In: *Musikalische Gegenwartsfragen* III. Heidelberg.

Hyman, R. (1953). Stimulus information as a determinant of reaction time. In: *Journal of Experimental Psychology*, 45, 423–432.

Jöde, F. (1953). *Das kann ich auch – Kleine Elementarlehre der Musik mit Singen, Instrumentalspiel und Tanz. Einführung in die Musikantenfibel*. Mainz.

Pfrogner, H. (1953). *Die Zwölfordnung der Töne*. Wien.

Reik, T. (1953). *The Haunting Melody: Psychoanalytic Experiences in Life and Music*. New York: Farrar, Straus and Young.

Sachs, C. (1953). *Rhythm and Tempo: A Study in Music History*. New York: W W Norton and Company.

Schollum, Robert (1953). Hörerziehung in der Hauptschule. In: *Musikerziehung* 6, 281 ff.

Weiner, Leó (1953). *Az összhangzattan előkészítő iskolája Az osszhangzattan elokeszito iskolaja: Skálák, hangközök, hallást fejlesztő gyakorlatok, fő- és mellékhármashangzatok* [Preparatory course in harmony: Scales, intervals, *Ear Training* exercises, primary and secondary triads-For use in schools or at home]. Budapest: EBM.

1954

Adorno, Th. W. (1954). Thesen gegen die Musikpädagogische Musik (1954). In: W. Heise, W, Hopf, H. & Segler, H.: *Quellentexte zur Musikpädagogik*, Regensburg.

Aliferis, James (1954). *Aliferis achievement test manual* (College entrance level). Minneapolis: University of Minnesota.

Attneave, F. (1954). Some information aspects of visual perception. In: *Psychological Review*, 61, 183–193.

Bachem, A. (1954). Time factors in relative and absolute pitch determination. In: *The Journal of the Acoustical Society of America*, 26, 751–753.

Junker, Ricard (1954). Arbeitskreis für Schulmusik und allgemeine Musikpädagogik. Zielsetzung und Arbeitsprogramm. In: *Zeitschrift für Musik*, 115(11), 660–664.

Pollack, I. & Ficks, L. (1954). Information of Elementary Multidimensional Auditory Displays. In: *The Journal of the Acoustical Society of America* 26, 155–158.

Reed, H. O. (1954). *Basic Music: A Basic Theory Text with Correlated Ear Training and Keyboard Exercises.*

Reinold, Helmut (1954). Zur Problematik des musikalischen Hörens. [Questions concerning musical hearing]. In: *Archiv für Musikwissenschaft* 11(2), 157-187.

Watkins, J. G. C. & Farnum, S. E. (1954). *The Watkins-Farnum performance scale: A standardzid achievment test for all band instruments.* Winona, MN: Hal Leonard Music.

1955

Bachem, A. (1955). Absolute pitch. In: *The Journal of the Acoustical Society of America*, 27(6), 1180–1180.

Dehnert, Max (1955). *Vom musikalischen Hören.* Leipzig.

Lange, Ch. (1955). Melodie, relative Hörfähigkeit, Melodiebewußtsein. In: *Musik in der Schule* 6, 99 ff.

Oakes, W.F. (1955). An experimental study of pitch naming and pitch discrimination reactions. In: *Journal of Genetic Psychology,* 86, 237–259.

Taylor, E. (1955). *A method of aural training*. London.

1956

Baur, J. (1956). Möglichkeiten und Grenzen des Musikdikats. In: *Musik im Unterricht* 47, 274–276.

Borris, S. (1956). Ganzheitliche Hörerziehung. In: *Musik im Unterricht* (A) 47, 264– 266.

Borris, S. (1956). Methodischer Aufbau einer ganzheitlichen Hörerziehung. In: *Musik im Unterricht* (A) 47, 272–274.

Husmann, H. (1956). Verschmelzung u. Konsonanz. In: *Deutsches Jahrbuch der Musikwissenschaft* I (= JbP XLVIII).

Jersild, Jorgen (1956). *Elementaere rytmeovelser*. Copenhagen.

Maak, Rudolf (1956). Was hören unsere Sextaner? In: *Musik im Unterricht* (A) 47, 270–272.

Meyer, M. (1956). On memorizing absolute pitch. In: *The Journal of the Acoustical Society of America* 28(4), 718–719.

Miller, G.A. (1956). The Magic Number Seven, Plus Minus Two: Some Limits on our Capacity for Processing Information. In: *Psychologocal Review* 63, 81–97.

Nettl, B. (1956). *Music in primitive culture*. Cambridge, MA: Harvard University Press.

Ottman, Robert W. (1956). *A statistical investigation of the influence of selected factors on the skill of sight-singing*. PhD diss., North Texas State College.

Ottman, R. W. (1956). *Music for Sight Singing*. Englewood Cliffs: Prentice-Hall.

Preußner, E. (1956). Erziehung zum Hören. In: *Musik im Unterricht* 47, 261–264.

Siler, H. (1956). Toward an International Solfeggio. In: *Journal of Research in Music Education*. 4 (1), 40–43.

Stephani, H. (1956). *Zur Psychologie des musikalischen Hörens. Hören wir naturrein, quintengestimmt, temperiert? Erfüllt sich der Sinn der Musik tonal, freitonal, atonal?* Regensburg.

Willems, E. (1956). Die psychologischen Grundlagen der *Gehörbildung*. In: *Musik im Unterricht* (A) 47, 267–268.

Wiora, W. (1956). Zum Problem des Ursprungs der mittelalterlichen Solmisation. In: *Die Musikforschung* 9(3), 263-274 .

1957

Bachmann, F. (1957). Musikalische Volkskunstarbeit und JALE-Tonsilben. In: *Festschrift R. Münnich*, Leipzig, 81–84.

Berg, K. (1957). Anregungen zur Hörerziehung. In: *Musik und Altar*, 10, 22–25.

Bimberg, S. (1957). Das JALE-Silbensystem Richard Münnichs als Grundlage der Erziehung zum Melodiebewußtsein. In: *Festschrift R. Münnich*, Leipzig.

Broadbent, E. & Ladefoged, P. (1957). On the fusion of sounds reaching different Sense organs 1957. In: *The Journal of the Acoustical Society of America,* 29, 708–710.

Corso, J.F. (1957). Absolute judgments of musical tonality. In: *The Journal of the Acoustical Society of America,* 29 (1), 138–144.

Großmann, H. (1957). Verzeichnis der Schriften Richard Münnichs. In: *Festschrift R. Münnich*, Leipzig.

Laaf, E. (1957). Das zentrale Fach: Gehörbildung. In: *Musik im Unterricht* 48, 173–176.

Lange, Chr. (1957). Über die Anwendung des Jale-Silbenssystems in de Lehrerbildung. In: *Festschrift R. Münnich*, Leipzig, 77–80.

Liebe, A. (1957). Wortforschung als Methode zur Wesensbestimmung des Tones 1957 In: *Bericht über den Kongreß der GMf Hamburg 1956*, 140–142, Kassel.

Martens, H. (1957). Musikdiktat und musikalisches Schreibwerk in der Schule mit anschliessendem methodisch-didaktischemLehrgang. In: Wilhelm Drangmeister, Hans Fischer & Heinrich Martens (Hg.), *Beiträge zur Schulmusik,*. Wolfenbüttel: Möseler.

N.N., (1957). Übersicht der JALE-Schriften. In: *Festschrift R. Münnich*, Leipzig.

Schenk, P. (1957). *Schule des Blattsingens*. Leipzig.

Scoville, W.B. & Milner, B. (1957). Loss of recent memory after bilateral hippocampal lesions. In: *Journal of Neurology, Neurosurgery and Psychiatry,* 20, 11–21.

1958

Adorno, Th.W. (1958). Hörtypen. In: *Gesammelte Schriften 12, Philosophie der neuen Musik.*, l. Aufl. Köln [Neuauflage Frankfurt 1975].

Bimberg, S. (1958). Die Polarität bei der Rezeption der Tonalitäten. In: *Kongreßbericht Wien 1956*, Graz u. Köln, 55 ff.

Broadbent, D.E. (1958). *Perception and communication.* London: Pergamon.

Cramer, M. & Huggins, W.H. (1958). Creation of pitch through binaural interaction. In: *The Journal of the Acoustical Society of America* 30, 413–417.

Davidsson, R. (1958). *Gehörslära, Del. 1. Notläsningslära*. Stockholm.

Francès, R. (1958). *La Perception de la Musique*. Paris.

Koch, J.E.H. (1958). Wege zum aktiven Musikhören. In: *Hausmusik* 22, 4–8.

Kvam, Kunrad A. (1958). *Rutgers University music dictation series [Sound recording]; a course in basic musicanship and Ear Training.*

Noack, E. (1958). Vom Hören musikalischer Formen. In: *Musik im Unterricht* (B) 49, 65 ff.

Schenk, P. (1958). *Schule des musikalischen Hörens*. Leipzig [u.a.].

Stier, A. (1958). *Methodik der Musikerziehung - Nach den Grundsätzen der Tonika-Do-Lehre*. Leipzig.

1959

Bentley, A. (1959). Fixed or movable do? In: *Journal of Research in Music Education*, 7 (2), 164–68.

Besseler, H. (1959). *Das Musikalische Hören der Neuzeit*. Berlin .

Heiking, W. (1959). *Die Entwicklung von Klangvorstellungen im Fach Musiktheorie und Gehörbildung*. Diss.

Irmer, G. v. (1959). Jugend zwischen Volkslied, Schlager und Jazz. In: E. Kraus (Hg.), *Musik und Musikerziehung in der Reifezeit. Vorträge der dritten Bundesschulmusikwoche München 1959*, Mainz, 157 ff.

Jersild, J. (1959). *Laerebog i melodilaesning*. Kopenhagen [dt. 1960 Einführung in die Methode Jersilds].

Klausmeier, F. (1959). Der Einfluß sozialer Faktoren auf das musikalische Verhalten von Jugendlichen. In: E. Kraus (Hg.), *Musik und Musikerziehung in der Reifezeit. Vorträge der dritten Bundesschulmusikwoche München 1959*, Mainz, 152 ff.

Lieberman, Maurice (1959). Eartraining and Sight Singing. In: *Journal of Music Theory* 3(2), 315.

Münnich, R. (1959). *Jale*. [erste Aufl. Lahr 1930], 9. Aufl., Wolfenbüttel.

Schiegl, H. (1959). Psychologische Grundlagen der Gehörbildung. In: E. Kraus (Hg.), *Musik und Musikerziehung in der Reifezeit. Vorträge der dritten Bundesschulmusikwoche München 1959*, Mainz S. 256 ff.

Teuscher, H. (1959). Anleitung zum Musikhören. In: E. Kraus (Hg.), *Musik und Musikerziehung in der Reifezeit.- Vorträge der dritten Bundesschulmusikwoche München 1959*, Mainz, 147 ff.

1960

Barnes, James Woodrow (1960). *An experimental study of interval drill as it affects sight singing*. PhD diss., Indiana University.

Bèkèsy, G. v. (1960). *Experiments in Hearing*. New York.

Dittrich, K. (1960). Über Probleme des Musikhörens in der zehnklassigen Oberschule. In: *Musik in der Schule* 11, 341 ff.

Hollmann, M. (1960). Unterscheiden der Tonhöhe im 1. Schuljahr. In: *Musik in der Schule* 11, 269 ff.

Lottermoser, W. (1960). Akustik. *MGG* 1, 211ff.

Michel, P. (1960). Musikalische Interessen jugendlicher. In: *Musik in der Schule* 11, 303 ff.

Müller-Blattau, Joseph (1960). Gehörbildung. In: *MGG* 4, 1533f.

Reinecke, H.-P. (1960). Tonalität - Der psychologische Aspekt. In: *MGG* 13, 519f.

Rohwer, J. (1960). Intervall, C. Historisch. In: *MGG* 6, 1348f.

Ruhnke, Martin (1960). Solmisation. In: *MGG* 12, 843f.

Schmidt-Joos, S. (1960). *Geschäfte mit Schlagern*. Bremen (Das aktuelle Thema, Bd. 9).

Seashore, C. E., Lewis, D. & Saetveit, J. G. (1960). *Seashore measures of musical talent*. New York: The Psychological Corporation.

Siegmund-Schultze, Walther (1960). Die Erziehung zum aktiven Hören. Gedanken zur Hauptaufgabe des neuen Musikerziehers. In: *Wissenschaftliche Zeitschrift der Martin-Luther-Universität Halle-Wittenberg*, G 93, 471 ff.

Wellek, A. (1960). Akkord-psyhologisch. In: *MGG* 1, 206 f.

Wellek, A. (1960). Atonalität. In: *MGG* 1, 763f.

Wellek, A. (1960). Gehörpsychologie. In: *MGG* 4, 1571f.

Wellek, A. (1960). Interval, B. psychologisch. In: *MGG* 6, 1330f.

Wellek, A. (1960). Konsonanz-Dissonanz. In: *MGG* 7, 1487f.

1961

Aizawa, Mutsuo (1961). An Investigation of the Judgement of Absolute Pitch by the Grout Test. In: *Tohoku Psychologica Folia* 20, 1–12.

Bachmann, Claus-Henning (1961). Kann man serielle Musik hören? In: *Melos* 20, 223–229.

Barrett, Roger Le (1961). *A Study of the General Nature of Ideational Perception*. Doctoral Dissertation, State University of Iowa.

Burgtorf, W. (1961). Untersuchungen zur Wahrnehmbarkeit verzögerter Schallsignale. In: *Acustica* 1, 97–111.

Edlund, L. (1961). *Om gehörsutbildning*. Publikationer utgivna av Kungl. Musikaliska Akademien med Musikhögskolan 3, Stockholm.

Lifton, W. M. (1961). The development of a music reaction test to measure effective and aesthetic sensitivity. In: *Journal of Research in Music Education*, 9, 157 ff.

Lissa, Zofia (1961). Zur historischen Veränderlichkeit der musikalischen Apperzeption. In: *Festschrift Heinrich Besseler* (S. 475–488), Leipzig.

Maertens, W. (1961). Über das Verhältnis jugendlicher der Reifezeit zur Musik. In: *Wissenschaftliche Zeitschrift der Martin-Luther-Universität Halle-Wittenberg*, G 10, 95 ff.

Michel, Paul (1961). Das musikalische Erleben Jugendlicher in der Reifezeit (1961). In: B. Dopheide (Hg.), *Hörerziehung*, Darmstadt, 1977, 1 [s.a. in: *Wissenschaftliche Zeitschrift der Martin-Luther-Universität Halle-Wittenberg*, Gesellschafts- Sprachwissenschaftliche Reihe, Jg. 10, 85ff.].

Wellek, A. (1961). Der gegenwärtige Stand der Musikpsychologie und ihre Bedeutung für die historische Musikforschung. In: *Report of the International Musicological Society* Bd.1. New York.

Wever, E.G. (1961). The physiological bases of musical hearing: Present states and problems in research. In: *Report of the International Musicological Society*, Bd.1. New York.

1962

Adorno, T. W. (1962). *Dissonanzen. Einleitung in die Musiksoziologie*. Frankfurt a. M.: Suhrkamp Verlag.

Bimberg, S. (1962). Einige Grundlagen für die Methodik des Musikhörens. In: *Musik in der Schule* 13, 396 ff. u. 414 f.

Borris, S. (Hg.) (1962). Der Wandel des musikalischen Hörens, Berlin (=Veröffentlichungen des Instituts für Neue Musik und Musikerziehung Darmstadt, Bd. 3).

Borris, S. (1962). Klangbilder und Hörmodelle der Neuen Musik. Neue Aufgaben der Hörerziehung (1962). In: B. Dopheide (Hg.), *Hörerziehung*, Darmstadt 1977, 27.

Borris, S. (1962). Neue Aufgaben der Hörerziehung. In: *Musik im Unterricht,* 53, 318–322.

Büse, K. (1962). Das Musikhören als ein Mittel der sozialistischen Erziehung im Unterricht der zehnklassigen allgemeinbildenden polytechnischen Oberschule. In: *Wissenschaftliche Zeitschrift der Martin-Luther-Universität Halle-Wittenberg*, G 11, 61 ff.

Eösze, László, Farkas, István & Gulyás, Gyula (1962). *Zoltán Kodály: His Life and Work.* London: Collet.

Fleischhauer, G. (1962). Probleme der musikalischen Rezeption und ihre Entwicklung bei Schülern und werktätigen Hörern. In: *Wissenschaftliche Zeitschrift der Martin-Luther-Universität Halle-Wittenberg*, G 11, 3 ff.

Gabor, J. (1962). Kodálys Musikpädagogik. In: *Musik in der Schule* 13(12), 539 ff.

Kolneder, W. (1962). Visuelle und audtive Analyse. In: *Der Wandel des musikalischen Hörens*, Institut für Neue Musik und Musikerziehung, Darmstadt.

Lichthorn, Hans-Gerhard (1962). *Zur Psychologie des Intervallhörens* [Hamburg: Fotodruck 1962]. Diss.

Lüdecke, R. (1962). Die Entwicklung des musikalischen Hörens. In: *Wissenschaftliche Zeitschrift der Martin-Luther-Universität Halle-Wittenberg*, G 11, 15 ff.

Müller-Taube, E. (1962). Das Verhältnis der Lehrerstudenten zur Musik. Untersuchungen am Institut für Lehrerbildung Weißenfels. In: *Wissenschaftliche Zeitschrift der Martin-Luther-Universität Halle-Wittenberg*, G 11, 27 ff.

Paul, H. O. (1962). *Die Hörfähigkeit saarländischer Grundschulkinder. Musikerzieherische Auswertung von in der Grundschule durchgeführten Untersuchungen.* Diss. Phil. Saarbrücken.

Pfrogner, H. (1962). Musik und Elektronik. In: *Musikalische Zeitfragen* Bd.X Kassel.

Reck, Albert von (1962). Möglichkeiten tonaler Audition. In: *Die Musikforschung* 15, 105ff.

Reinecke, Hans-Peter (1962). Hörprobleme im Lichte akustisch-tonpsychologischer Forschung. In: ders., *Der Wandel des musikalischen Hörens*, Berlin.

Reinecke, Hans-Peter (1962). Über die Eigengesetzlichkeit des musikalischen Hörens und die Grenzen der naturwissenschaftlichen Akustik. [Concerning the autonomy of musical hearing and the limits of the science of acoustics]. In: *Die Natur der Musik als Problem der Wissenschaft* (S. 34–44), Kassel: Bärenreiter-Verlag.

Roby, A. R. (1962). A study in the correlation of music theory grades with the Seashore Measures of Musical Talents and the Aliferis Music Achievement Test. In: *Journal of Research in Music Education*, 10, 137–142.

Salzer, Felix (1962). *Structural Hearing: Tonal Coherence in Music.* Dover, New York [deutsch *Strukturelles Hören.* Noetzel, Wilhelmshaven].

1963

Bimberg, S. (1963). Psychologische Überlegungen zu der Methodik der musikalischen Rezeptionsuntersuchungen. In: *Wissenschaftliche Zeitschrift der Martin-Luther-Universität Halle-Wittenberg*, G 12, 553 ff.

Bimberg, S. (1963). Untersuchungen über das tonale Hören als eine Grundlage der Rezeption musikalischer Kunstwerke. In: *Traditionen und Aufgaben der Hallischen Musikwissenschaft (= Sonderband der Wissenschaftliche Zeitschrift der Martin-Luther-Universität Halle-Wittenberg* 12 G), 135 ff.

Bimberg, S. (1963). Zum Stand der Rezeptionsuntersuchungen in Halle. In: *Musik und Gesellschaft* 13, 550 ff.

Bimberg, S. (1963). Zur Forderung der Einheit von Emotionalität, Artistik und Idee. In: *Wissenschaftliche Zeitschrift der Martin-Luther-Universität Halle-Wittenberg*, G 12, 623 f.

Cotte, R. (1963). Bemerkungen über das Verhältnis Jean-Jacques Rousseaus zur Musik. In: *Beiträge zur Musikwissenschaft*, 81.

Dandelot, G. (1963). *Étude du Rythme***.** Paris.

Edlund, L. (1963). *Modus novus, Lehrbuch freitonaler Melodielesung.* Stockholm.

Klausmeier, F. (1963). *Jugend und Musik im technischen Zeitalter. Eine repräsentative Befragung in einer westdeutschen Großstadt*. Bonn.

Kolneder, W. (1963–67). *Singen, Hören, Schreiben*, Bände 1-4 [jeweils als Lehrheft und als Übungsheft]. Mainz.

Mayer, Günter (1963). Thesen zur Tagung „Probleme der musikalischen Rezeption und ihre Entwicklung bei Schülern und werktätigen Hörern". In: *Musik in der Schule* 14, 123 ff.

Noll, G. (1963). Jean Jacques Rousseau als Musikerzieher. In: *Bericht über den internationalen musikwissenschaftlichen Kongreß Kassel 1962*, Kassel S. 282–284.

Penfield, W. & Perot, P. (1963). The brains record of auditory and visual experience. In: *Brain*, 86 (4), 595–696.

Petzold, R. G. (1963). Planvolles Musikhören auf der Unterstufe. In: *Wissenschaftliche Zeitschrift der Martin-Luther-Universität Halle-Wittenberg*, G 12, 581 ff.

Petzold, R. G. (1963). The development of auditory perception of musical sounds by children in the first six grades. In: *Journal of Research in Music Education* 11, 21 ff.

Preußner, E. (1963). Probleme der musikalischen Rezeption und ihre Entwicklung bei Schülern und werktätigen Hörern. In: *Wissenschaftliche Zeitschrift der Martin-Luther-Universität Halle-Wittenberg*, G 12, 535 ff.

Sambeth, H. M. (1963). Gehörbildung im 5. Schuljahr. In: *Musik im Unterricht* (B) 54, 154 ff.

Schultz, C. & Lang, G. (1963). The Reliability of Music Preferences Under Varying Mood Condition. In: *Journal of Clinical Psychology* 19(4), 506.

Stockhausen, K. (1963). Situation des Handwerks (Kriterien der punktuellen Musik). In: K. Stockhausen, *Texte* Bd. I, Köln.

Stockhausen, K. (1963). Gruppenkomposition: Klavierstück I (Anleitung zum Hören), Dezember 1955. In: *Texte zur elektronischen und instrumentalen Musik*, Bd. 1, (S. 63–74). Köln 1963.

Storb, I. (1963). Thesen zur Tagung „Probleme der musikalischen Rezeption und ihre Entwicklung bei Schülern und werktätigen Hörern". In: *Musik in der Schule* 14, 123 ff.

Van der Horst, F. (1963). *Maat en Ritme* I + II. Amsterdam.

Wellek, A. (1963). *Musikpsychologie und Musikästhetik*. Frankfurt.

1964

Bimberg, S. (1964). Gegenwärtige musikästhetische Diskussionen und notwendige Konsequenzen für das Musikhören in der Schule. In: *Musik in der Schule* 15, S. 357 ff.

De Lone, R.P. (1964). *Literature and Material for Sightsinging.* New York: Holt, Rinehart, Winston.

Hannett, F. (1964). The Haunting Lyric – The personal and social significance of American popular songs. In: *Psychoanalytic Quaterly*, 33. 226–269 .

Reinecke, H.-P. (1964). *Experimentelle Beiträge zur Psychologie des musikalischen Hörens*. Hamburg.

Shepard, R.N. (1964). Circularity in jugdments of relative pitch. In: *The Journal of the Acoustical Society of America* 36 (12), 2346–2353.

Stoverock, Dietrich (1964). *Gehörbildung, Geschichte und Methode*. Heidelberg: Quelle & Meyer. [weitere Ausgabe Wilhelmshaven 1978].

Wellek, A. (1964). Gehörtype und Gehörbildung. In: *Musik im Unterricht* 55, 115–119.

Young, Percy (1964). *Zoltán Kodály: A Hungarian Musician*. London: Ernest Benn.

1965

Ansermet, Ernest (1965). *Die Grundlagen der Musik im menschlichen Bewußtsein*. München.

Bilik, H. (1965). *Learning to Ear. A Manual for Ear Training*. Ann Arbor.

Chomsky, Noam (1965). *Aspects of the Theory of Syntax*. Cambridge.

Colwell, R. (1965). The theory of expectation applied to music listening. In: *Bulletin of the Council for Research in Music Education* Nr. 5, 17 ff.

Dittrich, K. (1965).Vorschläge für eine Systematik des Musikhörens als Grundlage zur Sicherung fester Kenntnisse. In: *Musik in der Schule* 16, 169 ff.

Günther, U. (1965). Die Sprache in der Musikerziehung. In: *Westermanns Pädagogische Beiträge* 17, 498 ff.

Hess, E.H. (1965). Attitude and pupil size. In: *Scientific American,* 4, 46–54.

Jaques-Dalcroze, Emile (1965). *Le rythme, la musique et l'èducation*. Lausanne.

Kirchner, G. (1965). Hören und Musizieren als didaktisches Problem im Zeitalter der Massenmedien, aufgezeigt am Beispiel der Kunstmusik. In: E. Kraus (Hg.), *Fortschritt und Rückbildung in der deutschen Musikerziehung. Vorträge der sechsten Bundesschulmusikwoche Bonn 1965*, Mainz, 284 ff.

Lissa, Zofia (1965). Musikalisches Hören in psychologischer Sicht. [Musical hearing from a psychological perspective]. In: F. Giegling (Hg.), *Bericht über den 9. Internationalen Kongress Salzburg.* Kassel: Bärenreiter.

Michel, P. (1965). 15 Jahre musikpsychologische Forschungen in der DDR und ihre Bedeutung für die Musikerziehung. In: *Musik in der Schule* 16, 89 ff.

Platte, H. K. (1965). Die Beeinflussung der Leistung bei Schulkindern in der Gleichzeitigkeit von- Arbeit und Hörfunksendung. In: ders. (Hg.), *Soziologie der Massenkommunikationsmittel. Analysen und Berichte*, München u. Basel, 160 ff.

Rauhe, H. (1965). Hören und Musizieren als didaktisches Problem im Zeitalter der Massenmedien, aufgezeigt am Beispiel Lied - Schlager - Jazz. In: E. Kraus (Hg.), *Fortschritt und Rückbildung in der deutschen Musikerziehung. Vorträge der sechsten Bundesschulmusikwoche Bonn 1965*, Mainz S. 274 ff.

Sherman, R. W. (1965). Aural and visual perception of melody presented in tonal and atonal musical environments. In: *Bulletin of the Council for Research in Music Education*, 4, 36ff.

Stevens, S.S. & Warhofsky, F. (1965). *Sound and Hearing*. New York: Time-Life Books.

Stilz, E. (1965). Musikhören in der Volksschuloberstufe. In: E. Kraus (Hg.), *Fortschritt und Rückbildung in der deutschen Musikerziehung. Vorträge der sechsten Bundesschulmusikwoche Bonn 1965*, Mainz, 162 ff.

Tortelier, Paul (1965). *Solmisation contemporaine, pour une clarification de l'étude des sons par une nouvelle dénomination plus rationnelle et plus précise des notes.* Paris.

Wagner, Robert (1965). Die Fähigkeit des Musikhörens bei Jugendlichen zu Beginn der Pubertät. In: *Musik im Unterricht* (B) 56, 319 ff.

Zosel, J.M. (1965). *Die Unterschiedsempfindlichkeit für Tonhöhen (Frequenzen) als entwicklungspsychologisches Kriterium*. Diss. Phil. Mainz.

1966

Borris, S. (1966). Musik in ungarischen Schulen. In: *Kontakte* H.6, 218 ff.

Borris, S. (1966). Audio-visuelle Hörerziehung, ein neuer Weg zum Musikverständnis. In: *Wissenschaftliche Zeitschrift der Humboldt-Universität zu Berlin, Gesellschafts- u. sprachwissenschaftliche Reihe* 15, 347 ff.

Butterworth, N.A. (1966). *400 Aural Training Exercises from the masters*. London.

Carabo-Cone, M. (1966). *Eartraining*. N.Y.

Edlund, L. (1966). *Modus vetus, Sight Singing and Ear Training in Major, Minor Tonality*. Stockholm, Frankfurt a.M.

Frigyes, S. (Hg.) (1966). *Musikerziehung in Ungarn*. Budapest und Stuttgart.

Heinemann, Rudolf (1966). Untersuchungen zur Rezeption der seriellen Musik. In: *Kölner Beiträge zur Musikforschung*, Bd. XLIII. Regensburg.

Höchel, Lothar (1966). Zur Entwicklung des Intonationsgehörs im Bereich der Mehrstimmigkeit. In: *Bericht uber den Internationalen Musikwissenschaftlichen Kongress 1966*, 529–535.

Höchel, Lothar (1966). Untersuchungen über die harmonische Hörfähigkeit des Kindes in den ersten drei Schuljahren (1966). In: B. Dopheide (Hg.), *Hörerziehung*, Darmstadt 1977, 43f.

Husserl, E. (1966). *Zur Phänomenologie des inneren Zeitbewußtseins* (1893–1917), hrsg. v. R. Boehm. Den Haag.

Jersild, Jorgen (1966). *Ear Training: Basic Instruction in Melody and Rhythm Reading*. Translated by Gerd Schiotz. Schirmer.

Kube, Gerhard (1966). Forderungen der Volksschule an die musikpädagogische Forschung. In: *Musik im Unterricht*, H. 3, 95 ff.

McGaughey, J. (1966). *Practical Ear Training*, 2. Ausg.. Boston.

Michel, P. (1966). Zum Problem des inneren musikalischen Hörens und seiner Entwicklung. In: *Wissenschaftliche Zeitschrift der Humboldt-Universität zu Berlin, Gesellschafts- u. sprachwissenschaftliche Reihe* 15,S. 361 ff.

Michel, P. (1966). Musikpsychologische Untersuchungen über die optimale Entwicklung musikalischer Fähigkeiten in den ersten Lebensjahren (1966, 1970). In: B. Dopheide (Hg.), *Hörerziehung*, Darmstadt 1977, 53f.

Neuhäuser, Meinolf (1966). *Theorie und Praxis einer ganzheitlichen Musikerziehung in der Grundschule*. Frankfurt, Main.

Prinz, W. (1966). Quantitative Versuche über die Prägnanz von Punktmustern. In: *Psychologische Forschung*, 29, 297–359.

Rahlfs, Volker (1966). *Psychometrische Untersuchungen zur Wahrnehmung musikalischer Klänge*. [Hamburg: Fotodruck]. Diss.

Rausch, E. (1966). Das Eigenschaftsproblem in der Gestalttheorie der Wahrnehmung. In: W. Metzger (Hg.), *Handbuch der Psychologie*, I.1. Göttingen: Hogrefe.

Rosenmayr, L. (1966). Köckeis, E. & Kreutz, H., *Kulturelle Interessen von Jugendlichen*, Wien u. München.

Spilka, F. (1966). *Hudebni diktat*. Prag.

Stevens, S.S. & Davis, H. (1966). *Hearing, its psychologie and physiology*. New York.

Wedenberg, E. (1966). Methoden und Möglichkeiten des Hörtrainings mit Kindern. In: *Studium generale* 19,S. 1 ff.

Wickelgren, W.A. (1966). Consolidation and retroactive interference in short-term recognition memory for pitch. In: *Journal of Experimental Psychology,* 72, 250–259.

1967

Abel-Struth, S. (1967). *Musikalische Grundausbildung*. Frankfurt.

Adler, Israel (1967). Some reflections of the mutual experience of Eastern and Western musical cultures, with reference to the situation in Israel. In: *Music Education in the Countries of the Orient, Proceedings of a Conference held in Teheran...7th-12th September* [Chairman: Yehudi Menuhin].

Baecker, F. (1967). Betrachtungen zum Fach Solfège. In: R. Stephan, *Probleme des musiktheoretischen Unterrichtes*, Berlin.

Barkechli, Mehdi (1967). *Teaching the elements of music in the Middle East*. Berlin.

Bekku Sadao (1967). *Toho gakuen piano senkosha ni okeru solfege narabi ni harmony choon to jitsugi tono kankei.* [The effect of studying solfege and harmonic dictation on the technical training of piano students at the Toho Gakuen School of Music]. Tokio.

Bimberg, Siegfried (1967). Zu einigen Aspekten des Musikhörens auf der Grundlage von Erkenntnissen der marxistischen Ästhetik und Musikästhetik. In: *Musik in der Schule*, Heft 7/8 , Berlin.

Busch, Werner (1967). Tradition und Gegenwartsaufgaben des Musikhörens als ästhetisch-musikalische Bildungs- und Erziehungsaufgabe in der allgemeinbildenden polytechnischen Oberschule. In: *Musik in der Schule* 18, 16 ff. u. 25 ff.

Daenicke, W. (1967). Hörtheorie. In: *Riemann Lexikon, Sachteil,* 376.

Daenicke, W. (1967). Hörversuch. In: *Riemann Lexikon, Sachteil,* 377.

Dahlhaus, C. (1967). Tonalität. In: *Riemann Lexikon, Sachteil,* 960.

Fullard, W. G. (1967). Operant training of aural musical discriminations with preschool children. In: *Journal of Research in Music Education* 15, 201 ff.

Günther, U. (1967). *Die Schulmusikerziehung von der Kestenberg-Reform bis zum Ende des Dritten Reiches*. Neuwied.

Höchei, L. (1967). Zur Entwicklung des Intonationsgehörs im Bereich der Mehrstimmigkeit. In: *Musik in der Schule* 18, 71 ff.

Jost, Ekkehard (1967). *Akustische und psychometrische Untersuchungen an Klarinettenklängen.* Köln (Veröffentlichungen des Staatlichen Instituts für Musikforschung, 1). Diss.

Kahneman, D. & Beatty, J. (1967). Pupillary responses in a pitch-discrimination task. In: *Perception & Psychophysics,* 2, 101–108.

Kodály, Z. (1967). *Chor-Schule. Ein Lehrgang musikalischer Erziehung vom ersten Anfang bis zur Konzertreife*, 14 Hefte. Bonn.

Kraft, L. (1967). *A New Approach to Ear Training: A Programmed Course in Melodic Dictation.* New York: W.W. Norton.

Lange, Ch. (1967). *Das mehrstimmige Hören als eine wichtige Grundlage der musikalischen Rezeption bei Schülern und werktätigen Hörern.* Diss.- Paed. Halle.

Marcinkevičius, Z. (1967). *Apie kai kuriuos užsienio šalių muzikos rašto mokymo metodus // Muzikinio mokymo metodikos klausimai.* Kaunas.

Moog, H. (1967). *Beginn und erste Entwicklung des Musikerlebens im Kindesalter*. Ratingen.

N.N. (1967). Gehörbildung. In: *Riemann Lexikon, Sachteil,* 320.

N.N. (1967). Musikdiktat. In: *Riemann Lexikon, Sachteil,* 605

N.N. (1967). Solfège. In: *Riemann Lexikon, Sachteil,* 879.

N.N. (1967). Solmisation. In: *Riemann Lexikon, Sachteil,* 879-880.

Ottman, Robert W. (1967). *Music for Sightsinging.* Englewood Cliffs, N. Jersey.

Pinscher, Hans (1967). *Die Harmonielehre Jean-Philippe Rameau*, Leipzig.

Rummenhöller, P. (1967). *Musiktheoretisches Denken im 19. Jahrhundert.* Regensburg.

Ruso, Ž. Ž. (1967). *Išpažintis.* Vilnius.

Russell-Smith, Geoffry (1967). Introducing Kodaly Principles into Elementary Teaching. In: *Music Educators Journal* 54(3), 43–46.

Sandor, Frigyes (1967). *The method and organization of musical education in Hungary.* Hungary (Budapest).

Schafer, R.-Murray (1967). *Ear cleaning: Notes for an experimental music course.* Verlag: Clark & Cruickshank/A Division of Berandol Music Limited, Toronto, ON, Canada.

Schultz, Ingo (1967). *Studien zur Musikanschauung und Musiklehre Johann Heinrich Alsteds (1588–1638).* Diss. Philipps-Universitat, Marburg/Lahn.

Spohn, Charles-L. & Poland, William (1967). *Sounds of Music: Ascending Intervals, Descending Intervals, Harmonic Intervals.* Englewood Cliffs, New Jersey: Prentice-Hall.

Stephan, R. (ed.-and-forew.) (1967). Probleme des musiktheoretischen Unterrichts: Sieben Beiträge, Institut für Neue Musik und Musikerziehung Darmstadt, Band 7, Berlin: Merseburger.

Wellek, A. (1967). Hörpsychologie. In: *Riemann Lexikon, Sachteil,* 374. [vgl. Wellek 1960 „Gehörpsychologie"]

Wellek, A. (1967). Konsonanz-Dissonanz. **Woll**, E. (1967). Zum Problem der musikalischen Hörwirklichkeit und Hörerziehung. In: *Musik im Unterricht*, 58, 279–282.

1968

Adorno, Theodor (1968). Schwierigkeiten in der Auffassung neuer Musik. [Difficulties in the comprehension of new music]. In: *Neue Deutsche Hefte* 117. 15. Jahrgang. Heft 1.

Adorno, Th. W. (1968). Typen musikalischen Verhaltens. In: ders., *Einleitung in die Musiksoziologie. 12 theoretische Vorlesungen.* 2. Aufl. Frankfurt, Main.

Atkinson, R.C. & Shiffrin, R.M. (1968). Human memory: A proposed system and its control mechanisms. In K.W. Spence (Hg.), *The psychology of learning and motivation* (Bd. 2, 89– 195). New York: Academic Press.

Bimberg, S. (1968). *Didaktisch-Methodische Grundlagen der Musikerziehung. Handbuch der Musikerziehung, Teil III.* Leipzig.

Bimberg, S. (1968). Entwurf einer Rezeptionslehre für die Musik (1968). In: B. Dopheide (Hg.), *Hörerziehung*. Darmstadt 1977, 65f.

Blaukopf, Kurt (1968). Probleme der klanglichen Erfahrung der jungen Generation. In: E. Kraus (Hg.), *Der Einfluß der technischen Mittler auf die Musikerziehung unserer Zeit. Vorträge der siebten Bundesschulmusikwoche Hannover 1968*. Mainz, 46 ff.

Blaukopf, Kurt (1968). *Zur Bestimmung der klanglichen Erfahrung der Musikstudierenden, ein Forschungsbericht*. Karlsruhe (= Musik und Gesellschaft, H. 2).

Blum, Beula-Eisenstadt (1968). *Solmization in nineteenth-century American sight-singing instruction*. University of Michigan. Dissertation Abstracts International 30–01A.

Colwell, R. (1968–1970). *Music Achievement Tests*. Chicago: Follett Educational Corporation.

Crickmore, L. (1968). An approach to the measurement of music appreciation. In: *Journal of Research in Music Education* 1(6), 239 ff. u. 291 ff.

Cuddy, L.L. (1968). Practive effects in absolute judgments of pitch. In: *The Journal of the Acoustical Society of America*, 43, 1069–1076.

de la Motte-Haber, Helga (1968). *Ein Beitrag zur Klassifikation musikalischer Rhythmen. Experimentalpsychologische Untersuchungen*. Köln (Veröffentlichungen des Staatlichen Instituts für Musikforschung, 2). Diss.

Duerksen, G.I. (1968). Eine Untersuchung über die Beziehung zwischen der Wahrnehmung musikalischer Prozesse und dem Gefallen von Musik (1968). In: B. Dopheide (Hg.), *Hörerziehung*. Darmstadt 1977, 126f.

Ettl, H. (1968). Musikhören im Musklabor. In: E. Kraus (Hg.). *Der Einfluß der technischen Mittler auf die Musikerziehung unserer Zeit. Vorträge der siebten Bundesschulmusikwoche Hannover 1968*. Mainz, 213ff.

Güldenstein, G. (1968). Die Anwendung der symmetrischen Umkehrung im Gehörbildungs- und Harmonielehre-Unterricht. In: *Schweizer Musikzeitung* 108, 73–86.

Hansberger, J. (1968). Ansätze des kindlichen Musikverständnisses beim Hören „schwerer Musik". In: E. Kraus (Hg.), *Der Einfluß der technischen Mittler auf die Musikerziehung unserer Zeit. Vorträge der siebten Bundesschulmusikwoche Hannover 1968*. Mainz, 123 ff.

Höchei, L. (1968). Über die Entwicklung des Intonationsgehörs mit Hilfe technischer Mittler. In: *Musik in der Schule* 19, 460 u. 469 ff.

Jost, E. (1968). Der Einfluß *des* Vertrautheitgrades auf die Beurteilung von Musik. In: *Jahrbuch des staatlichen Institus für Musikforschung*, 65–86.

Klausmeier, F. (1968). Motivation des Singens und ihre Bedeutung für die technisch verstärkte Beatle-Stimme. In: E. Kraus (Hg.), *Der Einfluß der technischen Mittler auf die Musikerziehung unserer Zeit. Vorträge der siebten Bundesschulmusikwoche Hannover 1968*. Mainz, 163 ff.

Kleinen, G. (1968). Experimentelle Arbeiten im Bereich der Musikpsychologie. In: *Musik im Unterricht* (B) 59, 307 ff.

Kötter, Eberhard (1968). *Der Einfluß übertragungstechnischer Faktoren auf das Musikhören. Eine experimentelle Untersuchung*. Köln (Veröffentlichungen des Staatlichen Instituts für Musikforschung, 3). Diss.

Krähenbühl, P. (1968). *Der Jazz und seine Menschen. Eine soziologische Studie*. Bern.

MacGregor, B. (1968). Music activity preferences of a selected group of fourthgrade children. In: *Journal of Research in Music Education* 16, 302-307.

Michel, P. (1968). *Psychologische Grundlagen der Musikerziehung*. Leipzig (=: Handbuch der Musikerziehung, Tl. 11).

Michel, P. (1968). Zur Systematik des Musikhörens in der Schule (1968). In: B. Dopheide (Hg.), *Hörerziehung*. Darmstadt 1977, 137.

Michel, P. (1968). Ergebnisse musikpsychologischer Forschungen über den Einfluß von Rundfunk und Fernsehen auf die musikalische Entwicklung von Kindern und Jugendlichen und Folgerungen für die Musikerziehung in der Schule. In: *Musik in der Schule* 19, 452 ff.

de la Motte-Haber, Helga (1968). Zum Problem der Klassifikation von Akkorden. In: *Jahrbuch des staatlichen Institus für Musikforschung*, Berlin, 9–28.

Rauhe, H. (1968). Schlager – Beat – Folklore im Unterricht. Aktuelle didaktische Ansätze zur Schulung des Hörens und Differenzierung des Wertempfindens. In: W. Krützfeldt (Hg.), *Didaktik der Musik*. Hamburg, 66 ff.

Rauhe, H. (1968). Zum Wertproblem der Musik. Versuch einer Asthetik der Trivialität als Grundlage für eine Didaktik der Popularmusik. In: W. Krützfeldt (Hg.), *Didaktik der Musik*. Hamburg S. 24 ff.

Reinecke, H.-P. (1968). Nutzen und Gefahren der elektrischen Musikübertragung für die Hörerziehung von Kindern und Jugendlichen. In: B. Dopheide (Hg.), *Hörerziehung*. Darmstadt 1977, 154.

Rueff, J. (1968). *250 Dictèes Musicales . progressives a une voix*. Paris.

Segler, Helmut (1968). Musikhören in einem 1. Schuljahr - „Klänge, gehört und geschrieben" - wiedergegeben durch Videorekorder. In: K. Sydow (Hg.), *Musikhören und Werkbetrachtung in der Schule. Musikpädagogisches Forum Gießen 1968*. Wolfenbüttel, 103 ff.

Simon, C. R. & Wohlwill, J. F. (1968). An experimental study of the role of expectation and variation in music. In: *Journal of Research in Music Education* 16, 227 ff.

Sonstevold, G. & Blaukopf, K. (1968). *Musik der „einsamen Masse"*. Karlsruhe (= Musik und Gesellschaft, H. 4).

Wagner, Robert (1968). Die audio visuelle Gestaltauffassung im Vorschulalter. In: E. Kraus (Hg.), *Der Einfluß der technischen Mittler auf die Musikerziehung unserer Zeit. Vorträge der siebten Bundesschulmusikwoche Hannover 1968*. Mainz S. 112 ff.

Woll, E. (1968). Zum Problem buchprogrammierter Einführung in das Notenhören für Zehn bis Zwölfjährige. In: E. Kraus (Hg.), *Der Einfluß der technischen Mittler auf die Musikerziehung unserer Zeit. Vorträge der siebten Bundesschulmusikwoche Hannover 1968*. Mainz S. 207 ff.

1969

Aldrich, Putnam (1969). An approach to the analysis of Renaissance music. In: *Music Review*, 30, 1-21.

Andreis, Josip (1969). «Dijalog». O 350-godišnjici objavljivanja (*Summary*: Giorgio Alberti's *Dialogue* – 350th Anniversary), 1 (1969) 91-104. lbertijev, [On the 350th anniversary of its publication]. In: *Arti musices*, 1. (1969), 91-104.

Benary, Peter (1969). Gehörbildung im heutigen Musikstudium. In: *Schweizer Musikzeitung* 109, 64–68.

Benward, Bruce (1969). *Workbook in advanced ear training and sight singing*. Dubuque, IA: Wm. C. Brown Company Publishers.

Brömse, P. & Kötter, E. (1969). Der Eindrucksspielraum beim Musikhören Jugendlicher (1969). In: B. Dopheide (Hg.), *Hörerziehung*. Darmstadt 1977, 168f.

Chittum, Donald (1969). A different approach to harmonic dictation. In: *Music Educators Journal* 54(1), 71-73.

Daenicke, Wilfried (1969). *Bewertung von lntervallbeobachtungen an Hand der Frequenzdistanz. Ein Versuch zur Rangordnung musikalischer Intervalle*. Berlin (Jahrbuch des Staatlichen Instituts für Musikforschung). Diss.

Federhofer, Hellmut (1969). Der musikalische Genuss als ästhetisches Problem der Gegenwart. [Musical enjoyment as an aesthetic problem of today]. In: *Studia Musicologica Academiae Scientiarum Hungaricae*, 11, Fasc. 1/4, Bence Szabolsci, Septuagenario(1969), 133-143.

Fuchs, P. (Hg.) (1969). *Musikhören.* Stuttgart.

Fuchs, P. (1969). Notenschrift und Musikhören. In: ders. (Hg.), *Musikhören* (S. 65ff.) (= Der Unterricht in der Grundschule). Stuttgart

Günther, U. (1969). Untersuchungen zum Musikhören in der Schule. Bericht über ein Forschungsvorhaben. In: B. Dopheide (Hg.), *Hörerziehung.* Darmstadt 1977, 189f.

Hansberger, Joachim (1969). Anton Webern. Die vierte Bagatelle für Streichquartett als Gegenstand einer Übung im Musikhören. In: *Musica* 23, 236-240.

Helms, Siegmund (1969). Umfrage nach musikalischen Verhaltensweisen. In: *Musik und Bildung* 1, 453 ff.

Henderson, Robert Vladimir (1969). *Solmization syllables in musical theory 1100 to 1600.* PhD diss., Columbia University.

Hentig, H. v. (1969). *Systemzwang und Selbstbestimmung.* Stuttgart.

Hollstein, W. (1969). *Der Untergrund. Zur Soziologie jugendlicher Protestbewegungen.* Neuwied u. Berlin.

Huldt-Nystrøm, Hampus *(*1969). En 'Musiqvens *Elsker*' i *Risør omkring 1750.* 'De *Musicalske Grund Regler' av Hans Henrik Bøcher (1712-1777)* [A lover of music in Risor, Norway, ca. 1750. [The musical fundaments of Hans Henrik Bocher (1712–1777)]. In: Finn Benestad & Philip Krømer (red.), *Festskrift til Olav Gurvin.* Drammen, 117-133.

Imberty, M. (1969). *L'Acquisition des Structures Tonales chez l'Enfant.* Paris.

Karbusicky, V. (1969). Elektronische Musik und der Hörer. In: *Musik und Bildung* 1, 215 ff.

Karkoschka, E. (1969). Gehörbildung mit ausschließlich neuer Musik. In: *Musik und Bildung* 1, 114 ff.

Küntzel, G. (1969). Musik heute und das Problem der Musikpädagogik. In: *Musica* 23, 241 ff.

Lissa, Zofia (1969). *Zur historischen Gehörbildungung*, Band 1, Diktate. Köln.

Löbner, R. (1969). *Gehörbildung*, Band 1, Unterrichtsbuch. Köln.

Macfadyen, K.A. & Greer, D. (1969). A detunable organ. In: *Music Theory* 110, 612ff.

Mackamul, R. (1969/1970). *Lehrbuch der Gehörbildung*, Bd.1, 2. Kassel.

Menzel, H. (1969). Jugend und Reizmusik. Ein Diskussionsbeitrag, Frankfurt (=Schriftenreihe zur Musikpädagogik, Bd. 11).

Noack, E. (1969). Zum Problem der musikalischen Rezeption bei Kindern und Jugendlichen. In: *Musik und Bildung* 1, 219f.

Pech, K. (1969). *Hören im „optischen Zeitalter"*. Karlsruhe.

Petzold, R. G. (1969). Auditory perception by children. In: *Journal of Research in Music Education* 175, 82 ff.

Reinecke, H.-P. (1969). Der Vorrang musikalischer Hörhilfen vor der musikalischen Grammatik. In: *Musik und Bildung*, 61 ff.

Rizzolo, Ralph (1969). *Experimental tape-recordings for teaching sensitivity to musical intonation.* [Washington] : U.S. Dept. of Health, Education, and Welfare, Office of Education, Bureau of Research.

Rüdiger, K. (1969). *Einführung in die Chor-Schule von Zoltán Kodály. Erster Teil. Methodisch-Didaktische Anleitungen.* Bonn.

Rüdiger, K. (1969). *Einführung in die Chor-Schule von Zoltán Kodály. Zweiter Teil. 100 Grundübungen.* Bonn.

Sergeant, D. (1969). Experimental investigation of absolute pitch. In: *Journal of Research in Music Education,* 17, 135–143.

Soulage, Marcelle (1969). *Le solfege...* Deuxieme edition mise a jour. [Solfege... 2nd updated edition].

Starer, Robert (1969). *Rhythmic Training.* New York.

Sternberg, Saul (1969). Memory Scanning: Mental Processes Revealed by Reaction-Time Experiments. In: *American Scientist* 57 (4), 421–457.

Theuring, Gunther (1969). Solfeggio – ein Mittel zur Chorerziehung. [Solfeggio – a means of choral training]. In: *Österreichische Musikzeitschrift* 24, 70-76.

Tucker, D. W. (1969). *Factors related to music reading ability of senior high school students participating in choral groups.* (Doctoral dissertation, University of California, Berkeley, 1969). Dissertation Abstracts International, 31, 2427A.

Venus, D. (1969). *Unterweisung im Musikhören.* Wuppertal.

Vinquist, Mary (Hg.) (1969). *Bibliography of performance practices.* New York: W.W. Norton & Company.

Vogelsänger, S. (1969). Das Erlernen der Notenschrift, eine pädagogisch fragwürdige Aufgabenstellung. In: *Musik und Bildung* 1, 181ff.

Warner, Th. (1969). *Das Undurchhörbare Beiträge zur Hörpsychologie und Didaktik der Moderne*. Stuttgart.

Wessel, Othmar (1969). Johann Joseph Fuxens Singfundament als Violinschule. [Johann Joseph Fux's Singfundament as a violin method]. In: *Festschrift 40 Jahre Steirischer Tonkünstlerbund* (Graz 1967) S. 24-32.

Wickelgren, W.A. (1969). Associative strength theory of recognition memory for pitch. In: *Journal of Mathematical Psychology*, 6, 13–61.

Zenatti, Arlette (1969). *Le développement génétique de la perception musicale*, préface de Robert Francès. Paris.

Zimmerschied, Dieter (1969). *Gedanken zur Gehörbildung auf der Unterstufe des Gymnasiums unter dem Gesichtspunkt ideologischer Entwicklung*. Hofheim.

1970

Abel-Struth, S. (1970). Kriterien einer neuen Musikdidaktik der Grundstufe. In: E. Kraus (Hg.), *Bildungsziele und Bildungsinhalte des Faches Musik. Vorträge der achten Bundesschulmusikwoche Saarbrücken 1970*. Mainz, 109ff.

Abel-Struth, S. (1970). Musikalische Früherziehung, zusammengestellt. In: *Musik und Bildung* 2, 35 f.

Alt, M. (1970). Zur Didaktik des Musikhörens und der Werkinterpretation in der Hauptschule. In: K. Sydow (Hg.), *Musikhören und Werkbetrachtung in der Schule. Musikpädagogisches Forum Gießen 1968*. Wolfenbüttel S. 43 ff.

Antholz, H. (1970). *Unterricht in Musik. Ein historischer und systematischen Aufriß seiner Didaktik*. Düsseldorf.

Antholz, H. (1970). Der didaktische Ort der Hörerziehung, aufgewiesen am Musikunterricht der Mittelstufe. In: K. Sydow (Hg.), *Musikhören und Werkbetrachtung in der Schule. Musikpädagogisches Forum Gießen 1968*. Wolfenbüttel , 27 ff.

Bimberg, S. (1970). Werkbetrachtung im Dienste der Musikrezeption. In: *Wissenschaftliche Zeitschrift der Martin-Luther-Universität Halle-Wittenberg*, G 19, 137 ff.

Brady, P. T. (1970). Fixed-scale mechanism of absolute pitch. In: *The Journal of the Acoustical Society of America*, 48, 883–887.

Breckoff, Werner (1970). Musikhören in der Grundstufe. Bericht über zwei Wege zum funktionalen Hören. In: E. Kraus (Hg.), *Bildungsziele und Bildungsinhalte des Faches Musik.* Vorträge der achten Bundesschulmusikwoche Saarbrücken 1970. Mainz, 129 ff.

Brömse, P. (1970). Manipulation - Information - Emanzipation. Lernziel-Bestimmung im Zeitalter der technischen Mittler. In: E. Kraus (Hg.), *Bildungsziele und Bildungsinhalte des Faches Musik. Vorträge der achten Bundesschulmusikwoche Saarbrücken 1970.* Mainz, 172 ff.

Brömse, P. & E. Kötter, E. (1970). Experimentelle Untersuchungen zur Differenzierungsfähigkeit beim Musikhören zehnjähriger Schüler. In: *Forschung in der Musikerziehung. Beiheft der Zeitschrift Musik und Bildung*, 3, 4, 37 ff.

Caroll, L. (1970). *Aural Training for Instrumentalists. With over a Hundred Music Examples.* Hitchin.

Cuddy, L.L. (1970). Training the absolute identification of pitch. In: *Perception & Psychophysics* 8, 265–269.

Egmond, Marie (1970). *Van 't blad zingen*: Deel I, Zonder rhythme. Amsterdam: Broekmans en van Poppel.

Danfelt, Lewis S. (1970). *An experimental study of sight singing of selected groups of college students.* Ed. diss., The Florida State University.

Deutsch, D. (1970). Tones and numbers: Specificity of interference in short-term memory. In: *Science,* 168, 1604–1608.

Distler-Brendel, G. (1970). Erarbeiten einer Klangfarbenpartitur. Unterrichtsversuche in einem 7. Schuljahr der Hauptschule. In: K. Sydow (Hg.), *Musikhören und Werkbetrachtung in der Schule. Musikpädagogisches Forum Gießen 1968.* Wolfenbüttel, 119 ff.

Distler-Brendel, G. (1970). Befähigung zum musikalischen Hören als zentrales Lernziel des Musikunterrichtes. Versuch einer Systematik der Hörerziehung (1970). In: B. Dopheide (Hg.), *Hörerziehung* (S. 225–239). Darmstadt 1977.

Eicke, K. E. (1970). Erfolgsmessung im Musikunterricht. In: E. Kraus (Hg.), *Bildungsziele und Bildungsinhalte des Faches Musik. Vorträge der achten Bundesschulmusikwodie Saarbrücken 1970.* Mainz, 198 ff.

Ellsworth, E. (1970). *Aural harmony.* N.A. Kjos.

Freitag, W. D. (1970). Zur Emanzipation des Musikhörens. Gefahren einer Erziehung zur Musik. In: E. Kraus (Hg.), *Bildungsziele und Bildungsinhalte des Faches Musik. Vorträge der achten Bundesschulmusikwoche Saarbrücken 1970.* Mainz, 134 ff.

Günther, A. (1970). Konzeptionelle Überlegungen zu einer Systematik des Musikhörens im Unterricht der Klassen 5–10. In: *Wissenschaftliche Zeitschrift der Martin-Luther-Universität Halle-Wittenberg*, G 19, 127 ff.

Günther, U. (1970). Musikhören – das musikpädagogische Hauptproblem der Gegenwart? In: *Musik und Bildung* 2, 162 ff.

Günther, U. (1970). Musikunterricht in der Gesamtschule. Prinzipien, Ziele, Aufgaben. In: E. Kraus (Hg.), *Bildungsziele und Bildungsinhalte des.- Faches Musik. Vorträge der achten Bundesschulmusikwoche Saarbrücken 1970.* Mainz, 222ff.

Günther, U. (1970). Unterrichtsversuch zum Thema „Musikalische Steigerung". In: *Musik und Bildung* 2, 229ff.

Günther, U. (1970). Musikdidaktische Perspektiven als Folgerungen aus empirischen Untersuchungen zum Musikhören bei Kindern und Jugendlichen (1970). In: B. Dopheide(Hg.), *Hörerziehung* . Darmstadt, 212.

Hamer, J. (1970). *Der Schlüssel zur Musik. Theoretisches Unterrichtswerk Solfège*. Luxemburg.

Hansberger, J. (1970). Zur Funktion des Diskjockey im Rundfunk. In: *Musik und Bildung* 2, 538 ff.

Hartwich, D. (1970). Jugend und Popmusik. In: *Musik und Bildung* 2, 427 f.

Hesse, Horst-Peter (1970). Die Tonhöhenwahrnehmung und die neurophysiologischen Bedingungen des Gehörsinnes. [Pitch perception and the neurophysiological determinants of hearing]. In: Dagmar Droysen (Hg), *Jahrbuch des Staatlichen Instituts für Musikforschung Preußischer Kulturbesitz.* Berlin, 128-143.

Hienzsch, G. (1970). *Wege zur effektiven Gestaltung des Musikunterrichts auf dem Gebiet des Musikhörens unter besonderer Berücksichtigung der geistigen Arbeit der Schüler*. Diss. Paed. Leipzig.

Horacek, L. (1970). *Programmed Ear Training*, 4 Bände. New York.

Justus, Lane D. (1970). *Evaluation of an innovative instruction design for sight singing*. Ed. diss., University of Arizona.

Karbusicky, V. (1970). Die Musikerziehung zwischen Geschmack, Verhalten und Bedürfnis. In: *Forschung in der Musikerziehung. Beiheft der Zeitschrift Musik und Bildung* , 3, 4, 56ff.

Kleinen, G. (1970). Zur Entwicklung des harmonischen Musikhörens beim Kinde. In: *Musik und Bildung* 2, 131ff.

Kleinen, G. (1970). Bibliographie: Musikalische Entwicklungspsychologie. In: *Musik und Bildung* 2, 382 ff.

Klusen, E. (1970). Musikunterricht auf der Sekundarstufe. In: E. Kraus (Hg.), *Bildungsziele und Bildungsinhalte des Faches Musik. Vorträge der achten Bundesschulmusikwoche Saarbrücken 1970*, Mainz, 155 ff.

Kötter, E. (1970). Musikpsychologische Aspekte zur Lehrplanrevision für den Musikunterricht auf der Sekundarstufe. In: E. Kraus (Hg.), *Bildungsziele und Bildungsinhalte des Faches Musik.* Mainz, 157 ff.

Kötter, E. (1970). Musikalische Anlagen des kleinen Kindes. Zum Stand der Forschung. In: B. Dopheide (Hg.), *Hörerziehung*. Darmstadt 1977, 240.

Krauthoff, I. (1970). „Musikhören" in Lehrplänen und Plan-Vorschlägen für den Musikunterricht seit 1946. In: *Wissenschaftliche Zeitschrift der Martin-Luther-Universität Halle-Wittenberg*, G 19, 95 ff.

Lachenmann, H. (1970). Klangtypen der neuen Musik (mit Schallplatte). In: *Zeitschrift für Musiktheorie* 1, 20–30.

Mehner, Klaus (1970). Kommauntersuchungen beim einstimmigen begleiteten Singen [Comma studies with respect to music for one voice and accompaniment]. In: Carl Dahlhaus (Hg.), *Alte Musik als ästhetische Gegenwart: Bach, Händel, Schütz - Bericht über den Internationalen Musikwissenschaftlichen Kongress Leipzig 1966*. Kassel Bärenreiter Verlag, 524-528.

Meyer, H. (1970). Kognitivität und Affektivität in der Hörerziehung. In: *Westermanns Pädagogische Beiträge* 22, 570 ff.

Meyer-Denkmann, G. (1970). Musikalische Früherziehung in der Sicht neuen psychologischen und musikalischen Denkens. In: *Musik und Bildung* 2, 16 ff.

de la Motte-Haber, Helga (1970). Rhythmische Fähigkeiten von Kindern im vorschulischen Alter. In: S. Abel-Struth (Hg.). *Musikalischer Beginn in Kindergarten und Vorschule*, Bd. 1. Kassel, 40 ff.

de la Motte-Haber, Helga (1970). Zur gegenwärtigen Situation der Musikdidaktik. In: W. Krützfeldt (Hg.), *Didaktik der Musik*. Hamburg, 81 ff.

Noll, G. (1970). Zum gegenwärtigen Stand der musikalischen Rezeptionsforschung (im deutschsprachigen Raum) – Versuch eines Überblicks. In: *Forschung in der Musikerziehung. Beiheft der Zeitschrift Musik und Bildung* , 3, 4, 29-36.

Olsen, Robert G. (1970). *Music dictation*. Belmont, Cal.

Pagan, Keith-A (1970). *An experiment in the measurement of certain aspects of score reading ability*. (Doctoral dissertation, Indiana University). Dissertation Abstracts International, A 31 (01), 1313.

Pech, K. (1970). Akustisches Signal und psychologischer Aspekt des Lernprozesses. In: *Musik und Bildung 2*, 314 ff.

Quistorp, Monika (1970). Die *Gehörbildung - Das Kernfach der musikalischen Erziehung*. Wiesbaden.

Rauhe, H. (1970). Schlager und Beat im Unterricht. Möglichkeiten einer Einbeziehung der Popmusik in die Didaktik und Methodik des Musikhörens (1970). In: B. Dopheide (Hg.), *Hörerziehung*. Darmstadt 1977, 253f.

Regner, H. (1970). Materialien zur Hörerziehung. In: *Musik und Bildung 2*, 217 ff.

Reinecke, Hans-Peter (1970). Die Rolle der technisch vermittelten Musik im -kulturellen Prozeß. In: *Musik und Bildung* 2, 469ff.

Reinecke, Hans-Peter (1970). Psychologische Aspekte der Bildungsziele und -inhalte des Faches Musik. In: *Musik und Bildung* 2, 305ff.

Roscher, W. (1970). Gesellschaft und die Aufgabe ästhetischer Erziehung heute. In: ders. (Hg.), *Ästhetische Erziehung, Improvisation, Musiktheater*. Hannover (= Ergebnisse aus der Arbeit der Niedersächsischen Lehrerfortbildung, H. 14, 15).

Schenk, Erich (1970). Ein Singfundament von Heinrich Ignaz Franz Biber [A Singfundament by Heinrich Ignaz Franz Biber]. In: *Speculum musicae artis. Festgabe für Heinrich Husmann zum 60. Geburtstag am 16. Dezember 1968*, hrg. von Heinz Becker und Reinhard Gerlach, Wilhelm Fink. München, 277–283.

Segler, H. (1970). Geräusche – Klänge – Töne. Ein Lehr- und Lernmodell für den musikalischen Anfangsunterricht. In: W. Krützfeldt (Hg.), *Didaktik der Musik*. Hamburg, 124 ff.

Venus, D. (1970). Didaktische und methodische Überlegungen zum Musikhören in der Vorschule (1970). In: B. Dopheide (Hg.), *Hörerziehung*. Darmstadt 1977, 290f.

Venus, D. (1970). Unterrichtsversuche in einem 4. Schuljahr. In: K. Sydow (Hg.), *Musikhören und Werkbetrachtung in der Schule. Musikpädagogisches Forum Gießen 1968*. Wolfenbüttel, 109 ff.

Venus, D. (1970). Übertragung akustischer Eindrücke in eine elementare Partitur. In: K. Sydow (Hg.), *Musikhören und Werkbetrachtung in der Schule* . Wolfenbüttel.

Vogelsänger, S. (1970). Die Hörfähigkeit von ungeschulten Elfjährigen. Versuch mit einer 6. Volksschulklasse. In: K. Sydow (Hg.), *Musikhören und Werkbetrachtung in der Schule. Musikpädagogisches Forum Gießen 1968.* Wolfenbüttel, 117f.

Warner, Th. (1970). Neue Musik und ihre Interpretation im Unterricht, ein hörpsychologisches und didaktisches Problem. In: K. Sydow (Hg.), *Musikhören und Werkbetrachtung in der Schule. Musikpädagogisches Forum Gießen 1968.* Wolfenbüttel, 11 ff.

Wehinger, R. (1970). *Artikulation. Elektronische Musik: Eine Hörpartitur.* Mainz: Schott. [vgl. Plakat der Hörparitur Schott. Extrakt s. Umschlag des vorliegenden Buches].

Wellek, Albert (1970). *Das absolute Gehör und seine Typen* [Absolute pitch and its types]. Bern und München: Francke Verlag.

Werner, Rudolf (1970). *Einflüsse raumakustischer Faktoren auf das Musikhören in Kirchen.* Berlin (Merseburger Forschungsberichte des Staatlichen Instituts für Musikforschung Preußischer Kulturbesitz). Diss.

Whellams, Frederick-S. (1970). The relative efficiency of aural-musical and non-musical tests as predictors of achievement in instrumental music. In: *Bulletin of the Council for Research in Music Education* 21 (Summer), 15-21.

1971

Attneave, F. & Olson, R.K. (1971). Pitch as a medium. In: The *American Journal of Psychology,* 84, 147–166.

Blum, Beula-Eisenstadt (1971). Solmization and pitch notation in nineteenth-century American school music textbooks. In: *Journal of Research in Music Education* 19(4), 443-452.

Brömse, P. & Kötter, E. (1971). *Zur Musikrezeption Jugendlicher. Eine psychometrische Untersuchung.* Mainz (= Musikpädagogik, Forschung und Lehre, Bd. 4).

Clarke, H.L. (1971). *Studies in Listening*. Palo Alto, Cal.

Costanza, A.-Peter (1971). Programed instruction in score reading skills. In: *Journal of Research in Music Education* 19(4), 453-459.

Dahlhaus, C. (1971). Ist Zwölftontechnik „illusorisch"? (s.o.Wellek, Federhofer). In: *Die Musikforschung* 24, 437–440.

Deihl, Ned-C. (1971). Computer-assisted instruction and instrumental music: Implications for teaching and research. In: *Journal of Research in Music Education* 19(3), 299-306.

Deutsch, M. (1971). A study of two approaches to Ear Training for elementary school children. In: *Journal of Research in Music Education* 19, 234 ff.

Dowling, W.J. & Fujitani, D.S. (1971). Contour, interval and pitch recognition in memory for melodies. In: *The Journal of the Acoustical Society of America,* 49, 524–531.

Eggebrecht, H. H. (1971). Über Adornos „Zur Musikpädagogik". In: *Musik und Bildung* 3, 67 ff.

Ehrenforth, K. H. (1971). *Verstehen und Auslegen. Die hermeneutischen Grundlagen einer Lehre von der didaktischen Interpretation der Musik.* Frankfurt (= Schriftenreihe zur Musikpädagogik).

Federhofer, H. & Wellek, A. (1971). Tonale und dokekaphone Musik im experimentellen Vergleich. In: *Die Musikforschung* 24, 260–276.

Friss, G. (1971). *From SO-MI To Folksong. 50 Solmisation-Exercices for 2 voices*. Amsterdam.

Gallo, F. (1971). *100 solfeggi manoscritti. Per la preperatione all esame di licenza di solfeggio*. Neapel.

Gieseler, W. (1971). Kritische Überlegung zum Begriff des bewußten Hörens. In: *Musica* 25, 356 ff.

Güldenstein, G. (1971). *Gehörbildung für Musiker.* Basel.

Hartwich, D. (1971). Erziehung zum Hören. Versuch, eine Methode der Musikpsychologie in die praktische Schularbeit einzuführen. In: *Musik und Bildung* 3, 293 ff.

Karkoschka, Erhard (1971). Eine Hörpartitur elektronischer Musik. In: *Melos* 38, 468–475.

Kašponis, Rimtautas (1971). *Absoliuciosios ir reliatyriosios solmizacijos problemos.* [Absolute and relative solmizations].

Kunze, L. (1971). *Untersuchungen zur Struktur musikalischer Interessen bei Schülern der Klassen 5–12 der sozialistischen Oberschule der DDR.* Diss. Leipzig.

Lüdeke, Rudolf (1971). Gedanken zum Problem der musikalischen Intonation. In: *Wissenschaftliche Zeitschrift der Martin-Luther-Universität Halle-Wittenberg,* XX'71 G, H. 1, 27-45.

Meyer, Heinz (1971). Transferprobleme in der Musikerziehung. In: *Musica*, 570 ff.

de la Motte-Haber, Helga (1971). Zur Diskussion musikpädagogischer Zielvorstellungen. In: *Musik und Bildung* 3, 221 ff.

Pape, W. (1971). Untersuchung zur Popmusik. In: *Musik und Bildung* 3, 185 ff.

Pech, K. (1971). Hören im optisch-technischen Zeitalter. In: *Musica* 1.

Prince, F. (1971). Ein Paradigma für die Erforschung des musikalischen Hörens (1971). In: B. Dopheide (Hg.), *Hörerziehung*. Darmstadt 1977, 302f.

Rauhe, H. (1971). Hörerziehung als Hauptaufgabe des Musikunterrichts. In: *Musica* 25, 130f.

Raymond-Sauvin, M. (1971). *Éducation musicale de base Solfège. Degré élémentaire.* Neuchatel.

Reinecke, Hans-Peter (1971). Die emotionellen Kategorien des Musikhörens und ihre Bedeutung für die therapeutische Anwendung von Musik. In: Christa Kohler, *Musiktherapie Theorie und Methodik*, Jena 1991.

Rittelmeyer, Ch. (1971). Zur Auswirkung der Prestigesuggestion auf die Beurteilung der Neuen Musik. In: *Musik und Bildung* 3, 72 ff.

Rousseau, J.J. (1971). *Emile oder Über die Erziehung*. In neuer deutscher Fassung besorgt von Ludwig Schmidts. München; Wien; Zürich; Paderborn: Schöningh.

Serantoni, D. (1971). *Solfeggi cantari. 30 exercisi per la preperatione al solfeggio cantato con e senza guida armonica del pianoforte*. Bologna.

van der Horst, F. (1971). *Maat en ritme I*: (Takt og rytme): 150 rytmeøvelser ordnet efter sværhedsgrad; København.

Wehrle, P. (1971). Pop-Musik, Beat und Musical in der Schule. Ergänzende Überlegungen. In: *Musik und Bildung* 3, 362 f.

Wettstein, P. (1971). Die Gehörbildung, Kernfach der musikalischen Erziehung. In: *Schweizer Musikzeitung* 111, 202–208.

Willems, Edgar (1971). *Solfège, Cours élementaire.* Bienne.

Winold, Allen, *Introduction to music theory; an integrated approach to notation, music reading, and Ear Training*. Engle Cliffs N. J.

Woll, W., Tenne , A. & Hühnen, H. (1971). *Einführung in das Notenhören. Ein Buchprogramm*. Frankfurt a.M.

Zimmerschied, D. (1971). *Beat – Background – Beethoven.* Frankfurt (= Schriftenreihe zur Musikpädagogik).

Zimmerman, Woodford-W. (1971). Verbal description of aural-visual stimuli. In: *Journal of Research in Music Education* 19(4), 422-432.

1972

Abel-Struth, S. (1972). Ansätze einer Didaktik des Musikhörens (1972). In: B. Dopheide (Hg.), *Hörerziehung* . Darmstadt 1977, 319–348.

Abel-Struth, S. (1972). Ansätze zur Didaktik des Musikhörens (mit detaillierten Literaturangaben). In: *Forschung in der Musikerziehung. Beiheft der Zeitschrift Musik und Bildung*, 1–8.

Abel-Struth, S. (1972). Musikhören und Didaktik des Musikhörens, Bibliographie. In: *Forschung in der Musikerziehung. Beiheft der Zeitschrift Musik und Bildung* , 9ff.

Agostini, Dante (1972). *Solfège rythmique*: cours complet en 5 cahiers; Partitur, kein sprachlicher Inhalt; Paris.

Adriaansz, Rebecca (Rebecca Stewart) (1972). The A.M.E.B. system of theory and musicianship examinations, a critical appraisal. In: *Australian Journal of Music Education* 10, 31.

Albersheim, G. (1972). Lohnt es sich heute noch, eine Lanze für die Zwölftontechnik zu brechen? (s.o.Wellek, Federhofer). In: *Die Musikforschung* 25 (1972), 59–62.

Allaire, Gaston-G. (1972). *The theory of hexachords, solmization and the modal system.* American Institute of Musicology.

Atcherson, Walter-T. (1972). Symposium on seventeenth-century music theory: England. In: *Journal of Music Theory* 16(1/2), 6-15.

Bachmann, F. (1972). *Rezeptionskundliche Untersuchungen zur Tanzmusik in der Deutschen Demokratischen Republik.* Leipzig (= Beiträge zur musikwissenschaftlichen Forschung in der DDR, Bd. 4).

Behne, Klaus-Ernst (1972). *Der Einfluß des Tempos auf die Beurteilung von Musik.* Köln (Veröffentlichungen des Staatlichen Instituts für Musikforschung, 7). Diss.

Brofsky, H. & Bamberger, J. (1972). *The Art of Listening: Developing Musical Perception.* New York: Harper and Row [Auflagen 1969; 1972; 1975; 1979; 1988].

Corliss, E.L.R. (1972). Remark on „Fixed-scale mechanism of absolute pitch" (Brady, 1970). In: *The Journal of the Acoustical Society of America,* 53, 1737–1739.

Dahlhaus, C. (1972). Noch einmal: Der Federhofer-Wellek-Test. In: *Die Musikforschung* 25, 187–189.

Deutsch, D. (1972). Octave generalization and tune recognition. In: *Perception & Psychophysics*, 11(6), 411–412.

Dobszay, L. (1972). The Kodaly Method and Its Musical Basis. In: *Studia Musicologica Academiae Scientiarum Hungaricae* 14 (1, 4), 15–33.

Dowling, W.J. (1972). Recognition of Melodic Transformation - Inversion, Retrograde, and Retrograde-Inversion. In: *Perception & Psychophysics* 12, 417–421.

Federhofer, H. & Wellek, A. (1972). Carl Dahlhaus und die Zwölftontechnik, Ein Schlußwort. In: *Die Musikforschung* 25, 335–338.

Federhofer, H. & Wellek, A. (1972). Entgegnung auf die Einwände von Rudolf Klein. In: *Die Musikforschung*, 25, 66–67.

Federhofer, H. & Wellek, A. (1972). Zur „Erwiderung" von Carl Dahlhaus: „Ist Zwölftontechnik illusorisch?" In: *Die Musikforschung*, 25, 68–73.

Frisius, R. (1972). Musikunterricht als auditive Wahrnehmung. In: E. Kraus (Hg.), *Musik in Schule und Gesellschaft,* Mainz.

Gaisbauer, D. (1972). Neue musikalische Verhaltensweisen der jungen Generation in der industriellen Gesellschaft. In: *Musik und Bildung* 4, 304 ff.

Günther, U. (1972). „Mikrophonie I" von Karlheinz Stockhausen im Musikunterricht. In: *Musik und Bildung* , 4, 84 ff.

Günther, U. (1972). Das Thema „Schall". im Musikunterricht - Didaktische Überlegungen und Unterrichtsversuche. In: *Musik und Bildung* 4, 25 ff.

Günther, U. (1972). Musikalische Kommunikation. In: O. Schwencke (Hg.), *Ästhetische Erziehung und Kommunikation.* Frankfurt, 55 ff.

Hartwich, D. (1972). Noch einmal: Jugend und Pop-Musik. In: *Musik und Bildung* 4, 180 ff.

Heller, M.A. & Auerbach, C. (1972). Practice effects in the absolute judgment of frequency. In: *Psychonomic Science*, 26(4), 222–223.

Hesse, H.-P. (1972). *Die Wahrnehmung von Tonhöhe und Klangfarbe als Problem der Hörtheorie* Köln. [diss. phil., Hamburg]

Ihrke, Walter (1972). Programing principles in automated pitch training. In: *Bulletin of the Council for Research in Music Education* 29, 9-12.

Jaques-Dalcroze, Emile (1972). *Rhythm, music, and education. Translated from the French by Harold F. Rubinstein.* New York. [Originaltitel: Le rythme, la musique et l'éducation].

Karkoschka, E. (1972). Eine Hörpartitur elektronischer Musik. In: *Musik und Bildung* 4, 221 ff.

Kersey, R.E. (1972). *Just Fife plus Two. A collection songs progressing from five tones to the full scale*. Miami, Florida.

Klausmeier, F. (1972). Vorurteile in den Einstellungen zur Musik. In: *Musik und Bildung* 4, 69ff.

Klein, R. (1972). Zu Hellmut Federhofers und Albert Welleks Aufsatz „Tonale und dokekaphone Musik im experimentellen Vergleich". In: *Die Musikforschung* 25, 64–66.

Koch, Peter (1972). *Blattlesen in der Schule – die nü-Methode*. Wien Universal-Edition.

Kraemer, R. (1972). Anzeigen musikalischer Ereignisse mit Hilfe eines Meßgerätes zur Erfolgsmessung und Leistungsüberprüfung im Musikunterricht. In: *Die Musikforschung* 25, 332 f.

Kraus, E. (1972). Bibliographie Musikhören – Didaktik des Musikhörens. In: *Musik und Bildung* 4, 250 ff.

Küntzel-Hansen, M. (1972). *Klänge-Hören, Lesen, Zeichnen*, mit Schallplatte.

Landis, Beth (1972). *The Eclectic Curriculum in American Music Education: Contributions of Dalcroze, Kodaly, and Orff.* Washington: Music Educators National Conference.

Loitsch, H.-Ch. (1972). *Untersuchungen zum auditiven Erfassen musikalischer Formelemente bei Schülern der Unter- und Mittelstufe der allgemeinbildenden polytechnischen Oberschule*. Diss. Berlin (Humb.).

Meyer, H. (1972). „Aufmerksamkeit" – als Lernziel der Hörerziehung (1972). In: B. Dopheide (Hg.), *Hörerziehung*. Darmstadt 1977, 346f.

Pierrret, Florencia (1972). Importancia del silencio en la educacion de las facultades auditivas. [The importance of silence in Ear Training]. In: *Revista Musical Chilena 26*(118), 83–84.

Pütz, W. (1972). Zur Hörerziehung in der musikalischen Berufsausbildung. In: *Musik und Bildung* 4, 232 ff.

Rakowski, A. (1972). Direct comparison of absolute and relative pitch. In: F.A. Bilsen (Hg.), *Symposium on hearing theory* (S. 105–108). Eindhoven, Niederlande: Instituut voor Perceptie Underzoek.

Rauhe, H. (1972). Kulturindustrielle Sozialisierung durch Musik und ihre pädagogischen Konsequenzen, aufgezeigt am Beispiel kollektiver Identifikationsvorgänge. In: H. Rectanus (Hg.), *Neue Ansätze im Musikunterricht.* Stuttgart, 5 ff.

Revesz , G. (1972). *Einführung in die Musikpsychologie.* Bern, München.

Rohwer, J. (1972). Zur Hörempfindlichkeit dodekaphonischer Musik(s.o.Wellek, Federhofer). In: *Die Musikforschung* 25, 62f.

Roscher, Wolfgang (1972). Lernziele ästhetischer Erziehung von Gesellschaft. In: *Musik und Bildung* 4, 520 ff.

Schafer, R.M. (1972). *Schule des Hörens – Notizen, Diskussionsbeiträge, Übungsbeispiele, Aufgaben.* Wien.

Schulz, R. (1972). Einige Bemerkungen zum Federhofer-Wellek-Experiment. In: *Die Musikforschung*, 25, 333–334.

Schwabe, Ch. (1972). Musikverständnis – Musikerlebnis. In: *Weimarer Beiträge* 18, 99 ff.

Siegel, J.A. (1972). The nature of absolute pitch. In: E. Gordon (Hg.), *Experimental research in the psychology of music: VIII. Studies in the psychology of music* (S. 65–89). Iowa City: Iowa University Press.

Storb, I. (1972). Beat - soziologisch gesehen. In: *Musik und Bildung* 4, 189 ff.

Szönyi, Erzsébet (1972-1973). *Musical reading and writing. Pupil's book.* Translated by Lili Halápy; revised by Geoffry Russel-Smith, London, New York.

Tulving, E. (1972). Episodic and semantic memory. In: E. Tulving & W. Donaldson (Hg.), *Organization of memory* (S. 382–403). New York: Academic Press.

Vogelsänger, S. (1972). Graphische Darstellungen als Hilfsmittel der Werkbetrachtung. In: H. Rectanus (Hg.), *Neue Ansätze im Musikunterricht*, Stuttgart.

Weyer, Reinhold (1972). *Der Musikunterricht in den Kölner Volksschulen im 19. Jahrhundert.* Diss. Köln.

Whellams, Frederick-S. (1972). Musical abilities and sex differences in the analysis of aural-musical capacities. In: *Journal of Research in Music Education* 21(1), 30-39.

Williams, David-Brian (1972). Short-term retention of pitch sequence: Effects of sequence length, serial position, and delay time before recall. In: *Journal of Research in Music Education* 23(1), 53–66.

Wynn, V.T. (1972). Absolute pitch revisited. In: *British Journal of Psychology, 83*, 129–131.

Wynn, V.T. (1972). Measurements of small variations in "absolute" pitch. In: *Journal of Physiology*, 220, 627–637.

Zimmerschied, D. (1972). Musik als Manipulationsfaktor - Bericht über ein Unterrichtsmodell. In: *Musik und Bildung* 4, 80 ff

Zumbrunn, A. (1972). Guided listening program in twentieth-century music for junior high students. In: *Journal of Research in Music Education* 20, 370 ff.

1973

Aiken, E.G., Abrams, A.J. & Shennum, W.A. (1973). Memory Processes in the Method of Absolute Judgement: A Robust Effect. In: *Perceptual & Motor Skills*, 36, 338.

Andersen, E. (1973). A goodness of fit for the Rasch model. In: *Psychometrika*, 38, 123–140.

Bimberg, S. (1973). *Methodisch-didaktische Grundlagen der Musikerziehung*. Leipzig (= Handbuch der Musikerziehung, Tl. 111).

Chase, W.G. & Simon, H.A. (1973). Perception in chess. In: *Cognitive Psychology*, 4, 55–81.

Ciriaco, Letterio (1973). *Solfeggi parlati e cantati*. Roma: Edizioni E.DI.M.

Clasen, Siegfried (1973). Unterrichtsbeispiel zum Thema Auditive Wahrnehmungserziehung. In: *Musik und Bildung*, 5, 9ff.

Corliss, E.L. (1973). Remark on "fixed-scale mechanism of absolute pitch". In: *The Journal of the Acoustical Society of America*, 53(6), 1737–1739.

Faltin, P. & Reinecke, H.-P. (Hg.) (1973). *Musik und Verstehen: Aufsätze zur semiotischen Theorie, Ästhetik und Soziologie der musikalischen Rezeption*. Köln.

Frisius, R. (1973). Musikunterricht als auditive Wahrnehmungserziehung: Fachwissenschaftliche Grundlagen. In: *Musik und Bildung*, 5, 1 ff.

Fuchs, Peter (1973). Thesen zur Entwicklung eines didaktischen Konzepts. In: *Musik und Bildung* 5, 6–9.

Herberger, R. (1973). Zur Schulung der ästhetisch-künstlerischen Erlebnisfähigkeit. In: *Musik in der Schule* 24, 294 ff.

Herder, Ronald (1973). *Tonal, atonal; progressive Ear Training, singing and dictation studies in diatonic, chromatic and atonal music*. New York.

Jacobs, L., Feldman, M., Diamond, S. P. & Bender, M. B. (1973). Palinacousis: Persistent or recurring auditory sensations. Correx. In: *A Journal Devoted to the Study of the Nervous System and Behavior.*

Klusen, E. (1973). *Gefahr und Elend einer neuen Musikdidaktik.* Köln.

Koch, P. (1973). Musik hören – Musik sehen. Das Schriftbild als Schlüssel zum Musikverstehen. Grundkurs Musik. In: *Musik und Bildung* 5, 549 ff.

Kral, W., Rudlof, K.-H. & Teiner, M. (1973). *Rezeptionsfähigkeit und Hörpräferenzen von Kindern der ersten und zweiten Schulstufe.* Wien.

Lequien, J. (1973). *Musidictées . avec CD,* Vol. 1–8. Paris.

Libby, W.L. Jr., Lacey, B.C. & Lacey, J.I. (1973). Pupillary and cardiac activity during visual attention. In: *Psychophysiology,* 10, 270–294.

Mehner, K. (1973). Aufgaben des Gehörbildungsunterrichtes. In: *Musik und Gesellschaft*, 23, 654–661.

Michel, P. (1973). Musik und Hörer in der Gegenwart. In: *Weimarer Beiträge* 19, 60 ff.

Miller, Samuel D. (1973). Guido d.Arezzo: Medieval Musician and Educator. In: *Journal of Research in Music Education. MENC The National Association for Music Education.* 21 (3), 239–248.

de la Motte-Haber, Helga (1973). "Erkennen Sie die Melodie?": Gedanken zur gewaltsamen Zerstörung von Kunstwerken. In: *Musik und Bildung* 5, 178 ff.

Murdock, Graham (1973). Struktur, Kultur und Protestpotential. Eine Analyse des Jugendlichen-Publikums der Popmusik. In: B. Dopheide (Hg.), Hörerziehung (S. 360). Darmstadt 1977.

Pape, W. (1973). Befragung zum Musikinteresse 13- bis 15jähriger Schüler. In: *Musik und Bildung* 5, 194 ff.

Rauhe, H. (1973). Aspekte einer didaktischen Theorie der Popularmusik. In: S. Abel-Struth (Hg.), *Aktualität und Geschichtsbewußtsein in der Musikpädagogik*, Mainz (= Musikpädagogik. Forschung und Lehre, Bd. 9), 84ff.

Rebscher, G. (1973). *Materialien zum Unterricht in Popularmusik.* Wiesbaden (=Materialien zur Didaktik und Methodik des Musikunterrichts, Bd. 1).

Roszak, Th. (1973). *Gegenkultur. Gedanken über die technokratische Gesellschaft und die Opposition der Jugend.* München: List.

Schwencke, O. (1973). Ästhetische Erziehung und Kommunikation. In: *Musik und Bildung* 5, 119 ff.

Sergeant, D.C. & Roche, S. (1973). Perceptual shifts in the auditory information processing of young children. In: *Psychology of Music,* 1, 39–48.

Szönyi, E. (1973). *Aspekte der Kodály-Methode.* Frankfurt am Main.

Witelson, S. & Pallie, W. (1973). Left hemisphere specialization for language in the newborn: Neuroanatomical evidence of asymmetry. In: *Brain* 96, 641–646.

Wynn, V.T. (1973). Accuracy and consistency of absolute pitch. In: *Perception* 22(1), 113–121.

1974

Abel-Struth, S. (1974). Musikalische Sozialisation. Musikpädagogische Aspekte. In: E. Kraus (Hg.). *Musik und Individuum, Vorträge der zehnten Bundeschulmusikwoche München 1974* (S. 60ff.). Mainz.

Albersheim, Gerhard (1974). *Zur Musikpsychologie.* Wilhelmshaven.

Alldahl, Per-Gunnar (1974). Teaching music theory: The European conservatory.

Auerbach, Lore (1974). Bedeutung und Möglichkeiten der Hörerziehung in der Elementarstufe. In: E. Kraus (Hg.), *Musik und Individuum. Vorträge der zehnten Bundesschulmusikwoche München 1974* (S. 120 ff.). Mainz.

Baddeley, A.D. & Hitch, G. (1974). Working memory. In: G.H. Bower (Hg.), *The psychology of learning and motivation* (Bd. 8, 47–89). New York: Academic Press.

Behne, K.-E. (1974). Zur Erfassung musikalischer Verhaltensweisen im Vorschul- und Primarbereich. In: *Musik und Bildung* 6, 103 ff.

Blatter, A.W. (1974). *The effect of timbre on pitch-matching judgments.* Ph.D. Thesis, Urbana Ill., Univ. of Illinois at Urbana-Champaign [zitiert nach Barkowsky 1987].

Blaukopf, Kurt (1974). *Neue musikalische Verhaltensweisen der Jugend,* (Musikpädagogik, Forschung und Lehre, Bd. 5). Wiesbaden.

Carterette, E.C. & Friedmann, M.P. (Hg.) (1974). *Handbook of Perception* Vol. I-X (Vol. IV: Hearing). New York [enthält eine umfangreiche Bibliographie englischsprachiger Literatur].

Danuser, Hermann (1974). Hörprobleme bei der Berufsmusikerausbildung. In: *Schweizer Musikzeitung* 114, 145–148.

de Natale, M. (1974). Didaktische Aspekte der musikalischen Wahrnehmung und Kommunikation. In: *Musik und Bildung* 6, 97ff.

Defossez, René (1974). *L'education musicale de l'oreille.* [The musical education of the ear]. University of California.

Deutsch, D. (1974). Generality of interference by tonal stimuli in recognition memory for pitch. In: *Quarterly Journal of Experimental Psychology,* 26, 229–234.

Dömling, Wolfgang (1974). Die kranken Ohren Beethovens oder gibt es eine Geschichte des musikalischen Hörens? In: *Hamburger Jahrbuch für Musikwissenschaft*, Bd. 1, 1974, 181–194.

Dollase, R., Rüsenberg, M. & Stollenwerk, H. J. (1974). *Rock People oder die befragte Szene.* Frankfurt: Fischer.

Füller, K. (1974). *Standardisierte Musiktests.* (=Schriftenreihe zur Musikpädagogik). Frankfurt

Gauldin, Robert (1974). Teaching music theory: The conservatory. In: *Journal of Music Theory* 18(1), 75–90.

Hahn, W. & Rauhe, H. (1974). Zum didaktischen Problem kollektiver Identifikation mit kulturindustriellen Leitbildern, aufgezeigt an konkreten Unterrichtsbeispielen. In: *Musik und Bildung* 6, 601ff.

Harris, G. B. (1974). *Categorical perception and absolute pitch.* Ontario: University of Western Ontario.

Hartwich, D. [Hartwich-Wiechell, D.] (1974). Schüler und Massenmedien. In: *Musik und Bildung* 6, 439ff.

Hollstein, W. (1974). Der Untergrund. Subkulturen in der gegenwärtigen Gesellschaft – jugendlicher Protest und sozialer Wandel. In: *Musik und Bildung* 6, 598ff.

Karbusicky, Vladimir (1974). Hörerziehung als musiksoziologisches Experiment (Originalbeitrag 1974). In: B. Dopheide (Hg.), *Hörerziehung*. Darmstadt 1977, 385f.

Keil, S. (1974). „Strukturelles Hören"– Versuch einer Begriffserklärung. In: *Musik und Bildung* 6, 665f.

Keil, S. (1974). Kognitives Hören – Wunsch und Wirklichkeit. In: *Neue Zeitschrift für Musik*, 158–161.

Kemper, M. (1974). Musik der Subkulturen: „Für wen ist diese Musik?“ In: E. Kraus (Hg.), *Musik und Individuum. Vorträge der zehnten Bundesschulmusikwoche München 1974*, Mainz, 173 ff.

Killam, Rosemary & Lorton, P. (1974). Computer-assisted instruction in music: Ear Training drill and practice. In: *Proceedings of the Fifth Conference on Computers in the Under-graduate Curriculum.* Pullman:Washington State University.

Kleinman, S. (1974). *La Solmisation mobile: de Jean-Jacques Rousseau à John Curwen.* Paris.

Kliewer, L. (1974). *Aural training; a comprehensive approach.* Engewood Cliffs, N. J.

Kober, Anita (1974). *Musikhören als Unterrichtsgegenstand* [Music-listening as a school subject]. Halle.

Kuhn, Wolfgang (1974). Computer-assisted instruction in music: Drill and practice in dictation. In: *College Music Symposium* 14 (Fall) 89–101.

Laade, Wolfgang (1974). Von Country & Western zum Hard Rock: Eine Bibliographie der Pop-Musik und ihres soziokulturellen Hintergrunds. In: *Musik und Bildung* 6, 322 ff.

Meyer, Heinz (1974). Schlagerdidaktik und Musikpädagogik. In: *Musik und Bildung* 6, 624 ff.

de la Motte-Haber, Helga (1974). Sozialisierungsprozesse im Musikunterricht? In: *Musik und Bildung* 6, 84 ff.

Noack, E. (1974). Zum Problem der Kommunikation im Musikunterricht. In: *Musik und Bildung* 6, 77 ff.

Pape, W. (1974). *Musikkonsum und Musikunterricht. Ergebnisse, Analysen und Konsequenzen einer Befragung von Hauptschülern.* Düsseldorf.

Peavler, W. S. (1974). Pupil size, information overload, and performance differences. In: *Psychophysiology*, 11, 559–566.

Quistorp, M. (1974). *Übungen zur Gehörbildung*, Heft 1–3. Wiesbaden.

Rauhe, H. (1974). Individuum und Sozialisation durch Wahrnehmungs- und Verhaltenserziehung im musikalischen Bereich. In: E. Kraus (Hg.). *Musik und Individuum. Vorträge der zehnten Bundesschulmusikwoche München 1974* (75ff.). Mainz.

Reinecke, Hans-Peter (1974). Vom musikalischen Hören zur musikalischen Kommunikation. Zur Entwicklung der musikalischen Rezeptionsforschung in den letzten Jahrzehnten. [From musical hearing to musical communication.

Concerning the development of research on musical perception in recent decades]. In: Dopheide, B. (Hg.), *Musikhören* (S. 404–422). Darmstadt 1975.

Rösing, H. (1974). Die Modifikation des Höreindrucks durch technische Vermittlung von Musik. In: *Musik und Bildung* 6, 434 ff.

Siegel, J.A. (1974). Sensory and verbal coding strategies in subjects with absolute pitch. In: *Journal of Experimental Psychology,* 103, 37–44.

Silbermann, A. (1974). Individualisierung und Sozialisierung im Unterricht. In: E. Kraus (Hg.), *Musik und Individuum. Vorträge der zehnten Bundesschulmusikwoche München 1974* (53ff.). Mainz.

Wittlich, G.E. (1974). *Ear Training. An approach through music literature*. New York.

Wyke, B.D. (1974). Laryngeal reflex mechanisms in phonation. *Proceedings of the XVIth International Congress on Logopedics and Phoniatrics (S. 528–537).* Basel: Karger.

Zemke, L. (1974). *The Kodály Concept, its History, Philosophie and Development*. Champaign, IL, USA.

Zipp, F. (1974). *Vom Wesen der Musik*. Heidelberg.

1975

Autry, Mollie Rose (1975). *A study of the effect of hand signs in the development of sight singing skills*. DMA diss., The University of Texas at Austin.

Carroll, J.B. (1975). Speed and accuracy of absolute pitch judgments: Some latter-day results. In: *Educational Testing Service Research Bulletin* (RB-75–35). Princeton, NJ: Educational Testing Service.

Davidson, R. (1975). *Lyttemetodikk.* Oslo.

Deutsch, D. (1975). Two-channel listening to musical scales. In: *The Journal of the Acoustical Society of America* 57, 1156–1160.

Dopheide, B. (Hg.) (1975). *Musikhören*. Darmstadt.

Èmery, È. (1975). *Temps et musique*. Lausanne.

Flores D‘Arcais, G.B. (1975). Einflüsse der Gestalttheorie auf die moderne kognitive Psychologie. In: S. Ertel, L. Kemmler & M. Stadler (Hg.), *Gestalttheorie in der modernen Psychologie*. Darmstadt.

Frega, A.L. (1975). *Audioperceptiva*. Buenos Aires: Ricordi Americana.

Hegy, Erzsebet (1975). *Solfege according to the Kodaly concept*. Budapest: Editio Musica.

Hofstetter, F. T. (1975). GUIDO: An interactive computer-based system for improvement of instruction and research in Ear-Training, In: *Journal of Computer-Based Instruction* 1(4), 100–106.

Jensen, Arthur (1975). *Ein praktischer Beitrag zur musikalischen Intonationslehre*. [A practical contribution to the teaching of musical intonation]. Schriften der Hochschule Mozarteum Salzburg

Jersild, Jorgen (1975). *Videregaende rytmiske studier: polyrytmik*. Kopenhagen.

Jørgensen, Claus (1975). *Noder, rytmer og toner*. Kopenhagen.

Lindner, G. (1975). *Grundfragen der pädagogischen Audiologie*. Berlin.

Loeb-van-Zuilenburg, Paul (1975). Aspects of aural training. In: *Music in Education*, 39/371, 23-25.

Metzger, W. (1975). Der Geltungsbereich gestalttheoretischer Ansätze. In: S. Ertel, L. Kemmler, M. Stadler (Hg.), *Gestalttheorie in der modernen Psychologie*, Darmstadt.

Moyle, Alice-M. (1975). *North Australian music. A taxonomic approach to the study of aboriginal song performances*. PhD Thesis.

Phileba, Nicole (1975). *30 dictèes . musicales – 2 voix*. Paris.

Rauhe, H., Reinicke, H.-P. & Ribkl, W. (1975). *Hören und Verstehen. Theorie und Praxis handlungsorientierten Musikunterrichts*. München.

Reinecke, H.-P. (1975). Naturwissenschaftliche Grundlagen der Musikwissenschaft. In: C. Dahlhaus (Hg.), *Einführung in die systematische Musikwissenschaft*. Köln.

Thomson, William (1975). *Advanced music reading*. Champaign, IL: Crouse Printing.

Vogel, M. (1975). *Die Lehre von den Tonbeziehungen*. Bonn.

Wellek, A. & Federhofer, H. (1975). Tonale und dodekaphone Musik. In: *Die Musikforschung* 25, 12f.

1976

Baker, D. (1976). *New approach to Ear Training for jazz musicians*. Hialeah, Fla.

Callahan,Virginia-Woods (1976). *Ut Phoebi radiis: the riddle of the text resolved.* Oxford University Press.

Dadelsen, Hans-Christian von (1976). Über die musikalischen Konturen der Entfernung. Entfernung als räumliche, historische und ästhetische Perspektive in Ligetis Lontano. [Concerning the musical contours of distance. Distance as spatial, historical, and aesthetic perspective in Ligeti's Lontano]. In: *Melos/Neue Zeitschift für Musik* 137(2), 187–190.

Fegers, Karl (1976). *Arbeitsplan für die Grundausbildung an Musikschulen.* Wolfenbüttel: Möseler.

Finkel, Klaus & Matthes, Christiane (1976). Gehörerziehung mit geistig behinderten Kindern. [Ear Training for intellectually handicapped children]. Beltz Verlag.

Finkel, Klaus & Wunneberg, Ulrike (1976). *Musikalische Struktur und graphische Notierung. Hörerziehung bei musikalisch nicht vorgebildeten Schülern der Sekundarstufe.* [Musical structure and graphic notation. Training in listening for upper-level Gymnasium students with no musical background]. Ed. Katzbichler.

Fritze, Chr., Probst, W. & Reinharts, E. (1976). *Hören – Auditive Wahrnehmungserziehung.* Dortmund.

Goebel, Albrecht (1976). Hörerziehung und Musikhören in der Mittelstufe der Schule für Geistigbehinderte. [Auditory training and music listening in the middle grades of the school for the mentally retarded]. In: *Zeitschrift für Heilpädagogik* 11, 658–663.

Harwood, Dane-L. (1976). Universals in music: a perspective from Cognitive Psychology. In: *Ethnomusicology* 20(3), 521–533.

Hempel, Chr. (1976). *Gehörbildung. Anleitung und Material für das gemeinsame Üben.* Wolfenburg: Möseler.

Kreter, Leo (1976). *Sight and Sound. A Manual of Aureal Musicanship.* Englewood Cliff, N.J.

de la Motte-Haber, Helga (1976). *Psychologie und Musiktheorie* (= *Schriftenreihe zur Musikpädagogik*, ohne Nummer). Frankfurt, M., Berlin, München.

Schönburg-Waldenburg, Wolf-Christoph von (1976). *Ein Beitrag zur Musikrezeption von Berufsschülern und Gymnasiasten. Versuch der Ermittlung „kompensierenden" Musikhörens.* (Schriftenreihe zur Musik, 9). Diss. Hamburg

Sundberg, Johan & Lindblom, Bjorn (1976). Generative theories in language and music descriptions. In: *Cognition* 4(1), 99–122.

Szabó, Helga (1976). *Énekes improvizáció az iskolában* I. – I. *Pentatónia* [Improvisational singing in the school. I: Pentatonic].

Warnke, Krista (1976). *Experimentelle Untersuchungen zur Tonhöhenwahrnehmung.* (Veröffentlichungen des Staatlichen Instituts für Musikforschung, 8). Diss. Köln.

Winckel, Fritz (1976). Die informationstheoretische Analyse musikalischer Strukturen. [The analysis of musical structure according to information theory]. In: *Die Musikforschung* 7, 964.

Winckel, Fritz (1976). *Die psychophysischen Bedingungen des Musikhörens.* [The psychophysical determinants of musical hearing].

Zwicker, E. & Feldtkeller, R. (1976). *Das Ohr als Nachrichtenempfänger.* Stuttgart.

1977

Brix, Lothar (1977). *Die Krise der Musikpädagogik. Überlebensversuche eines Schulfaches.* [The crisis in music pedagogy. Survival attempts of a school discipline]. Laaber: Laaber-Verlag.

Brock, Hella (1977). Zur Klassifizierung der Schülertätigkeiten im Bereich Musikhören. [A classification of student behaviors in listening to music]. In: Hella Brock (Hg.), *Schülertätigkeiten –musikalischer Rezeptionsprozess* (S. 6–26). Leipzig: KMU Leipzig, FG „Schülertätigkeit", Forschungsgruppe Musikerziehung.

Crozier, J.B., Robinson, E.A. & Ewing, V. (1977). L'étiologie de l'oreille absolue. In: *Bulletin de Psychologie,* 30(14–16), 792–803.

Diniz, Jaime-C. (1977). Luiz Alvares Pinto: Arte de Solfejar. [The art of solfege]. Recife: Governo do Estado de Pernambuco.

Dopheide, B. (Hg.). (1977). *Hörerziehung*. Darmstadt.

Dowling, W.J. & Hollombe, A.W. (1977). The perception of melodies distorted by splitting into several octaves: Effects of increasing proximity and melodic contour. In: *Perception & Psychophysics* 21, 60–64.

Halmos, Endre (1977). *Die musikpädagogische Konzeption Zoltán Kodálys im Vergleich mit den modernen curricularen Theorien. Ein Beitrag zur komparativen Musikpädagogik*. Wolfenbüttel.

Herder, Ronald (1977). *Tonal, atonal: progressive Ear Training, singing and dictation studies in diatonic, chromatic and atonal music*. New York: Continuo Music Press, Inc.

Hores, Robert-G. (1977). *A comparative study of visual- and aural-oriented approaches to jazz improvisation with implications for instruction.* Diss.

Hörmann, Karl (1977). Untersuchungen zur Urteilsbildung beim Musikhören. [Investigations of the formation of judgments in listening to music]. In: *Zeitschrift für Musikpädagogik*, 3, 50–52.

Jetter, June-Thomsen (1977). A systematic approach to aural-visual identification instruction in music for young children. In: *Journal of Research in Music Education*, 25(1), 21–31.

Johnson, Marjorie-Scott (1977). A comparison of tonic orientation versus isolated interval approach to teaching pitch relations. In: *Bulletin of the Council for Research in Music Education* 61 (Winter, 1980), 43–49.

Larson, R. C. (1977). Relationships between melodic error detectiory melodic dictatiory and melodic sightsinging. In: *Journal of Research in Music Education* 25(4), 264–271.

Lindemann, Erwin (1977). *Tonetreffing ok musikkdiktat.* Oslo.

Lindner, G. (1977). *Hören und Verstehen.* Berlin.

Long, P. A. (1977). Relationships between pitch memory in short melodies and selected factors. In: *Journal of Research in Music Education* 25, 272–282.

Michel, Winfried (1977). Solfeggi pour la flute traversiere avec l'enseignement, par Monsr. Quantz. Einige Bemerkungen über ein ungewöhnliches, lange vermisstes Dokument zur Aufführungspraxis des 18. Jahrhunderts. [Solfeggi pour la flute traversiere avec l'enseignement, par Monsr. Quantz. Some remarks on an unusual, long-missing document relating to 18th-century performance practice]. In: *Tibia* 1/77, 201–206.

Monahan, Brent (1977). Published concepts on the art of singing from 1777–1927. Scarecrow Press.

Olson, R.K. & Hanson, V. (1977). Interference effects in tone memory. In: *Memory & Cognition 5*, 32–40.

Porter, Susan-Yank (1977). The effect of multiple discrimination training on pitch-matching behaviors of uncertain singers. In: *Journal of Research in Music Education* 25(1), 68–82.

Schleuter, S. (1977). The development of a college version of the musical aptitude profile. In: *Psychology of Music* 5(2), 39–42.

Siegel, J.A. & Siegel, W. (1977). Absolute identification of notes and intervals by musicians. In: *Perception & Psychophysics* 21(2), 143–152.

Simpendörfer, Fritz (1977). *Die Höranalyse im Musikunterricht der Grund- und Hauptschule*. Hochschulschrift Weingarten, Päd. Hochschule.

Stuart, Melanie (1977). The use of simulation and videotape recordings to increase error detection skills. In: *Journal of Research in Music Education* 27(1), 14–19.

Szende, Otto (1977). *Intervallic hearing: its nature and pedagogy*. Budapest: Akadémiai Kiado.

Taubert, K.H. (1977). *Neue Praktik der Gehörbildung*, 12 Übungsblätter mit Kommentar. Berlin.

Twerefoo, Gustav-Oware (1977). Overcoming directional singing in Ghanian schools. In: *Bulletin of the Council for Research in Music Education*, 50, [Special International Issue: Sixth International Seminar on Research in Music Education] (Spring), 67–71.

Vernon, P.E. (1977). Absolute pitch: A case study. In: *British Journal of Psychology*, 68(4), 485–489.

Zeeuw, Anne Marie de (1977). Teaching college music theory classes that include blind students. In: *College Music Symposium* 17(2), 89–101.

1978

Abel-Struth, Sigrid (1978). Musikalische Hörerziehung , Lernbereich musikalsiches Hören. In: *Musik und Bildung* 10, 596–599.

Abel-Struth, Sigrid & Groeben, Ulrich (1978). Merkmale des musikalischen Hörverhaltens 5–7 jähriger Kinder. Versuche zu Hörinteresse und Höranalytischem Lernen. [Characteristics of the musical-auditory behavior of 5–to–7–year–old children. Studies in listening interests and auditory-analytical learning]. In: S. Abel-Struth, *Musikpädagogik*. Mainz 1979.

Auerbach, Lore (1978). Musikerziehung im Vorschulalter. [Music education in the pre-school years]. In: *Musik und Bildung*.

Bär, Walter (1978). Systematische Hörerziehung – wie und wozu? In: *D-A-CH-Tagung 1976, Musikalische Grundschulung an den Ausbildungsstätten für Musikberufe*. (S. 11–14). Regensburg,

Barbieri, Fermo (1978). *Solfeggi parlati e cantari. Ad uso dei conservatori e istituti musicali*. Bergamo.

Barker, Andrew (1978). Music and perception. A Study in Aristoxenus. In: *Journal of Hellenic Studies* 98, 9–16.

Bregman, A.S. (1978). Auditory steaming: competition amoung alternative organizations. In: *Perception & Psychophysics* 23(5), 391–398.

Bregman, A.S. (1978). Auditory steaming and the building of timbre. In: *Canadian Journal of Psychologie* 32(1), 19–31.

Brooks, R. & Warfield, G. (1978). *Layer dictation: a new approach to the Bach chorals*. New York.

Brühl, K.W. (1978). *Materialen zur Hörschulung*. Wiesbaden.

Burns, E.M. & Ward, W.D. (1978). Categorical perception – phenomenon or epiphenomenon: Evidence from experiments in the perception of melodic musical intervals. In: *The Journal of the Acoustical Society of America* 63, 456–468.

Deutsch, D. (1978). Delayed pitch comparisons and the principle of proximity. In: *Perception & Psychophysics* 23, 227–230.

Dopheide, B. (Hg.) (1978), *Musikhören, Hörerziehung*. Darmstadt.

Dowling, W.J. (1978). Two components of a theory of memory for melodies. In: *Psychological Review* 85(4), 341–354.

Dowling, W.J. (1978). Dichotic recognition of musical canons: Effects of leading ear and time lag between ears. In: *Perception & Psychophysics* 23(4), 321–325.

Emig, Sandra Jill (1978). *The relationships of selected musical, academic, and personal factors to performance in the freshman and sophomore music theory and Ear Training sequences at the Ohio State University.*

Fehske, Hans (1978). *Einige Ergebnisse der Untersuchungen zur methodischen Gestaltung des Musikhörens in der sozialistischen Oberschule.* [Several results of investigations of methods used in Ear Training in the socialist secondary school.] Päd. Diss. B. APW Berlin.

Ganter, C. (1978). Bewußtes Hören – Musiktheorie als Hörhilfe. In: *Musikalische Grundschulung an Ausbildungsstätten für Musikfreunde* (S. 59ff.). Regensburg.

Gephardt, Donald-Louis (1978). The effects of different familiar and unfamiliar musical timbres on musical melodic dictation. In: *Missouri Journal of Research in Music Education* 4, 109–111.

Hanzl, S. (1978). *Untersuchungen zur Trainierbarkeit des Gehörs im Rahmen des musikalischen Hörens*. Wien.

Hurni-Schlegel, L. & Lang, A. (1978). Verteilung, Korrelate und Veränderbarkeit der Tonhöhen-Identifikation (sog. absolutes Musikgehör). In: *Schweizerische Zeitschrift für Psychologie* 37, 265–292.

Idson, W.L. & Massaro, D.W. (1978). A bidimensional model of pitch in the recognition of melodies. In: *Perception & Psychophysics* 24, 551–565.

Loftus, E.F., Miller, D.G. & Burns, H.J. (1978). Semantic integration of verbal information into a visual memory. In: *Journal of Experimental Psychology: Human Learning and memory* 4, 19–31.

Lutzen, Ludolf (1978). Frühinstrumentalunterricht nach Suzuki: Suzuki-Methode auch in Deutschland? [Instrumental instruction in early childhood according to Suzuki: Can the Suzuki method be used also in Germany?] In: *Musik und Bildung* 5, 326f.

Martin, Louis (1978). Solmization: getting the facts straight. In: *Theory and Practice* 3(2), 21–25.

Mayr-Kern, Josef (Hg.) (1978). *D-A-C-H-Tagung 1976, Musikalische Grundschulung an den Ausbildungsstätten für Musikberufe*. Regensburg.

Mialaret, Jean-Pierre (1978). *Pedagogie de la musique et enseignement programme*. [Music education and programmed instruction]. Issy-les-Moulineaux: EAP.

Monahan, Brent Jeffrey (1978). *The art of singing. A compendium of thoughts on singing published between 1777 and 1927*. London: Scarecrow Press.

Multer, Walt (1978). Solmization and musical perception. In: *Theory and Practice,* 3(1), 29–51.

Nitsche, P. (1978). *Klangfarbe und Schwingungsform*. München.

Olson, Gerald (1978). Intersensory and intrasensory transfer of melodic contour perception by children. In: *Journal of Research in Music Education,* 26(1), 41–47.

Piel, Walter (1978). Vokales und instrumentales Musizieren mit hörgeschädigten Kindern. [Vocal and instrumental music making with children with hearing deficiencies]. In: *Musik und Bildung*, 391.

Rakowski, A. (1978). Investigations of absolute pitch. In: E.P. Asmus (Hg.), *Proceedings of the Research Symposium on the Psychology and Acoustics of Music* (S. 45–57). Lawrence: University of Kansas, Division of Continuing Education.

Surace, J.A. (1978). "Transponable Do" for Teaching Aural Recognition of Diatonic Intervalls. In: *Theory and Practice,* 3, 25ff.

Tautenhahn, B. (1978). Untersuchung zur Klangfarbenabhängigkeit der Tonhöhenbestimmung bei Personen mit absolutem Gehör. In: *Schweizerische Zeitschrift für Psychologie,* 35(2), 85–98.

Ward, W.D. & Burns, E.M. (1978). Singing without auditory feedback. In: *Journal of Research in Singing & Applied Vocal Pedagogy,* 1, 24–44.

1979

Bourdeaux, M.-J. (1979). *30 Lecons de Solfège Rythmique*, Vol. 1–6. Paris.

Bridges, Doreen (1979). Developed perceptual-cognitive abilities in music as measured by the Australian Test for Advanced Music Studies (ATAMS). In: *Bulletin of the Council for Research in Music Education* [International Society for Music Education Research Commission (Summer)], 59, 8–12.

Burns, Ayleen-Hilt (1979). *An experimental investigation of melodic contour recognition in Beethoven theme and variations*. Diss. Ohio.

Collins, I. H. H. (1979*). Current attitudes and trends in the teaching of sight singing in higher education.* (Doctoral dissertation, Temple University). Dissertation Abstracts International, 40–05, A2336.

Dähn, K.H. (1979). *Handbuch des Klavierunterrichts , Bd. I: Anfangsunterricht am Klavier – die Ausbildung des Gehörs vor der Verwendung einer Klavierschule*. Tübingen.

Fritz, Robert-Amos (1979). *The development and evaluation of individual learning units in basic listening skills for prospective elementary classroom teachers*. (Electronic Thesis or Dissertation). https://etd.ohiolink.edu/

Green, Robert (1979). *Annotated translation and commentary of two works of Jean Rousseau. A study of late seventeenth-century musical thought and performance practice*. Thesis Indiana University.

Günnigmann, Manfred *(*1979). *Eine Einführung zum differenzierenden Hören: Arbeit an Elementarpartituren und an Originalpartituren*. Kastellaun: Henn.

Harrer, Gerhart (1979). *Die Beeinflussbarkeit des absoluten Gehörs und des rhythmisch-musikalischen Zeitgefühls durch besondere Einwirkungen.* [The degree to which absolute pitch and musical-rhythmic feeling can be influenced by particular factors].

Hofstetter, Fred T. (1979). Evaluation of a competency-based approach to teaching aural interval identification. In: *Journal of Research in Music Education* 27(4), 201–213.

Humphries, Lee (1979). Atonality, Information, and the Politics of Perception. In: *Enclitic*, 3(1). [For the cognitive foundations of atonality].

Jould, M. (1979). *Paths to Musical Thrught. An Approach to Ear Training*. New York.

Jones, Merilyn (1979). Using a vertical-keyboard instrument with the uncertain singer. In: *Journal of Research in Music Education,* 27 (3), 173–184.

Kolland, Dorothea (1979). *Die Jugendmusikbewegung*. Stuttgart.

Krumhansl, C.L. & Shepard, R.N. (1979). Quantification of the hierarchy of tonal functions within a diatonic context. In: *Journal of Experimental Psychology: Human Perception and Performance,* 5, 579–594.

Litke, Emmeline-M. & Olsen, Clifford C. (1979). Acquiring relative pitch perception as a function of age. In: *Journal of Research in Music Education,* 27(4), 243–254.

Mackamul, R. (1979). Anmerkungen zum Lehrplan "Elementare Hörerziehung". In: *Handbuch des Musikschulunterrichtes* (S. 249). Regensburg.

Navickaitė- Martinonienė , Elena (1979). *Elementarioji muzikos teorija.* Vilnius.

Parker, R. C. (1979). *The relative effectiveness of the TAP system in instruction in sight singing: An experimental study*. (Doctoral dissertation, University of Miami). Dissertation Abstracts International, 41–01, A0151.

Ramsey, D.S. (1979). Programmed Instruction Using Band Literature to teach Pitch and Rhythm Error Detection to Music Education Students. In: *Journal of Research in Music Education* 27, 149–162.

Richter, Chr. (1979). Höranalyse. In: *Musik und Bildung*, 221–247.

Schafer, R.M. (1979). The Listening Book [7–25]. In: R. Murray Schafer: *A Collection, published as an issue of the journal Open Letter*. Fourth Series, Toronto, ONT.

Schmidt, H.-C. (1979). "...weil uns die richtigen Wörter fehlen...". Musikalische Eindrücke als ein sprachliches Formulierungsproblem auf der Orientierungsstufe Klasse 5. In: *Musik und Bildung*, 2, 102–107.

Schnebel, Dieter (1979). Der erHörte Klang. Höranalyse – am Beispiel von Bruckners Dritter. [The sound perceived, using the example of Bruckner's Third]. In: *Musik und Bildung*, 3.

Seymore, Sammy (1979). *Program to teach listening and sound discrimination.* University of Montana, Graduate Student Theses, Dissertations & Professional Papers. 10057. https://scholarworks.umt.edu/etd/10057

Smith, S.M. (1979). Remembering in and out of context. In: *Journal of Experimental Psychology: Human Learning and memory* 5, 460–471.

Stadler, M. (1979). Stegagno, L. & Trombini, G. (1979). Quantitative Analyse der Rauschschen Prägnanzaspekte. In: *Gestalt Theory* 1(1), 39–51.

Steckman, Harry Martin (1979). *The development and trial of a college course in music literacy based upon the Kodály method.* Ed. diss., University of Illinois at Urbana-Champaigne.

Tschechne, Rainer (1979). *Zur Aktualgenese und Messung musikalischen Erlebens. Ein Beitrag zur Untersuchung musikinduzierter Stimmungsveränderungen.* Diss. [Hamburg: Fotodruck].

Sundberg, J. (1979). *Music perception in concert halls.* Stockholm. https://www.speech.kth.se/music/publications/kma/papers/kma26-ocr.pdf

Zatorre, R.J. & Halpern, A.R. (1979). Identification, discrimination and selective adaptation of simultaneous musical intervals. In: *Perception & Psychophysics* 26, 384–398.

1980

Albersheim, G. (1980). *Die Tonsprache.* Tutzing.

Alvarez, Manuel (1980). A comparison of scalar and root harmonic aural perception techniques. In: *Journal of Research in Music Education* 28(4), 229–235.

Andreas, H. (1980). Die Gehörbildung auf dem Weg der Analyse. In: *Jahrbuch für Musiklehrer*, 87.

Bartlett, J.C. & Dowling, W.J. (1980). Recognition of transposed melodies: A key-distance effect in developmental perspective. In: *Journal of Experimental Psychology: Human Perception and Performance,* 6, 501–518.

Bartlett, J.C. & Snelus, P. (1980). Lifespan memory for popular songs. In: *The American Journal of Psychology,* 93, 551–560.

Brink, Emily Ruth (1980). *A Cognitive Approach to the Teaching of Aural Skills Viewed as Applied Music Theory.* Doctoral dissertation, Northwestern University.

Corrigan, Vincent Justus (1980). *The style of the Notre-Dame conductus.* Ph.D. in Musicology, Indiana University.

Hedden, Steven (1980). Development of music listening skills. In: *Bulletin of the Council for Research in Music Education* 64 (Fall), 12–22.

Herberger, Rainer (1980). Zur Entwicklung eines differenzierten Rezeptionsverhaltens: Ein Beitrag zur Qualifizierung des Musikhörens. [The development of sophisticated attitudes in listening: a contribution to the qualifying of musical aural ability]. In: *Musik in der Schule,* 31(5), 151–156.

Hofstetter, Fred T. (1980). Computer-based recognition of perceptual patterns in chord quality dictation exercises. In: *Journal of Research in Music Education* 28(2), 83-91.

Hughes, E. Gerson-Kiwi (1980). Solmization. In: *The New Grove Dictionary of music of and musicans*. London.

Jander, Owen (1980). Artikel Solfeggio. In: *The New Grove Dictionary of music of and musicans*. London.

Lachenmann, Helmut (1980). Vier Grundbestimmungen des Musikhörens. In: Herbert Henck, *Neuland* 1. Köln, 66–74.

LaPorta, John (1980). *Jazz ear training*: [C bass clef instruments: for trombone, tuba, cello, string bass, bassoon, baritone horn]. New York: Kendor.

Mayer, C.W. (1980). *Der relative Weg –Die Kodály-Methode im deutschen Musikunterricht. Praktisches und systematisches Lehrerhandbuch für den Musikunterricht an allgemeinbildenden- und Musikschulen*. Freiburg.

Nauck-Börner, Ch. (1980). *Logische Analyse von Hörertypologien und ihrer Anwendung in der Musikpädagogik*. Hamburg. [H. Rösing, Rezension in *Die Musikforschung* 1984].

Poltronieri, Nerina (1980). *Esercizi progressivi di solfeggi parlati e cantati: corso 1–3.* Milano.

Rindler, M. (Hg.) (1980). *Schule der Solmisation.* Klagenfurth.

Roland, P.E., Larsen, B., Lassen, N.A. & Skinhoj, E. (1980). Supplementary motor area and other cortical areas in organization of voluntary movements in man. In: *Journal of Neurophysiology,* 43, 118–136.

Saubeyran, R. (1980). *Dictèes . d'accords et agrègats harmoniques*. Paris.

Swinburne, W.H. (1980). *The New Curwen Method: Books on aural Training*, Book I: Tonic Sol-fa in Class, Book II: Sight-Reading. London.

1981

Andres, Karl (1981). *Das Absolute Gehör: Stimmung und Konsistenz von Tonhöhenurteilen, Aspekte der kognitiven Tonhöhenrepräsentation.* Lizentiatsarbeit. Psychologisches Institut der Universität Bern.

Babucke, Wolfgang (1981). *Musik hören. Anregungen für die Begegnungen mit klassischer Musik* (Jugendarbeit praktisch) [Listening to music]. Donauwörth: Auer.

Bartle, Barton Kendrick (1981). *An application of layer training in melodic dictation.* Diss.

Bettinelli, Bruno (1981). *Solfeggi parlatti e cantari manoscritti.* Mailand.

Bieler, Helmut (1981). *Gestaltgenese beim Wiedererkennen von Melodien.* Diss. Uni Salzburg UP.

Boyle, J. D., Hosterman, G. L. & Ramsey, D. S. (1981). Factors Influencing Pop Music Preferences of Young People. In: *Journal of Research in Music Education* 29(1), 47–56.

Braekamn, W. (1981). *Christiaen van Vaerenbrakens „Conste van musike oft vanden Sanghe": de oudste muziekler in het Nederlands (1535).* [Christiaen van Vaerenbraken's Conste van musike oft vanden Sanghe: the oldest solfeggio book in the Netherlands (1535)]. Brüssel.

Brand, M. & Burnsed, V. (1981). Music abilities and experiences as predictors of error detections. In: *Journal of Research in Music Education*, 29(2), 91–96.

Bräuer, G. (1981). Hören – Vernehmen – Vernunft. Der Mensch als Gespräch. In: Ehrenforth, K. H., *Humanität – Musik – Erziehung* (S. 22–42). Mainz,

Briner, Andres (1981). Jugendliche Musikhörer und die Erwartungen an die Neue Musik. [Young music listeners and their expectations with regard to new music]. In: *Universitas: Zeitschrift für Wissenschaft, Kunst und Literatur*, 36(6), 599–604.

Burge, D.L. (1981). *Perfect Pitch, Color hearing for Expanded Awareness.* Lake Shandelee/ Livingston.

Chambers, Kim (1981). Concepts of canntaireachd: an analytical evaluation of Scots' pipers' perceptions of their solmisation system. In: P. Cooke, *Studies in Traditional Music and Dance. Proceedings of the 1980 Conference of the United Kingdom National Committee of the International Folk Music Council* (S. 23–32). Edinburgh.

Choksy, L. (1981). *The Kodály Context: Creating an Environment for Musical Learning.* Englewood Cliffs, New Jersey: Prentice-Hall.

Costall, A., Platt, S. & Macrae, A. (1981). Memory strategies in absolute identification of circular pitch. In: *Perception & Psychophysics*, 29(6), 589–593.

Daniel, K.S. (1981). *Kodály in Kindergarten – 50 Lesson Plans, Curriculum, Song Collection.* Champaign, IL, USA.

Donchin, E. (1981). Surprise!? In: *Psychophysiology,* 18, 493–513.

Dowling, W.J. & Bartlett, J.C. (1981). The importance of interval information in long-term memory for melodies. In: *Psychomusicology: Music, Mind, and Brain,* 1, 30–49.

Enders, Bernd (1981). *Studien zur Durchhörbarkeit und Intonationsbeurteilung von Akkorden*. Regensburg.

Foltz, Roger (1981). *Sight singing in relation to the total theory program*. Indiana University, Graduate Theory Association.

Garmendia, M.I. Varela, (1981). *Educación audioperceptiva: bases intuitivas en el proceso de formación musical*. Buenos Aires: Ricordi.

Garton, Janet Claire (1981). *The efficacy of computer-based and tape-recorded assistance in second-semester freshman Ear-Traininginstruction.* Louisiana State University LSU Digital Commons LSU Historical Dissertations and Theses.

Grashel, John William (1981). The gamut and solmization in early British and American texts. In: *Journal of Research in Music Education,* 29(1), 63–70.

Haas, H. & Karkoschka, E. (1981). *Neue Musik hören. Eine Hörerziehung mit neuer Musik in Theorie und Praxis*. Rohrdorf.

Hofstetter, Fred T. (1981). Computer-based recognition of perceptual patterns and learning styles in rhythmic dictation exercises. In: *Journal of Research in Music Education,* 29, 265–277.

Hofstetter, Fred T. (1981). Applications of the GUIDO system to aural skills research, 1975–80. In: *College Music Symposium,* 21(2), 46–53.

Hofstetter, Fred T. (1981). Computer-based recognition of perceptual patterns and learning styles in rhythmic dictation exercises. In: *Journal of Research in Music Education,* 29(4), 265-277.

Küntzel-Hansen, M. (1981). *Educación musical precoz y estimulación auditiva: ejercicios para su aplicación*. Barcelona: Editorial médica y técnica.

Lockhead, G.R. & Byrd, R. (1981). Practically perfect pitch. In: *The Journal of the Acoustical Society of America,* 70(2), 287–389.

Nogier, J. (1981). *Dispositif pédagogique pour l'éducation musicale de l'oreille*. München.

Rossi, N. (1981). *Hearing Music. An Introduction* [mit vier Schallplatten]. New York.

Russel, Tilden A. (1981). A poetic key to a pre-Guidonian palm and the Echemata. In: *Journal of the American Musicological Society,* 34 (1), 109–118.

Schöne, Karla (1981). Einige Gedanken zum methodischen Vorgehen beim Musikhören in der didaktischen Phase der Einführung. [Some thoughts on methods for the didactic phase in introducing music for listening]. In: *Musik in der Schule*, 32 (4), 109-113.

Shatzkin, M. (1981). Interval and pitch recognition in and out of immediate context. In: *Journal of Research in Music Education*, 29(2), 111–123.

Shuter-Dyson, R. & Gabriel, C. (1981). *The psychology of musical ability* (2nd edition). London: Methuen.

Stoffer, Thomas (1981). *Wahrnehmung und Repräsentation musikalischer Strukturen: Funktionale und strukturelle Aspekte eines kognitiven Modells des Musikhörens.* [The perception and representation of musical structures: Functional and structural aspects of a cognitive model for listening to music]. Bochum: Ruhr Universität, Diss.

Thomson, William (1981). *Introduction to music reading: Concepts and application.* 2nd ed. Belmont, CA: Wadsworth Publishing Company.

Uhryniv, Donaldson (1981). *Cringan and tonic sol-fa: Morality through music.* M.A. research essay. Carleton.

Watanabe, N.T. (1981). *Computerassisted Music Instruction Utilizing Compatible Audio Hardware in Computer-assisted Aural Drill.* Univ. of Illinois.

1982

Ashley, R.-D. (1982). *Toward a theory of instruction in aural skills.* Doctoral dissertation, University of Illinois at Urbana-Champaign.

Beatty, J. (1982). Task-evoked pupillary responses, processing load, and the structure of processing resources. In: *Psychophysiological Bulletin, 91*, 276–292.

Bustarret, L. (1982). *L'Oreille tendre pour une premiére éducation auditive.* Paris.

Chevallard, Ph.-C. (1982). *Intonational performance as predicted by subject-related variables*. Ph. D. diss., University of Iowa.

Clynes, Manfred (Hg.) (1982). *Music, Mind and Brain – The Neuropsychology of Music*. New York.

Dahlström, Fabian (1982). *Sibelius-Akatemia 1882–1982.* [The Sibelius Academy 1882–1982]. Translated from Swedish into Finnish by Rauno Ekholm. Helsinki: Sibelius Academy.

Davidson, J.-F. (1982). *An investigation into the systematic application of performance objectives to Ear Training*. Tese de doutorado não publicada, Northwestern University.

Deutsch, Diana (Hg.) (1982). *The Psychology of Music*. New York.

Deutsch, Diana (1982). Grouping Mechanisms in Music. In: D. Deutsch (Hg.), *The Psychology of Music* (S. 99–134). New York.

Edling, Anders & Wallin, Nils L. (1982). *Den musikaliska hjärnan. En kritisk essä om musik och musikperception i biologisk belysning*. Kungl. Musikaliska Akademiens skriftserie; 34.

Fink, S. (1982). *Rhythmus-Schule*. Frankfurt a. M.: Zimmermann.

Flotzinger, R. (1982). Sol - do - mi - re - do. Ein Subiectum und seine (Be)deutung. [Sol - do - mi - re - do. A subiectum and its meaning, significance]. In: *Studien zur Musikwissenschaft* 33, 13-20.

Graf, W. (1982). Zur Bedeutung der Hörerfahrung für das Musikhören und -erleben. [The significance of auditory experience in listening to and experiencing music]. In: Othmar Wessely & Manfred Angerer, *Festschrift Othmar Wessely zum 60. Geburtstag* (S. 237-252).Tutzing,

Gundermann, H. (1982). Lernziel – Akupädie. In: *Sprache – Stimme – Gehör,* 6, 79–81.

Halpern, A. & Bower, G.H. (1982). Musical expertise and melodic structure in memory for musical notation. In: *The American Journal of Psychology*, 95(1), 31–50.

Hansen, T. (1982). *Twentieth century harmonic and melodic aural perception.* Washington DC.

Isgro, R.-M. (1982). Some thoughts on Ear Training for the choral director. In: *The Choral Journal,* 22(9), 11–13.

Jones, M.R. (1982). Music as a Stimulus for Psychological Motion: Part II. An Expectancy Model. In: *Psychomusicology: Music, Mind, and Brain*, 2, 1–13.

Krumhansl, C. & Keil, F. (1982). Aquisition of the hierarchy of tonal functions in music. In: *Memory & Cognition,* 10.

Krumhansl, C. , et al. (1982). Perceived harmonic structures of chords in three related musical keys. In: *Journal of Experimental Psychology: Human Perception and Performance* 8(5), 24–36.

Krumhansl, C. L. & Kessler, E. J. (1982). Tracing the dynamic changes in perceived tonal organization in a spatial representation of musical keys. In: *Psychological Review*, 89(4), 334–368.

Kutschera, B. (1982). *Kunststudium in Österreich.* Hochschule für Musik und darstellende Kunst. Mozarteum in Salzburg Orff-Institut.

Lasocki, K. (1982). *Solfez II*. Kraków: PWM.

Loos, H. (1982). Gesungene Musik im Unterricht - einige gute Gründe für Hörerziehung durch Volksmusik. In: *Zeitschrift für Musikpädagogik* 20, 56–62.

Martin, Wolfgang (1982). *Studien zur Musikpädagogik der Weimarer Republik.* Mainz, 110–116.

Moore, C. J. (1982). *Introduction to the psychology of hearing*, 3. ed. London: Academic Press.

Ong, W.J. (1982). *Orality and Literacy.* London [deutsch: *Oralität und Literalität - Die Technologisierung des Wortes*. Opladen 1987].

Oura, Y. & Eguchi, K. (1982). Absolute pitch training program for children. In: *Music Education Research,* 32, 162–171.

Popper, K.R. & Eccles, J.C. (1982). *Das Ich und sein Gehirn* [Originaltitel: The Self and Its Brain, 1977) München.

Richter, Ch. (1982). Methodische Ansätze der Höranalyse. Hören als Aufgabe und Ziel der Didaktischen Interpreatation. In: W. Schmidt-Brunner (Hg.), *Methoden des Musikunterrichts*. Frankfurt.

Rohner, St. J. (1982). *Cognitive-emotional response to music as a function of musical and cognitive complexity.* University of Notre Dame.

Shannon, D. W. (1982). *Aural-visual interval recognition in music instruction: a comparison of a computer-assisted approach and a traditional in-class approach.* Unpublished doctoral dissertation, University of Southern California.

Simard, G. (1982). *Correlation entre* le *solfège, la dictée . melodique, et la détection d'erreurs*. Dissertation [Correlations between solfege, melodic dictation, and error detection]. University of Illinois.

Steinschaden, B. & Zehetmair, H. (1982). *Hören und Geigen nach Suzuki Eine Anleitung aus europäischer Sicht* (Musikpädagogische Bibliothek). Heinrichshofen.

Terhardt, E. & Seewann, M. (1982). Tonartenidentifikation kurzer Musikdarbietungen. In: *Fortschritte der Akustik*, 9, 879–828.

Terhardt, E. & Ward, W.D. (1982). Recognition of musical key: Exploratory study. In: *The Journal of the Acoustical Society of America,* 72 (1), 26–33.

Thies, Wolfgang (1982). *Grundlagen einer Typologie der Klänge*. Hamburg.

Töpper, A. (1982). *Hören und Schreiben:* Ein Gehörbildungsprogramm in 90 Musikbeispielen mit Kassette. Hofheim.

Tumblin, J.E. (1982). *Automatic Eartraining Apparatus (for Musical Teaching) with Microprocessor, Controlled Metronome and Indicator Lights for Displaying Pitch-error Information.* Washington D.C.

Wapnick, J., Bourassa, G. & Sampson, J. (1982). The perception of tonal intervals in isolation and in melodic context. In: *Psychomusicology: Music, Mind, and Brain*, 2(1), 21–37.

Ward, W. D. & Burns, E.M. (1982). Absolute pitch. In: D. Deutsch (Hg.), *The psychology of music* (S. 421–451). New York: Academic Press.

Warren, R. M. (1982). *Auditory perception: A new synthesis.* New York: Pergamon Press.

Weisbrod, Fred (1982). Methoden der Hörerziehung und der Gehörbildung. In: W. Schmidt-Brunner (Hg.), *Methoden des Musikunterrichts*. Frankfurt.

Werner-Jensen, K. (1982). Wege zum Musikhören. Anmerkungen zu Theodor W. Adornos „Typen musikalischen Verhaltens". [Ways to hear music. Remarks on Theodor W. Adorno's types of musical behavior]. In: *Neue Zeitschrift für Musik*, 143(9), 22–27.

Winter, Richard (1982). "Dilemma Analysis": A Contribution to Methodology for Action Research. In: *Cambridge Journal of Education,* 12 (3), 161–174.

Zajonc, R.B. & Hazel, M. (1982). Affective and cognitive factors in preferences. In: *Journal of Consumer Research,* 9, 123–131.

Zwicker, E. (1982). *Psychoakustik*. Berlin u.a.: Springer.

1983

Arenson, M. A. (1983). The validity of certain entrance tests as predictors of grades in music theory and ear. In: *Bulletin af the Council for Research in Music Education* 75.

Auhagen, W. (1983). *Studien zur Tonartencharakteristik in theoretischen Schriften und Kompositionen vom späten 17. bis zum Beginn des 20. Jahrhunderts* (= Europäische Hochschulschriften VI, 6). Frankfurt am Main.

Benward, Bruce (1983). *Ear Training: a technique for listening.* Iowa: Dubuque.

Berendt, J.-E. (1983). *Nada Brahma: Die Welt ist Klang.* Frankfurt [engl. *The World Is Sound – Nada Brahma.* Rochester, VT: Destiny Books].

Bester, Hilda Johanna (1983). *Gehooropleiding in die twintigste eeu met spesiale verwysing na nuwe musiek* [Ear Training in the twentieth century with special reference to new music]. Stellenbosch: University Stellenbosch.

Brink, E. R. (1983). A look at E. Gordon's Theorie. In: *Council for Research in Music Education Bulletin* 75, 1–13.

Brodhead, Garry (1983). *Structural Time in Twentieth-century Tonal Music.* Ph.D. Indiana University

Burge, David L. (1983). *Perfect pitch: color hearing for expanded musical awareness*. Wilmington, DE: Innersphere Music Studio.

Hurni-Schlegel, Lisbeth (1983). *Das Absolute Musikgehör: Analyse von Gehörtestdaten, Bestandesaufnahme bei Absoluthörern, Lernversuch zum Singen, Stimmen und Hören.* Diss. Bern: Psychologisches Institut der Universität.

Joseph, Annabelle-Sachs (1983). A *Dalcroze Eurhythmics Approach to Music Learning* in *Kindergarten Through Rhythmic* Movement, *Ear-Training and Improvisation.* Carnegie-Mellon University.

Kaplan, Don (1983). *See with your ears: the creative music book.* San Francisco: Lexikos.

Kühn, C. (1983). *Gehörbildung im Selbststudium*. Kassel.

Lerdahl, F. & Jackendoff, R. (1983). *A generative theory of tonal music*. Cambridge, MA: MIT Press.

Lug, H.R. (1983). Nichtschriftliche Musik. In: A. Assmann, J. Assmann & Chr. Hardmeier (Hg.), *Schrift und Gedächtnis – Beiträge zur Archäologie der literarischen Kommunikation* I. München 1993.

Marcinkevičius Z. (1983). *Muzikos mokymas I klasėje*. Kaunas.

Mialaret, J.-P. (1983). Dimension psycho-pédagogique dans les principales méthodes francais d'apprentissage du solfège aux XIXe et XXe siècles, Civilisationset. In: *L'Education musicale en France* (*S.* 69–76). Paris.

Fédération des Ecoles Genevoises de Musique (1983). *Solfège cours moyen: 1ère et 2ème année: recueil d'exemples musicaux*. Genève.

Palos, D. (1983). *Assoziation und Kreativität durch Musikhören. Vergleichende Untersuchung zwischen Jugendlichen aus fünf unterschiedlichen sozialen und ethnologischen Umgebungen in 3 Altersstufen.* [Association and creativity through listening to music: a comparative investigation of youth from five different social and ethnic backgrounds at three stages of life]. Frankfurt am Main, Bern: Lang.

Pistone, Danièle (Hg.) (1983). *L'education musicale en France. Histoire et methodes*. [Music education in France. History and methods]. Paris: Presses Sorbonne.

Rogers, Michael (1983). Beyond Intervals: The Teaching of Tonal Hearing. In: *Journal of Music Theory Pedagogy* 6, 18–34.

Rogers, Michael (1983). *Teaching Approaches in Music Theory: An Overview of Pedagogical Philosophies*. Carbondale: Southern Illinois University Press.

Rösing, H. (1983). *Rezeptionsforschung in der Musikwissenschaft*. Darmstadt.

Ross, Peter (1983). Grundlagen einer musikalischen Rezeptionsforschung. In: H. Rösing (Hg.), *Rezeptionsforschung in der Musikwissenschaft* (S. 377–418). Darmstadt.

Salzer, F. (1983). *Strukturelles Hören: Der tonale Zusammenhang in der Musik.* Wilhelmshaven: Heinrichshofen.

Schleuter, Stanley L. (1983). A predictive study of an experimental college version of the Musical Aptitude Profile with certain music achievement of college music majors. In: *Psychology of Music* 11(1), 32–36.

Schön, Donald A. (1983). *The Reflective Practitioner: How Professionals Think in Action.* New York, NY: Basic Books.

Schweinzer, M. (1983). Gedanken zur Didaktik der Hörerziehung. In: *Musikerziehung* 36, 156–163

Serafine, Mary-Louise (1983). Cognitive processes in music: discoveries vs. definitions. In: *Bulletin of the Council for Research in Music Education* 73 (Winter), 1–14.

Steinhauer, S.R., Boller, F., Zubin, J. & Pearlman, S. (1983). Pupillary dilation to emotional visual stimuli revisited. In: *Psychophysiology,* 20, 472.

Taylor, J. A. & Pembrook, R. G. (1983). Strategies in memory for short melodies: An extension of Otto Ortmann's 1933 study. In: *Psychomusicology: Music, Mind, and Brain,* 3, 16–35.

Terhardt, E. & Seewann, M. (1983). Aural key identification and its relationship to absolute pitch. In: *Music Perception,* 1, 63–83.

Tulving, E. (1983). *Elements of episodic memory*. Oxford: Clarendon.

Verband der Komponisten und Musikwissenschaftler der DDR (1983). *Musikhören als Kommunikationsprozess* [Music listening as a process of communication]. [Berlin-East].

Wallrabenstein, P. (1983). *Gehörbildungsprogramm*, 2 Bde. Fernuniversität-Gesamthochschule Hagen.

White, R. A. (1983). *A measure of the effects of a movable number system upon the perception and vocal performance of non-tonal music.* (Doctoral dissertation, Boston University). Dissertation Abstracts International 44–05, A1372.

Ziegler, Beata (1983). Gedanken zum inneren Hören. 2. Aufl. München: Hieber.

1984

Arenson, Michael-A. (1984). Computer-based instruction in musicianship training: Some issues and answers. In: *Computers and the Humanities* 18(3/4), 157–163.

Balzano, G.J. (1984). Absolute pitch and pure tone identification. In: *The Journal of the Acoustical Society of America*, 75, 623–625.

Behrmann, M. (1984). *Chorleitung: Probentechnik*. Stuttgart: Hänssler.

Berg, A. (1984). Prospekt des Vereins für musikalische Privataufführungen. In: *Schönbergs Verein für musikalische Privataufführungen* (Musikonzepte 369 hrsg. v. K.-H. Metzger u. R. Riehn. München.

Bland, Leland D. (1984). *Sight singing through melodic analysis.* Chicago: Nelson-Hall Publishers.

Chailley, Jacques (1984). "Ut queant laxis » et les origines de la gamme. [Ut queant laxis and the origins of the scale]. In: *Acta Musicologica* 56, 48–69.

Deutsch, D. & Boulanger, R.C. (1984). Octave equivalence and the processing of tonal sequences. *Music Perception,* 3, 40–51.

Estrada, Luis A. (1984). *Curso Auditivo Básico*. México, D. P.: UNAM.

Fehske, H. (1984). Zur Arbeit mit der Hörpartitur (Lesestreifen) im Musikhören. In: *Musik und Schule* 35, 368–374.

Gjerdingen, Robert Owen (1984). *A musical schema: Structure and style change, 1720–1900.* Diss. Philadelphia: University of Pennsywania Press.

Gordon, J.W. (1984). *Perception of Attack Transients in Musical Tones*. Ph.D. thesis, Dept. of Music, Stanford University. Available as Stanford University Department of Music Technical Report STAN-M-17.

Gordon, Edwin E. (1984). Learning Sequences In: *Music: Skill, Content, and Patterns*. Chicago, IL: G.I.A Publications.

Heygster, M. (1984). Elementare Musikerziehung nach ungarischem Vorbild: Musikalische und erzieherische Aspekte. In: *Üben und Musizieren*, H. 4, 229–235.

Hulse, S.H., Cynx, J. & Humpal, J. (1984). Absolute and relative pitch discrimination in serial pitch perception by birds. In: *Journal of Experimental Psychology*: General, 113, 38–54.

Hüppe, A. (1984). *Prägnanz. Ein gestaltpsychologischer Grundbegriff: Experimentelle Untersuchung*. München: Profil.

Klein, M., Coles, M.G.H. & Donchin, E. (1984). People with absolute pitch process tones without producing a P300. In: *Science,* 223, 1306–1309.

Klix, F., van der Meer, E. & Preuß, M. (1984). Semantische Relationen: Erkennungsaufwand und psychophysiologische Reaktionstendenzen. In: F. Klix (Hg.), *Gedächtnis – Wissen – Wissensnutzung* (S. 156–172). Berlin: Deutscher Verlag der Wissenschaften.

Küntzel-Hansen, Margrit (1984). Musikhören mit Kindern im Elementarbereich. [Music listening for elementary schoolchildren]. In: Günter Kleinen (Hg.), *Musik und Kind.* (Musikpädagogische Forschung, Band 5). Laaber: Laaber.

Lamb, M. (1984). Sympathetic Computerised Ear Training. In: *International Music Education Yearbook,* 11, 159–162.

Lemmermann, H. & Weber, R. (1984). Musikhören. In: W. Gundlach (Hg.), *Handbuch Musikunterricht Grundschule* (S. 170–199). Düsseldorf.

Lemmermann, H. (1984). *Musikunterricht*. Bad Heilbrunn (3. verbesserte Auflage), [hier S. 248–302].

Marchand, James (1984). A note on solfa and contrafacture in old Yiddish. In: *Musica Judaica* 6(1) (jüdische Jahreszählung 5744 / 1983-84), 100-102.

Moats, M.L. (1984). Der Einfluß von Darbietungsmethoden auf das Melodiegedächtnis. In: *Yearbook of the German Society of Music Psychology* (DGM) Band 1, 103–110.

Nauck-Börner, C. (1984). Gedächtnisrepräsentation von Musik: Analoge oder aussagenartige Kodierung? In: K.E. Behne, G. Kleinen & H. de la Motte-Haber (Hg.), *Musikpsychologie: Empirische Forschungen, ästhetische Experimente* (Bd. 1, 93–101). Wilhelmshaven: Noetzel.

Rogers, Michael R. (1984). *Teaching approaches in music theory: An overview of pedagogical philosophies*. [Review: *Music Theory Spectrum* 9 (Spring), 200–204].

Rotola, Albert (1984). *Gaspar Stoquerus, De musica verbali: Critical edition, translation, and commentary*.

Wessels, M.G. (1984). *Kognitive Psychologie*. [Originaltitel 1982: Cognitive Psychology]. New York: Harper & Row.

Wilson, Peter Niklas (1984). *Empirische Untersuchungen zur Wahrnehmung von Geräuschstrukturen* (Schriftenreihe zur Musik, 23) Diss. Hamburg.

Wimmer, Michael (1984). Verstimmte Ohren und unerhörte Stimmen. In: D. Kamper u.a. (Hg.) *Das Schwinden der Sinne* (S. 115–139). Frankfurt, M.

1985

Abe, J. & Hoshino, E. (1985). Schema-driven properties in melody cognition: Experiments on final-tone extrapolations by musical experts. In: *Japanese Journal of Psychonomic Science*, 4, 1–9.

Abel-Struth, S. (1985). *Grundriß der Musikpädagogik.* Mainz [Abschnitt 2.4 Gehörbildung und Musiklehre, Abschnitt 2.5 Hörausbildung für komplexe Musik, 469–476].

Andres, Karl (1985). *Stand in der Erforschung des Absoluten Gehörs: Die Funktion eines Langzeitgedächtnisses für Tonhöhen in der Musikwahrnehmung.* Diss. Bern: Psychologisches Institut der Universität.

Bartels, Karsten (1985). Opernregie als szenisch-räumliche Umsetzung der Partitur: Zur Arbeit von Ruth Berghaus. In: *VII. Tagung der Musikwissenschaftler der DDR. Musikhören als Kommunikationsprozeß. Arbeitsmaterial*, hrsg. vom Bereich Musikwissenschaft/Musikerziehung des VKM der DDR. Berlin.

Benade, A.H. (1985). From instrument to ear in a room: direkt or via recording. In: *The Journal of the Audio Engineering Society* 33,4 (1985), 218–233.

Berendt, J.-E. (1985). *Das Dritte Ohr*. Hamburg [engl.: The Third Ear NY: Henry Holt 1985].

Berry, D.C. & Broadbent, D.E. (1985). On the relationship between task performance and associated verbalizable knowledge. In: *Quarterly Journal of Experimental Psychology: Human Experimental Psychology,* 36A(2), 209–231.

Brock, Hella (1985). Musikalische Zeichenfunktion und Rezeptionsstrategie. In: *VII. Tagung der Musikwissenschaftler der DDR. Musikhören als Kommunikationsprozeß. Arbeitsmaterial*, hrsg. vom Bereich Musikwissenschaft/Musikerziehung des VKM der DDR. Berlin.

Cienkowski, Michael (1985). Psychologische Dimensionen des Werkverständnisses. In: *VII. Tagung der Musikwissenschaftler der DDR. Musikhören als Kommunikationsprozeß. Arbeitsmaterial*, hrsg. vom Bereich Musikwissenschaft/Musikerziehung des VKM der DDR. Berlin.

Clemens, M. (1985). Attribution und Musikrezeption: Der Hörer als "naiver" Musikpsychologe. In: *Yearbook of the German Society of Music Psychology* (DGM), Band 2, 125–138.

Costall, A. (1985). The relativity of absolute pitch. In: P. Howell, I. Cross & West, R. (Hg.), *Musical structure and cognition* (S. 189–208). London: Academic Press.

Cuddy, Lola (1985). Colour hearing: Some comments. In: *Psychology of Music* 13(2), 133–134.

Dannenberg, Werner (1985). Invarianten bei der bildkunstlerischen Gestaltung von Musikaussagen. In: *VII. Tagung der Musikwissenschaftler der DDR. Musikhören als Kommunikationsprozeß. Arbeitsmaterial*, hrsg. vom Bereich Musikwissenschaft/Musikerziehung des VKM der DDR. Berlin.

Deliège, Irène (1985). Perception des formations élémentaires de la Musique. Voies de recherche de la psychologie cognitive. In: *Analyse Musicale* 1, Paris, 20–28.

Deutsch, D. (1985). *Musical Illusions and Paradoxes*. Los Angeles.

Ertelt, T., von Loesch, H. & Zaminer, F. (Hg.) (1985–2006). *Geschichte der Musiktheorie*. Darmstadt: Wissenschaftliche Buchgesellschaft.

Fauser, Peter (1985). Musikalische Kommunikation und Lebensweise: Formen des Umgangs mit Musik im Bereich nichtprofessionellen kollektiven Musizierens der Gegenwart. In: *VII. Tagung der Musikwissenschaftler der DDR. Musikhören als Kommunikationsprozeß. Arbeitsmaterial*, hrsg. vom Bereich Musikwissenschaft/Musikerziehung des VKM der DDR. Berlin.

Felix, Werner (1985). Erbe und Erben: Gedanken zur Bach-Händel-Schütz-Ehrung 1985. In: *VII. Tagung der Musikwissenschaftler der DDR. Musikhören als Kommunikationsprozeß. Arbeitsmaterial*, hrsg. vom Bereich Musikwissenschaft/Musikerziehung des VKM der DDR. Berlin.

Gebecke, Horst (1985). *Untersuchungen zum Musikhören Jugendlicher in der Freizeit, insbesondere im Lehrlingswohnheim.* [Investigations into music listening among the young in their leisure time, especially in apprentices' Hostels].

Gembris, Heiner (1985). *Musikhören und Entspannung: Theoretische und experimentelle Untersuchungen über den Zusammenhang zwischen situativen Bedingungen und Effekten des Musikhörens.*

Gigerenzer, G. (1985). Messung und Modellbildung. In: H. Bruhn, R. Oerter & H. Rösing (Hg.), *Musikpsychologie* (S. 485–494). München: Urban & Schwarzenberg.

Gordon, Edwin E. (1985). Was ist musikalische Begabung (deutsche Übersetzung von W. Gruhn). In: *Üben und Musizieren*, 3, 85

Haase, Sibylle; Kluge, Reiner & Splettstößer, Ralph (1985). Methode und Ergebnisse einer statistischen Konzertplananalyse (Sinfoniekonzerte Berlins 1961–1981). In: *VII. Tagung der Musikwissenschaftler der DDR. Musikhören als Kommunikationsprozeß. Arbeitsmaterial*, hrsg. vom Bereich Musikwissenschaft/Musikerziehung des VKM der DDR. Berlin.

Hoffmann-Riem, Wolfgang (Hg.) (1985). *Musik in den Medien: Programmgestaltung im Spannungsfeld von Dramaturgie, Industrie und Publikum*. [Music in the media: Programming and the claims of drama, industry, and audience]. Hamburg.

Howell, P., Cross & West, R. (1985). *Muscal structure and cognition*. London: Academic Press.

Hulse, S.H. & Cynx, J. (1985). Relative pitch perception is constrained by absolute pitch in songbirds (Mimus, Molothrus, and Sturnus). In: *Journal of Comparative Psychology*, 99, 176–196.

Hutchcroft, John Carter (1985). *An analysis of college level sight singing materials published since 1960*. PhD diss., The Florida State University.

Imig, T.J. & Morel, A. (1985). Tonotopic organization in ventral nucleus of medial geniculate body in the cat. In: *Journal of Neurophysiology*, 53 (1), 309–340.

Kaden, Christian (1985). Sozialstrukturen als Bewegungsmomente des Musikhörens. In: *VII. Tagung der Musikwissenschaftler der DDR. Musikhören als Kommunikationsprozeß. Arbeitsmaterial*, hrsg. vom Bereich Musikwissenschaft/Musikerziehung des VKM der DDR. Berlin.

Klinkhammer, R. (1985). Die Entwicklung der musikalischen Vorstellung als ein Integrationsfaktor zwischen Musiktheorie und Musikpraxis. [The development of musical imagination as an integrating factor between music theory and musical practice]. In: In W. Gieseler & R. Klinkhammer (Hg.), *Musikpädagogik als Hochschulfach*. Köln.

Kolneder, W. & Schmitt, K.H. (1985). *Singen nach Noten*. Mainz.

Kubota, K. (1985). Zur Forschungsgeschichte des musikalischen Hörens. In: *Musica* 39, 38–40.

Kühn, C. (1985/2009). *Gehörbildung im Selbststudium*. Kassel: Bärenreiter.

Köhler, Karl-Heinz (1985). Interpretation als musikhistorische Kategorie. In: *VII. Tagung der Musikwissenschaftler der DDR. Musikhören als*

Kommunikationsprozeß. Arbeitsmaterial, hrsg. vom Bereich Musikwissenschaft/Musikerziehung des VKM der DDR. Berlin.

Lachenmann, H. (1985). Hören ist wehrlos ohne Hören – über Möglichkeiten und Schwierigkeiten. In: *Musik Texte* Nr. 10, 7–16.

Lang, A. (1985). Das „absolute Gehör“ oder Tonhöhengedächtnis. In: H. Bruhn, R. Oerter & H. Rösing (Hg.), *Musikpsychologie* (S. 558–565). München: Urban & Schwarzenberg.

Lerdahl, F. &]ackendoff, R. (1985). *A generative theory of tonal music*. Cambridge, MA: MIT press.

Liedtke, R. (1985). *Die Vertreibung der Stille – Wie uns das Leben unter der akustischen Glocke um unsere Sinne bringt*. München.

Mayr, Albert (1985). Sketches for a low-frequency solfege. In: *Music Theory Spectrum*, 7(1), 107–113.

McAdams, St. (1985). *L'Image auditive [Texte imprimé]: une métaphore pour la recherche musicale et psychologique sur l'organisation auditive*. Paris: IRCAM.

Mehner, Klaus (1985). Zur Kategorie des passiven Hörens. In: *VII. Tagung der Musikwissenschaftler der DDR. Musikhören als Kommunikationsprozeß. Arbeitsmaterial*, hrsg. vom Bereich Musikwissenschaft/Musikerziehung des VKM der DDR. Berlin.

Möller, Arnold (1985). *Elementare Musiktheorie und Gehörbildung*. Frankfurt.

More, Bruce E. (1985). Sight Singing and Ear Training at the University Level: A Case for the Use of Kodály's System of Relative Solmization. In: *The Choral Journal* 52(7), 7–11; 13–18; 21,22.

Niemann, Konrad (1985). Musikkulturelle Verhältnisse und musikalischer Kommunikationsprozess in unserer Zeit. In: *VII. Tagung der Musikwissenschaftler der DDR. Musikhören als Kommunikationsprozeß. Arbeitsmaterial*, hrsg. vom Bereich Musikwissenschaft/Musikerziehung des VKM der DDR. Berlin.

Olias, Gunter (1985). Aspekte einer kommunikativen Musikdidaktik. In: *VII. Tagung der Musikwissenschaftler der DDR. Musikhören als Kommunikationsprozeß. Arbeitsmaterial*, hrsg. vom Bereich Musikwissenschaft/Musikerziehung des VKM der DDR. Berlin.

Ratcliffe, L. & Weisman, R.G. (1985). Frequency shift in the fee bee song of the blackcapped chickadee. In: *The Condor,* 87, 555–556.

Rienäcker, Gerd (1985). Opernfinali als (idealisierter, illusionarer oder realer?) Umschlagpunkt musiktheatralischer Gesamtkommunikation. In: *VII. Tagung der*

Musikwissenschaftler der DDR. Musikhören als Kommunikationsprozeß. Arbeitsmaterial, hrsg. vom Bereich Musikwissenschaft/Musikerziehung des VKM der DDR. Berlin.

Salasoo, A., Shiffrin, R.M. & Feustel, T.C. (1985). Building permanent memory codes: Codification and repetition effects in word identification. In: *Journal of Experimental Psychology: General,* 114, 50–77.

Schellenberg, S. (1985). The effect of tonal-rhythmic context on short-term memory of rhythmic and melodic sequences. In: *Bulletin of the Council for Research in Music Education*, 85, 207–217.

Sloboda, J. A. (1985). *The musical mind: The Cognitive Psychology of music.* Oxford: Clarendon Press.

Sloboda, J.A. & Parker, D.H.H. (1985). Immediate recall of melodies. In: I. Cross, P. Howell & R. West (Hg.), *Musical Structure and Cognition* (S. 143–167). London: Academic Press.

Spahn, Peter (1985). Musikhören unter den Bedingungen der Massenkommunikation. In: *VII. Tagung der Musikwissenschaftler der DDR. Musikhören als Kommunikationsprozeß. Arbeitsmaterial*, hrsg. vom Bereich Musikwissenschaft/Musikerziehung des VKM der DDR. Berlin.

Stein, Ingeborg (1985). Zum Verhältnis von Genrepräferenz und Hörtyp. In: *VII. Tagung der Musikwissenschaftler der DDR. Musikhören als Kommunikationsprozeß. Arbeitsmaterial*, hrsg. vom Bereich Musikwissenschaft/Musikerziehung des VKM der DDR. Berlin.

Stockmann, Doris (1985). Grundtypen musikalischer Kommunikation und ihre rezeptive Bewertung. In: *VII. Tagung der Musikwissenschaftler der DDR. Musikhören als Kommunikationsprozeß. Arbeitsmaterial*, hrsg. vom Bereich Musikwissenschaft/Musikerziehung des VKM der DDR. Berlin.

Stoffer, T.H. (1985). Parallelen zwischen Ernst Kurths Konzeption der Musikpsychologie und der gegenwärtigen Entwicklung einer kognitiven Musikpsychologie. In: *Yearbook of the German Society of Music Psychology* (DGM) , Band 2. 87–99.

Unyk, M. (1985). *The influence of expectancy on melodic perception.* Washington.

Varga, Andras (1985). Musikhören ist Geschichte hören: Ein Gespräch mit Mauricio Kagel. [Listening to music is listening to history: A conversation with Mauricio Kagel]. In: *Neue Zeitschrift für Musik* 146(6), 20.

Wallace, J.D. (1985). *An investigation of extrinsic laryngeal muscle responses to auditory stimulation.* Denton, TX: Unpublished doctoral dissertation, University of North Texas.

Wehnert, Martin (1985). Bemerkungen zu sogenannten primären und sekundären Merkmalen der Musik unter kommunikativem Aspekt. In: *VII. Tagung der Musikwissenschaftler der DDR. Musikhören als Kommunikationsprozeß. Arbeitsmaterial*, hrsg. vom Bereich Musikwissenschaft/Musikerziehung des VKM der DDR. Berlin.

Wheeler, Lawrence (1985). *Orff and Kodaly: Adapted for the Elementary School*, third edition. Dubuque, Iowa: Wm. C. Brown.

Wollny, Max (1985). Zum Zusammenhang von Lebensprozessen und Musik (Homomorphiebeziehungen). In: *VII. Tagung der Musikwissenschaftler der DDR. Musikhören als Kommunikationsprozeß. Arbeitsmaterial*, hrsg. vom Bereich Musikwissenschaft/Musikerziehung des VKM der DDR. Berlin.

1986

Agmon, Eytan (1986). *Diatonicism, Chromaticism and Enharmonicism: A Study in Cognition and Perception.* Unpublished PhD dissertation, City University of New York.

Antonietti Alessandro & Lorenzetti, Loredano-Matteo (Hg.) (1986). *Processi cognitivi in musica Cognitive processes in music.* ED: Antonietti.

Baddeley, A.D. (1986). *Working memory.* Oxford: Clarendon Press.

Balčytis, E. (1986). *Muzikos mokymo IV- VIII klasėse pagrindai.* Kaunas.

Behne, K.-E. (1986). *Hörertypologien.* Regensburg.

Busch, Sigi (1986). *Hörtraining 1–3, Jazz, Rock, Pop*, mit Kassette. Rottenburg a.N.

Cynx, J., Hulse, S.H. & Polyzois, S. (1986). A psychophysical measure of pitch discrimination loss resulting from a frequency range constraint in European Starlings (Sturnus vulgaris). In: *Journal of Experimental Psychology: Animal Behavior Processes*, 12, 394–402.

Deutsch, D. (1986). A musical paradox. In: *Music Perception*, 3, 275–280.

Dowling, W.J. & Harwood, D.L. (1986). *Music cognition.* Orlando, FL: Academic Press.

Gembris, Heiner (1986). Situative Bedingungen und Effekte des Musikhörens. [Situational factors and their effects on music listening]. In: *Unterrichtsforschung*, 253–266.

Gembris, Heiner (1986). Wird Musikalität vererbt? In: *Musica*, 40, 14–17.

Goubault, Christian (1986). Autour de Franç-Juge, tribunal du dimanche: La methode solfegique Galin-Paris-Cheve [Franc-Juge, tribunal du dimanche: The solfege method of Galin-Paris-Cheve]. In: *Revue internationale de musique française*, 19, 92–106.

Hargreaves, David (1986). *Developmental psychology and music education.*

Herberger, Rainer (1986). Zur Steuerung der Wahrnehmung beim Musikhören. [The control of perception during music listening]. In: *Musik in der Schule* 37(5), 137–141.

Hesse, H.P. (1986). Für ein Gleichgewicht der Sinnesleistungen. In: *Neue Musikzeitung* (Januar), 24.

Hulse, S. H. & Cynx, J. (1986). Interval and contour in serial pitch perception by a passerine bird, the European starling (Sturnus vulgaris). In: *Journal of Comparative Psychology*, 100, 215–228.

Jackson, F. (1986). What Mary didn't know. In: *The Journal of Philosophy*, 83 (5), 291–298.

Kalmykow, B.W. & Fridkin, G.A. (1986). *Solfeggio.* Moskau.

Kleinen, Günter (1986). Funktionen der Musik und implizite ästhetische Theorien der Hörer. In: *Yearbook of the German Society of Music Psychology* (DGM), Band 3, 73–90.

Kohler, Anne (1986). Musik im Hörfunk: Was wissen wir über Musikhörer? [Music on radio? What do we know about music listeners?]. In: W. Hoffmann-Riem & W. Teichert (Hg.), *Musik in den Medien: Programmgestaltung im Spannungsfeld von Dramaturgie, Industrie und Publikum, Medienwissenschaftliches Symposion,* Hans-Bredow-Institut 1985, 177–188.

Niemöller, Klaus-Wolfgang (1986). Von der Ars musica zur Singekunst: Zu den musiktheoretischen Lehrbuchern von Theophil Keiser (1601, 1602) und Heinrich Orgosinus (1603). From the ars musica to the Singekunst: The music-theoretical textbooks of Theophil Keiser (1601, 1602) and Heinrich Orgosinus (1603). In: *Festschrift Martin Runke zum 65. Geburtstag.*

Nobis, Herbert (1986). *Durch Singen zum Hören* 2 Bde. Wolfenbüttel.

Pembrook, R. G. (1986). Interference of the transcription process and other selected variables on perception and memory during melodic dictation. In: *Journal of Research in Music Education*, 34, 238–261.

Poppensieker, Karin (1986). *Die Entwicklung musikalischer Wahrnehmungsfähigkeit*, Diss. Mainz.

Rainbow, Bernarr (1986). The rise of popular music education in nineteenth-century England. In: *Victorian Studies* 30(1), Music in Victorian Society and Culture (Autumn), 25–49.

Rötter, G. (1986). Psychologische Aspekte analytischen Hörens. In: Kaiser, H. J. (Hg.), *Jahrbuch des Arbeitskreises Musikpädagogische Forschung* Bd. 7 (S. 259–269). Laaber: Laaber Verlag,

Schneider, H. (1986). Jean-Phileppe Rameaus letzter Musiktraktat. In: Beihefte zum *Archiv für Musikwissenschaft* Bd. V, Stuttgart.

Serafine, M.L., Davidson, J., Crowder, R.G. & Repp, B.H. (1986). On the nature of melodytext integration in memory for songs. In: *Journal of Memory and Language,* 25, 123–138.

Squire, L.R. (1986). Mechanisms of memory. In: *Science,* 232, 1612–1619.

Stevenson, J. R., Porterfield, M.S. (1986). *Rhythm and pitch: an integrated approach to sightsinging* , Englewood Cliffs, N.J.: Prentice-Hall.

Wallrabenstein, W. (1986). Analytisches und kontemplatives Hören. In: *Zeitschrift für Musikpädagogik* 35, 20–36.

Wasjack, Brigitte & Knaf, Stefan (1986). Microcomputer und Musiklernen, ein Anachronismus? [Microcomputer and music learning, an anachronism?] In: *Musik und Bildung* 18(10), 895–897.

1987

Bailey, D. (1987). *Improvisation – Kunst ohne Werk*, Hofheim [engl. Ashbourne 1980].

Bales, W.-Kenton; & Foltz, Robert E. (1987). A comparison of synthesized and acoustic sound sources in lower-division theory courses. In: *Journal of Music Theory Pedagogy* 1 (1), 91–103..

Barkowsky, J.J. (1987). *An investigation into pitch identification behavior of absolute pitch and relative pitch subjects.* Ph.D. Thesis, Urbana, Ill., Univ. of Illinois at Urbana-Champaign.

Besner, D. (1987). Phonology, lexical access in reading, and articulatory suppression: A critical review. In: *Journal of Experimental Psychology*, 39A, 467–478.

Bharucha, J.J. (1987). Music cognition and perceptual facilitation: A connectionist framework. In: *Music perception* 5, 1–30.

Block, Ladowoje (1987). *Solfeggio, Utschebnoje posobije dlja starschich klassow DMS i utschilitsch* [Tonartensolfeggio für die älteren Klassen der Kindermusikschulen und für die Musikfachschulen]. Leningrad.

Boyle, D. & Radocy, R. E. (1987). *Measurement and evaluation of musical experiences.* New York: Schirmer Books.

Clarke, Eric F. (1987). The Role of Improvisation in Aural Perception. In: Henson, Michael (Hg.). *Musical awareness: A conference on aural training. Proceedings.* Huddersfield: Huddersfield Polytechnic, 42–48.

Cook, N. (1987). The perception of large-scale tonal closure. In: *Music Perception*, 5(2), 197–208.

Decker-Voigt, Hans-Helmut & Eschen, Johannes-T. (Hg.) (1987). *Musik und Kommunikation: Hamburger Jahrbuch zur Musiktherapie und intermodalen Medientherapie*. I.

Deliège, Irène (1987). Grouping conditions in Listening to Music. An approach to Lerdahl and Jackendoff's grouping preference rules. In: *Music Perception* 4(4), 325–359.

Deliège, Irène (1987). *La Création d'une Unité de Recherche en Psychologie de la Musique à l'Université de Liège*. Marsyas 1, Paris, Institut de Pédagogie Musicale.

Deliège, Irène (1987). Le Parallélisme, support d'une analyse auditive de la musique: vers un modèle des parcours cognitifs de l'information musicale. In: *Analyse Musicale* 6, Paris, 73–79.

Deutsch, D., Kuyper, W.L. & Fisher, Y. (1987). The tritone paradox: Its presence and form of distribution in a general population. In: *Music Perception*, 5, 79–92.

Dziewulska, M. et al. (1987). *Materialy*. Kraków: PWM.

Fiske, Harold (1987). Cognition structure and the perception of music. In: *Bulletin of the Council for Research in Music Education* 91, Eleventh International Seminar on Research in Music Education (Spring), 31–37.

Gabrielsson, Alf (Hg.) (1987). *Action and perception in rhythm and music: papers given ata symposium in the Third International Conference on Event Perception and Action.* Stockholm.

Gembris, H., de la Motte-Haber, H. & Rötter, G. (1987). Eine paradox einleuchtende Wirkung von leiser klassischer Musik auf die Reaktionszeit. In: Behne, K.-E., Kleinen, G. & de la Motte-Haber, H. (Hg.). *Jahrbuch der Deutschen Gesellschaft für Musikpsychologie* Bd. 4 (S. 91–96). Wilhelmshaven: Noetzel.

Harrison, C. S. (1987). The long-tenn predictive validity of the Musical Aptitude Profil relative to criteria of grades in music theory and applied music. In: *Educational and psychological measurement,* 47(4), 1107–1112.

Harvey, N., Garwood, J. & Palencia, M. (1987). Vocal matching of pitch intervals: Learning and transfer effects. In: *Psychology of Music* 15(1), 90–106.

Hatfield, P. (1987). Aural Activities with Young Musicians. In: Henson, Michael (Hg.). *Musical awareness: A conference on aural training. Proceedings* (S. 14–16). Huddersfield: Huddersfield Polytechnic.

Hempel, Chr. (1987). Gehörbildung und Musiklehre. In: *Handbuch der Musikpädagogik* Bd. 3, 25–61.

Henson, Michael (Hg.) (1987) *Musical awareness: a conference on aural training: the proceedings*, RAMP, Huddersfield.

Henson, Michael (1987). Specialist aural at tertiary level. In: Henson, Michael (Hg.). *Musical awareness: A conference on aural training. Proceedings* (S. 49–51). Huddersfield: Huddersfield Polytechnic.

Henson, Michael (1987). Timbral considerations in performance. In: Henson, Michael (Hg.), *Musical awareness: A conference on aural training. Proceedings* (S. 36–41). Huddersfield: Huddersfield Polytechnic.

Heyde, E.M. (1987). *Was ist absolutes Hören? Eine musikpsychologische Untersuchung*. München: Profil.

Hill, B.G. & Lein, M.R. (1987). Function of frequency-shifted songs of black capped chickadees. In: *The Condor*, 89, 914–918.

Hill, Peter (1987). Why the Pianist Needs a Good Ear. In: Henson, Michael (Hg.). *Musical awareness: A conference on aural training. Proceedings* (S. 52–66). Huddersfield: Huddersfield Polytechnic, 52–66.

Houle, G. (1987). *Meter in music, 1600–1800: performance, perception, and notation*. Bloomington: Indiana University Press.

Idson, W.L. & Massaro, D.W. (1987). A bidimensional model of pitch in the recognition of melodies. In: *Perception & Psychophysics,* 24(6), 551–565.

Johnson, G. J. B. (1987). *A descriptive study of the pitch-reading methods and the amount of time utilized to teach sight-singing by high school choral teachers* *in the north central region of the American Choral Directors Association.* (Master's thesis, University of Nebraska-Lincoln, 1987). Masters Abstract International, 26–01, 0022.

Kam, Wanja & Welvaars, T.H. (1987). *Muziektheorie & Solfège*. Hilversum.

Kleinen, G. (1987). Musikhören ohne Musiktheorie? Die themenzentrierte Interaktion als Impuls zu einer "ehrlicheren" Hörerziehung. In: *Musik und Bildung* 2, 116–118.

Köneke, H.W. (1987). Methodenprobleme und Methodenfreiheit in Jödes Konzeption. In: *Die Jugendmusikbewegung. Impulse und Wirkungen*, hrsg. v. Karl-Heinz Reinfant (S. 212–220). Wolfenbüttel 1987.

Lester, Claire (1987). Suzuki method for violin and piano seen as an aural training method. In: M. Henson (Hg.) *RAMP – Musical Awareness: A Conference on Aural Training – Proceedings* (S. 17–22). Huddersfield Polytechnic.

Mahr, Justus (1987). Hörerziehunganhand des Klavierstücks Nr. IX von Karlheinz Stockhausen. In: *Zeitschrift für Musikpädagogik* 12, 13–16.

McNeil, Mary-M. (1987). *The history, place and development of sol-fa in music education from 1835–1880 with special reference to the work of Sarah Glover and John Curwen.* Diss. [weitere Angaben fehlen].

Müller, Klaus-Benedikt (1987). Musikhören und Improvisation als Ausdruck eines integralen Bewusstseins [Music listening and improvisation as the expression of an integral consciousness]. In: *MUK – Musik und Kommunikation Hamburger Jahrbücher zur Musiktherapie und intermodalen Medientherapie* Band 1.

Nauck-Börner, Ch. (1987). *Wahrnehmung und Gedächtnis*, Berlin.

Naudé, Anna-Catharina (1987). *'n Ondersoek na die geskiktheid van sillabi vir gehoortoetse in gegradeerde musiekeksamens* [An evaluation of the suitability of syllabi for aural tests in graded music exams]. Thesis Universiteit van Stellenbosch.

Obermayerdt, Klaus (Hg.) (1987). *Hören, Horchen, Verstehen: Dokumentation über die Deutsch-Österreichisch-Schweizerische Studientagung (D-A-CH-Tagung).* [Hearing, listening, understanding: Documentation on the Deutsch-Österreichisch-Schweizerische Studientagung (D-A-CH-Tagung)]. Regensburg.

Pembrook, R. G. (1987). The effect of vocalization on melodic memory conservation. In: *Journal of Research in Music Education*, 35, 155–169.

Petsche, Hellmuth (1987). Gehirnvorgänge beim Musikhören und deren Objektivierung durch das EEG. In: *Yearbook of the German Society of Music Psychology* (DGM), Band 4, 28.

Piazza, Giovanni (1987). *Educazione dell'orecchio* [Ear Training]. Universal Music Publishing Casa Ricordi.

Pratt, George (1987). Musical Awareness: Conflict and Reconciliation. In: Henson, Michael (Hg.). *Musical Awareness: A Conference on Aural Training. Proceedings* (S. 3–13). Huddersfield: Huddersfield Polytechnic.

Rakowski, A. & Morawska-Büngeler, M. (1987). In search for the criteria of absolute pitch. In: *Archives of Acoustics,* 12, 75–87.

Rötter, Günther (1987). *Die Beeinflußbarkeit emotionalen Erlebens von Musik durch analytisches Hören.* Frankfurt am Main.

Ryk, Janina (1987). Duration of tones required for satisfactory precision of pitch matching. In: *Bulletin of the Council for Research in Music Education* 91, Eleventh International Seminar on Research in Music Education (Spring), 38–44.

Sloboda, John (1987). What can the psychology of music tell musicians? In: M. Henson (Ed.), *RAMP musical awareness: A conference on aural training* (April 22-24, S. 23–35).

Smith, Timothy-Alan (1987). Solmization: A tonic for healthy musicianship. In: *Choral Journal*, 28(1), 16f.

Steblin, Rita (1987). Towards a history of absolute pitch recognition. In: *College Music Symposium* 27, 141–153.

Ward-Steinman, David (1987). Comprehensive musicianship at San Diego State University. In: *Journal of Music Theory Pedagogy* 1 (2), 127–148.

Wishart, Trevor (1987). Aural sensitivity and the studio experience. In: Henson, Michael (Hg.). *Musical Awareness: A Conference on Aural Training. Proceedings*. Huddersfield: Huddersfield Polytechnic, 67–72.

Zager, Daniel (1987). From the singer's point of view: A case study in hexachordal solmization as a guide to musica recta and musica ficta in fifteenth-century vocal music. In: *Current Musicology* [www.current.musicology.43.zager.7-21.pdf].

1988

Albrecht, Beate (1988). *Silbenfibel für Blockflöte*: *von den Handzeichen zur gewohnten Notation.* Kassel.

Artamonowa, E.N. (1988). *Sofeggio, Posobie po raswitijn garmonitscheskogo slycha. Utschebnik dlja musikalych utschilistsch* [Lehrbuch für die Entwicklung des harmonischen Hörens]. Moskau.

Bamberger, S.J. (1988). *The Art of Listening*. New York.

Barrio, Adelino (1988). *La modulación en el solfeo* [Modulation in solfege]. Madrid, Editorial: Musicino.

Bartel, Lee-Ro (1988). *A study of the cognitive-affective response to music*. Thesis University of Toronto.

Behne, K.-E. (1988). Musikalisches Lernen. In: *Üben und Musizieren*, 1, 88.

Bever, Thomas (1988). A cognitive theory of emotion and aesthetics in music. In: *Psychomusicology: Music, Mind, and Brain*,7(2), 165–175.

Blombach, Ann-K. & Parrish, Regena T. (1988). Acquiring aural interval identification skills: Random vs. ordered grouping. In: *Journal of Music Theory Pedagogy* 2(1), 113–131.

Boynton, R.M. (1988). Color Vision. In: *Annual Review of Psychology*, 39, 69–100.

Bruhn, H. (1988). *Harmonielehre als Grammatik der Musik*. München.

Choksy, L. (1988). *The Kodály Method*, 2. Aufl. Eglewood Cliffs, NJ.

Cohen, J. (1988). *Statistical power analysis for the behavioral sciences*. New York and London: Taylor & Francis.

D'Amante, S. (1988). *All about Chords, A Comprehensive Approach to Understanding Contemporary Structurs and Progressions through Solid Drills in Suggested Study Questions, Keyboard Drills, and Ear-Training Exercises*. Encore Music Publishing Company.

D'Amato, M.R. (1988). A search for tonal pattern perception in cebus monkeys: Why monkeys can't hum a tune. In: *Music Perception*, 5, 453–480.

Davidson, L., Scripp, L. & Welsh, P. (1988). "Happy Birthday": Evidence for conflicts of perceptual knowledge and conceptual understanding. In: The *Journal of Aesthetic Education*, 22(1), 65–74.

Davidson, Lyle; Scripp, Larry & Meyaard, Joan (1988). Sightsinging at New England Conservatory of Music. In: *Journal of Music Theory Pedagogy* 2(1), 1–30.

Domeque, M., Lagarriga & Segalés, E. (1988). *Audición musical*. Barcelona: Teide.

Donchin, E. & Coles, M.G.H. (1988). Is the P300 component a manifestation of context updating? In: *Behavioral and Brain Sciences*, 11, 355–428.

Dugert, M. O. & Laurent, T. (1988). *Audición y descubrimiento de los instrumentos.* (Incluye 3 CDs). Courlay-Francia: Fuzeau.

Eggebrecht, H.-H. (1988). Musik hören - Musik verstehen. In: *Das Musikalische Kunstwerk, Festschrift Carl Dahlhaus* (S.11–16). Laaber: Laaber Verlag

Foltz, Roger-E. & Wittlich, Gary (1988). Report on the First Institute for Music Theory Pedagogy Studies. In: *Journal of Music Theory Pedagogy* 3 (2), 317–320.

Francès, R. (1988). *La perception de la musique* [The perception of music] (translated by W. Jay Dowling). Hillsdale, N.J.: Erlbaum.

Fricke, Jobst (1988). Klangbreite und Tonempfindung. Bedingungen kategorialer Wahrnehmung aufgrund experimenteller Untersuchung der Intonation. In: *Yearbook of the German Society of Music Psychology* (DGM), Band 5, 67–87.

Gamble, Denise-Kath (1988). *A study of the effects of two types of tonal pattern instruction on the audiational and performance skills of first-year clarinet students*. Dissertation Abstracts International 50(4), 893A-894A.

Gill, Michael-James (1988). *Zyklus: A performer's analysis; A video taped timpani method utilizing computer assisted instruction for Ear Training*. Diss. The University of Southern Mississipi.

Halpern, A. R. (1988). Perceived And Imagined Tempos Of Familiar Songs. In: *Music Perception* 6 (2), 193–202.

Halpern, A. R. (1988). Mental Scanning ln Auditory Imagery For Songs. In: *Journal of Experimental Psychology: Learning, Memory, and Cognition*, 14(3), 434–443.

Hennion, Antoine (1988). Qu'entends-tu? Ethnographie d'une classe de solfège. [What do you hear? Ethnography of a solfege class]. In: *Vibrations. Musiques, médias, société*, 6, 29–55.

Henson, Michael (Hg.) (1988). *Musical awareness: A conference on aural training*; Huddersfield.

Hulse, S.H. & Page, S.C. (1988). Toward a comparative psychology of music perception. In: *Music Perception*, 5(4), 427–452.

Jaques-Dalcroze, Émile (1988). *Le rythme, la musique et l'èducation*, Lausanne.

Kaida, Y. Hakoda, Yuji (1988). Prototype and exemplar information in the memory of melodies: Selective effects of repetition. In: *Japanese Psychological Review*, Special Issue: Problems of perception in memory, 31(3), 323–336.

Kamien, R. & Kamien, A. (1988). *Music: an appreciation.* McGraw-Hill NewYork, NY.

Katinienė, A. (1988). *Muzikinis pirmaklasių ugdymas*. Kaunas.

Katz, Ruth & HaCohen, Ruth (1988). Ut musica poesis: The crystallization of a conception concerning cognitive processes and well-made-worlds. In: H. Danuser et al. (Hs.), *Das musikalische Kunstwerk*. Berlin: Laaber.

Killam, Rosemar (1988). Solmization with the Guidonian hand: A historical introduction to modal counterpoint. In: *Journal of Music Theory Pedagogy* 2(2), 251–274.

Krones, Hartmut (1988). Ein organisch-ganzheitlicher Weg zur zeitgenössischen Musik: Robert Schollums Singblätter zur Musikerziehung. [An organic-holistic path to contemporary music: Robert Schollum's Singblätter zur Musikerziehung]. In: *Österreichische Musikzeitschrift* 43, 540–549.

Larson, Steve (1988). The Value of Cognitive Models in Evaluating Solfege Systems. In: *Indiana Theory Review* 14 (2), 73–116.

Lescat, Philippe (1988). De la main harmonique au solfège:l'apprentissage de la lecture chantée du XVIIe au XVIIIe siècle [From the Guidonian hand to solfege: Apprenticeship in sight singing from the 17th to the 18th century]. In: *Vibrations. Musiques, médias, société* 6, 145–168.

Levin, D.R. (1988). *Sight singing & Ear Training through literature*. Englewood Cliffs.

Loopuyt, Marc (1988). L'enseignement de la musique arabo-andalouse a Fes [The teaching of Arabo-Andalusian music at Fez]. In: *Cahiers d'ethnomusicologie*, 1, 39–45.

Luban-Plozza, Boris, Delli Ponti, Mario & Dickhaut, Hans H. (1988). *Musik und Psyche – Hören mit der Seele*. Berlin.

Mamy, Sylvie (1988). L'importation des solfèges italiens en France à la fin du XVIIIe. In: *L'opera tra Venezia e Parigi*, M.T. Muraro (Hg.), Florence, L.S. Olschki, 1988, 67–89. [The importation of Italian solfege into France at the end of the 18th century].

Marton, A. (1988). *Das Rhythmus-Konzept*. Zürich.

Meier, Berthold (1988). *Literatur und Studienmaterialien zur Jazzimprovisation: Eine annotierte Bibliographie zu den theoretischen und technischen Grundlagen der Jazzimprovisation einschliesslich ihren pädagogischen sowie stilistischen Aspekten.* [Literature and study materials of jazz improvisation: An annotated bibliography of the theoretical and technical bases of jazz improvisation, including its pedagogical and stylistic aspects]. Karlsruhe.

Miyazaki, K. (1988). Musical pitch identification by absolute pitch possessors. In: *Perception & Psychophysics,* 44(6), 501–512.

Nauck-Börner, C. (1988). Strukturen des musikalischen Gedächtnisses. Anmerkungen zu formalen Modellen der Repräsentation. In: K.E. Behne, G. Kleinen & H. de la Motte-Haber (Hg.), *Musikpsychologie: Empirische Forschungen, ästhetische Experimente* (Bd. 5, 55–66). Wilhelmshaven: Noetzel.

Osborne, Anne-Marion (1988). *The interaction of field dependence, independence, instructional methodology, and achievement in harmonic dictation skills.* Dissertation Abstracts International 49(10), 2959-A.

Oura, Y. & Hatano, G. (1988). Memory for melodies among participants differing in age and experience in music. In: *Psychology of Music*, 16(2), 91–109.

Petrat, Nicolai (1988). Musikhören als Anti-Fiktion [Music listening as anti-fiction]. In: *Zeitschrift für Musikpädagogik* 47, 13–18.

Peyrègne , André & Van-den-Bogaerde, Fernand (1988). Vers une pédagogie de la Formation musicale sans solfége [Towards a pedagogy of musical training without solfege]. In: *Marsyas – Revue de pédagogie musicale et choréographique*, 7, 45–49.

Profita, J. & Bidder, T. G. (1988). Perfect pitch, In: *American Journal of Medical Genetics,* 29 (4), 763–771.

Rahn, J. & McKay, J.R. (1988). The Guide-tone Method. An Approach to Harmonic Dictation. In: *Journal of Music Theory Pedagogy* 2, 101–112.

Risset, J.C. (1988). Perception, environnement, musiques. In: *Harmoniques* n° 3, mars 1988: Musique et Perception, Paris.

Schafer, R.M. (1988). *Klang und Krach – Eine Kulturgeschichte des Hörens*. Frankfurt a.M.

Serafine, Mary Louise (1988). *Music as Cognition: The Development of Thought in Sound.* New York, NY: Columbia University Press. Sibelius Academy: Guide 98/99 for Foreign Students.

Sloboda, John A. (Hg.) (1988). *Generative Process in Music The Psychology of Performance, Improvisation and Composition.* Oxford.

Sloboda, John-A. & Collart, Marie-Isabelle (1988). L'*esprit musicien: La psychologie cognitive de la musique* [The musical mind: The Cognitive Psychology of music]. Editions Mardaga.

Stoffer, Thomas-H. & Vogelhuber, R. (1988). Experimentelle Untersuchungen zum Erwerb eines impliziten musikalisch-syntaktischen Wissens [Experimental explorations of the acquisition of tacit musical-syntactic knowledge]. In: K.-E. Behne, G. Kleinen & H. de la Motte-Haber (Hg.), *Musikpsychologie. Jahrbuch der Deutschen Gesellschaft für Musikpsychologie*. Band 5: Empirische Forschungen - Ästhetische Experimente. Wilhelmshaven: Noetzel.

Venter, Chris (1988). Toetsing en Remediëring van 'n Swak Toonhoogtesin in sommige Musiekstudente [Testing and remediating a weak sense of pitch in some music students]. In: *South African music studies: SAMUS*; Matieland Bd. 8, (Jan.), 53.

Vera-Tejeiro, Ana (1988). Naturaleza de la aptitud musical [Naturalness of musical aptitude]. In: *Revista de Musicología,* 11(1), 171–204.

Wagner, Robert (1988). Persönliche Gestimmtheit und Musikhören. (=Studien zur Psychologie und Therapie in der Musikpädagogik Bd. 3). [Mood and music listening]. Frankfurt a. M.

Webster, P.R. (1988). New perspectives on music aptitude and achievment. In: *Psychomusicology: Music, Mind, and Brain,* 7(2), 177–194.

Welch, G.F. (1988). Observations on the incidence of absolute pitch ability in the early blind. In: *Psychology of Music*, 16, 77–80.

Wilder, Michael-David (1988). *An investigation of the relationship between melodic ear-to-hand coordination and written and aural theory skills within an undergraduate music theory context.*Thesis, University of Michigan https://deepblue.lib.umich.edu/handle/2027.42/128294

Willemze, T. (1988). *Prisma algemene muziekleer: tevens inleiding in de solfège*, 2e dr, Het Spectrum.

Yost, W.A. & Nielsen, D.W. (1988). *Fundamentals of Hearing*. New York: Holt, Rinehart and Winston.

1989

Aebersold, J. (1989). J*amey Aebersold's Jazz Ear Training*. Book & 2 CDs. New Albany.

Anderson, J. R. (1989). *Kognitive Psychologie*. Heidelberg: Spektrum der Wissenschaft.

Artigues, M., Barjau, I. & Bonal, M. D. (1989). *Audiciones. Aprender a escuchar la música*. Barcelona: Teide.

Auhagen, W. (1989). Ein Beitrag zur Musikalischen Grammatik: Tonalitätswahrnehmung in Melodien. In: Fricke, J. (Hg.), *Die Sprache der Musik*.

Benward, Bruce (1989). *Advanced sightsinging and ear training: Strategies and applications*. Dubuque, IA: Wm. C. Brown Company Publishers.

Benward, Bruce (1989). *Basic sightsinging and ear training*. Dubuque, IA: Wm. C. Brown Publishers.

Botte, M.-C., Canévet, G., Demany, L. & Sorin, C. (1989). *Psychoacoustique et perception auditive.* Paris: Editions INSERM, E.M.I., S.F.A..

Brix, R. (1989). Neuropsychologische Grundlagen der Rhythmuswahrnehmung. In: *Das Instrumentalspiel, Bericht vom Internationalen Symposion Wien, 12.–14. April 1988* (S. 251–262).Wien, München.

Campbell, Patricia-Shehan (1989). Dalcroze reconstruced: An application of Music Learning Theory to the principles of Jaques-Dalcroze. In: Darrel Lee Walters, Cynthia Crump Taggart, *Readings in Music Learning Theory*, G.I.A. Publications, 301.

Cook, Nicholas (1989). *Musical Analysis and the Listener*. New York, NY: Garland.

Deliège, Irène & El Ahmadi, A. (1989). Mécanismes d'extraction d'indices dans le groupement. Une étude de perception sur la Sequenza VI pour alto solo de Luciano Berio. In: *Actes du symposium « Composition et Perception musicales »*. Université de Genève, Contrechamp 10, 85–104. (Co-auteur).

Deliège, Irène & McAdams, Stephen (1989). Perceptive approach of contemporary musical forms. In: *Contemporary Music Review*, 4, 213–230.

Deliège, Irène (1989). Approche perceptive d'oeuvres musicales contemporaines. In: Irène Deliège & Stephen McAdams, *La Musique et les Sciences cognitives,* Bruxelles, Pierre Mardaga, coll. Psychologie et Sciences humaines, 305–326.

Dmitrieva, Ljudmila & Cernoivanenko, Natalya Mikhailovna (1989). *Методика музыкального воспитания в школе. Учебник для педагогических училищ по специальности* [Music pedagogy methodology in schools, Topic: Children of primary school age – Music education – Textbooks and teaching aids for secondary vocational education]. Moskau.

Dooling, R. J. & Hulse, S. H. (1989). *The comparative psychology of audition: Perceiving complex sounds*. Hillsdale, N.J.: L. Erlbaum Assoc.

Dunlap, M,P. (1989). *The effects of singing and solmization training on the musical achievement of beginning fifth-grade instrumental students*. ProQuest Dissertations and Theses.

Estrada, Luis A. (1989). *Educación Musical Básica* Vol: II, Nociones de teoria y notación musicales, contrapunto y armonía. México, D. F.: UNAM u. a.1.

Estrada, Luis A. (1989). *Educación Musical Básica*, Vol. 1, Entrenainiento Auditivo. México, D. F.: UNAM u. a.].

Fassbender, Ch. & Frommer, G. (1989). Ohr-Asymmetrie in der Wahrnehmung dichotisch dargebotener Melodien als Funktion von musikalischer Begabung und musikalischer Erfahrung. In: *Yearbook of the German Society of Music Psychology* (DGM), Band 6, 87–104.

Garfias, Robert (1989). Thoughts on the processes of language and music acquisition. In: *Music and Child Development: Proceedings of the 1987 Biology of Music Making Conference*. F. Wilson and R. Roehmann (Hg.). St. Louis: MMB Music Inc.

Gordon, Edwin E. (1989*). Manual for the Adoanced Measures of Music Audiation*. Chicago: GIA Publications.

Gordon, Edwin-E. (1989). *Tonal syllables, A comparison of purposes and systems, Readings in Music Learning Theory*, Chicago.

Gruhn, W. (1989). Hören – Wahrnehmen – Verstehen, Weisen des Hörens-Ebenen des Verstehens. In: *Musik und Bildung* 3, 89, 132–138.

Gruhn, W. (1989). *Wahrnehmen und Verstehen*. Wilhelmshaven.

Gruhn, W. (Hg.) (1989). *Das Projekt Moderne und die Postmoderne*. Regensburg.

Halpern, A.R. (1989). Memory for the absolute pitch of familiar songs. In: *Memory & Cognition*, 17(5), 572–581.

Handel, Stephen (1989). *Listening: An introduction to the perception of auditory events*. MIT Press, Cambridge, MA [vgl. Ed. 1991, 1993].

Hawkes, B. (1989). *The selected writing of Z. Kodaly*. London.

Hespos, S. (1989). The characteristics of pitch, timbre and loudness in auditory imagery. Unpublished bachelor's thesis, Reed College, Portland, OR. Hess, E.H. (1965). Attitude and pupil size. In: *Scientific American*, 4, 46–54.

Horacek, Leo & Lefkoff, Gerald (1989). *Programmed ear training: Vol. I-Intervals, melody, and rhythm; Vol. II- Chords*. 2nd edition. New York: Harcourt Bruce Jovanovich, Inc.

Houlahan, Micheal-Brendan (1989). *A methodology for teaching Ear Training, sight singing and harmony at the college level based on the concept of Zoltan Kodaly*. Doctoral dissertation, Catholic University of America.

Hughes, David-W. (1989). The historical uses of nonsense: Vowel-pitch solfege from Scotland to Japan. In: Margot Lieth Philipp (Hg.), *Ethnomusicology and the historical dimension* (S. 3–18). Ludwigsburg: Philipp Verlag,

Kauffman, W. H. & Carlsen, l. C. (1989). memory for intact music works: The importance of music expertise and retention interval. In: *Psychomusicology: Music, Mind, and Brain,* 8(1), 3–20.

Kop, P.F.M. & Croonen, W.L.M. (1989). Tonality, tonal scheme, and contour in a delayed recognition of tone sequences. In: *Music Perception* 7(1), 49–67.

Kral, W. & Zopf, I. (1989). *Gehörbildung* I. Wien.

Lerdahl, F. (1989). Atonal prolongational structure. In: *Contemporary Music Review*, 4, 65–87.

Lester, J. (1989). *Analytic Approaches To Twentieth-Century Music*. New York, London.

Marcinkevičius, Z. (1989). *Muzikos mokymas II klasėje*. Kaunas.

Mazurowicz, U. (1989). Hören im Musikunterricht. In: *Das Musikinstrument* 12, 14–17.

McAdams, S. (1989). Psychological constraints on form-bearing dimensions in music. In: *Contemporary Music Review*, 4, 181–198.

Miller, L. K. (1989). *Musical Savants: Exceptional Skill in the Mentally Retarded.* Hillsdale, NJ: Erlbaum Associates.

Miyazaki, K. (1989). Absolute pitch identification: Effects of timbre and pitch region. In: *Music Perception*, 7, 1–14.

Moody, C.B. & Stebbins, W.C. (1989). Salience of frequency modulation in primate communication. In: R.J. Dooling & S.H. Hulse (Hg.), *The comparative psychology of audition: Perceiving complex sounds* (S. 353–376). Hillsdale, NJ: Erlbaum Associates.

Murphy, Barbara-Ann (1989). *The effects of task order and function pattern on learning harmonic dictation.* Thesis Ohio State University, Graduate School.

Page, S.C., Hulse, S.H. & Cynx, J. (1989). Relative pitch perception in the European starling (Sturnus vulgaris), Further evidence for an elusive phenomenon. In: *Journal of Experimental Psychology: Animal Behavior Processes,* 15, 137–146.

Priest, Philip-P. (1989). *Playing by ear: Its nature and application to instrumental learning*, Unpublished M. Phil, thesis, University of London Institute of Education.

Rolin, B., Dugert, M. O. & Laurent, T. (1989). *Las formas musicales* (Incluye 3 CDs). Courlay-Francia: Fuzeau.

Rush, Mark-Alan (1989). *An experimental investigation of the effectiveness of training on absolute pitch in adult musicians.* Thesis Ohio State University, Music.

Salamé, P. & Baddeley, A.D. (1989). Effects of background music on phonological short-term memory. In: *The Quarterly Journal of Experimental Psychology,* 41A, 107–122.

Schaper, Heinz-Christian (1989). *Gehörbildung compact.* Mainz [u.a.]: Schott.

Schmoll, M. (1989). *Arbeitshilfen zur Musiktheorie: Rhythmus-Hören*. Iserlohn: Musikverl. Antenne.

Schönhammer, R. (1989). Mit Kopfhörern durch den Alltag - Zur Erkundung einer Hörwelt. In: *Yearbook of the German Society of Music Psychology* (DGM), Band 6, 35–43.

Schwarting, H. (1989).Vom absoluten zum relativen Gehör. In: *Üben und Musizieren* 2, 68–71.

Serafine, M. L., Glassman, N. & Overbeek, C. (1989). The cognitive reality of hierarchic structure in music. In: *Music Perception*, 6, 397–430.

Touliatos-Banker, Diane (1989). Nonsense syllables in the music of ancient Greek and Byzantine traditions. In: *The Journal of Musicology* 7(2), 231–243.

Walters, D. L. & Taggart, C. C. (Hg.) (1989). Audiation: The Term and the Process. In: *Readings in Music Learning Theory*, Chicago.

Walters, D. L. & Taggart, C. C. (Hg.) (1989). *Readings in Music Learning Theory.* Chicago: G.I.A. Publications.

Welch, Graham, Howard, David M. & Rush, Christine (1989). Real-Time Visual Feedback in the Development of Vocal Pitch Accuracy in Singing. In: *Psychology of Music*, 17(2), 146-157.

Winter, Richard (1989). *Learning from Experience: Principles and Practice in Action-Research.* London: Falmer.

Zatorre, Robert & Beckett, Christine (1989). Multiple coding strategies in the retention of musical tones by possessors of absolute pitch. In: *Memory & Cognition* 17(5), 582–589.

Zatorre, Robert (1989). Intact absolute pitch ability after left temporal lobectomy. In: *Cortex*, 25(4), 567–580.

1990

Abele, Tamino (1990). *Die Entwicklung des begrifflichen Verständnisses von Musik bei Kindern und Jugendlichen* [The development of conceptual comprehension of music during childhood and adolescence]. Frankfurt a.M.: R. G. Fischer.

Addo, Akosua-Obuo (1990). *A survey of music teaching strategies in Ghanaian elementary schools as a basis for curriculum development*. University of British Columbia.

Arnold, Ekkehard (1990). Nicht nur für das Ohr... Gehörbildungsprogramme für die Schule. In: *Musik und Bildung* 12, 700–704.

Barrett, Margare (1990). Graphic Notation in Music Education. In: Dobbs, Jack P.B. (Hg.). *Music Education: Facing the Future. Proceedings of the 19th World Conference of the International Society for Music Education*, Helsinki, Finland. Christchurch: ISME.

Behne, K.-E. (1990). *Hörertypologien. Zur Psychologie des jugendlichen Musikgeschmacks*. Regensburg: Bosse.

Berrios, G. E. (1990). Musical haliucinations. A historical and clinical study. In: *The British Joumal of Psychiatry*, I-56 (2), 188–94.

Bielawski, Ludwik (1990). Musikalische Kommunikation in Zeitkategorien Musical communication in temporal categories. In: *Musicologica slovaca. Rhythmik und Metrik*. Hrsg. Oskar Elschek (S. 18). Bratislava.

Bigand, E. (1990). *Perception et compréhension des phrases musicales*. Ph.D. thesis, Université de Nanterre (Paris).

Bigand, E. (1990). Abstraction of two forms of underlying structures in a tonal melody. In: *Psychology of Music*, 18, 45–60.

Birkengof, Anna (1990). *Intoniruemye uprazhneniia͡ na zania͡tiia͡kh sol'fedzhio*. Muzyka.

Bonny, L. & Savary, L. M. (1990). *Music & Your Mind: Listening with a New Consciousness*. Barrytown, NY: Station Hill.

Boyle, J. David & Keitha V. Lucas (1990). The effect of context on sight singing. In: *Bulletin of the Council for Research in Music Education* 106 (Fall), 1-9.

Braaten, R.F., Hulse, S.H. & Page, S.C. (1990). Discrimination and classification of rising and nonrising pitch patterns by the European starling (sturnus vulgaris). In: *Animal Learning and Behavior,* 18, 352–364.

Breuer, W. (1990). *Gehörbildung*, Für Unterricht und Selbststudium mit 2 Kassetten. Köln.

Co, Elena Nikolaevna / Чо, Елена Николаевна (1990). *Музыкально-слуховая деятельность и развитие учащегося в курсе сольфеджио Диссертации по гуманитарным наукам*, [listening activity and the student's development in solfege courses]. Kiew. http://cheloveknauka.com/muzykalno-sluhovaya-deyatelnost-i-razvitie-uchaschegosya-v-kurse-solfedzhio#ixzz6ifQ94l1q

Connell, B. & Ladd, D. R. (1990). Aspects of pitch realization in Yoruba. In: *Phonology,* 7, 1–29.

Cook, Nicholas (1990). *Music, Imagination, and Culture*. Oxford: Clarendon Press.

Cornellier-Sanschagrin, Judith (1990). *La formation auditive des enfants de 7 à 12: élaboration d'un programme sur micro-ordinateur pour l'identification des intervalles*. [The Ear Training of children between 7 and 12 years of age: A microcomputer program for identifying intervals]. Université Laval.

Cross, Lucy-Elton (1990). *Chromatic alteration and extrahexachordal intervals in fourteenth-century polyphonic repertoires*. Columbia University.

Crowder, R.G., Serafine, M.L. & Repp, B. (1990). Physical interaction and association by contiguity in memory for the words and melodies of songs. In: *Memory & Cognition*, 18, 469–476.

Danuser, Hermann & Krummacher, Friedhelm (1990). *Rezeptionsästhetik und Rezeptionsgeschichte in der Musikwissenschaft*. Hannover.

Deliège, Irène & El Ahmadi, A. (1990). Mechanisms of cue extraction in musical groupings. A study of perception on Berio's Sequenza VI for viola solo. In: *Psychology of Music*, 18, 1, 18–44. London.

De-Natale, Marco (1990). Appunti per una analisi delle strutture ritmiche Remarks on an analysis of rhythmic structures. [Remarks on an Analysis *of* Rhythmic Structures] In: *Analitica. Rivista online di Studi Musicali* 2, 8 – 15.

Denski, S. W. (1990). *An examination of popular music preferences and functions by the contemporary popular music audiences*. Doctoral dissertation, Ohio University.

Deutsch, D., North, T. & Ray, L. (1990). The tritone paradox: Correlate with the listener's vocal range for speech. In: *Music Perception*, 7, 371–384.

Dietel, Gerhard (1990). Vergeht uns über dem Sehen das Hören? In: *Das Orchester*, 356–361.

Dumaurier, E. (1990). *La perception dans le domaine sonore*. Issy-les-Moulineaux: Éd. EAP.

Eberlein, R. (1990). *Theorien und Experimente zur Wahrnehmung musikalischer Klänge*. Frankfurt am Main [u.a.]: Lang.

Friedmann, Michael L. (1990). *Eartraining for Twentieth-Century Music*. New Haven.

Gjerdingen, R.O. (1990). Categorization of musical patterns by self-organizing neoronlike networks. In: *Music Perception*, 7, 339–370.

Goodwin, M.A. (1990). *The effectiveness of pitch master compared to traditional classroom methods in teaching sightsinging to college music students.* University of South Florida.

Gordon, Edwin E. (1990). *A music learning theory for newborn and young children.* Chicago,IL: GIA.

Gordon, Edwin E. (1990). *Predictive validity study of the AMMA: A one-year longitudinal predictive validity study of the Advanced Measures of Music Audiation.* Chicago: G. I. A. Publications.

Halpern, A.R. (1990). Memory for the absolute pitch of familiar songs. In: *Memory & Cognition,* 17 (5), 572–581.

Harrison, C. S. (1990). Predicting music theory grades: The relative efficiency of academic ability, music experience, and musical aptitude. In: *Journal of Research in Music Education* 38(2), 124–137.

Haselbach, Barbara; Nykrin, Rudolf & Regner, Hermann (Hg.) (1990). *Musik und Tanz für Kinder - Musikalische Grundausbildung.* Mainz.

Hempel, Chr. (1990). *Der Einsatz des Computers in der Gehörbildung, Trainingsprogramme "Audimax".* Berlin.

Houlahan, M. B. (1990). *Sound thinking, music for sight-singing training.* New York.

Houlahan, M. B. & Tacka, Ph. (1990). Sound Thinking: A Suggested Sequence for Teaching Musical Elements for a College Music Theory Course. In: *Journal of Music Theory Pedagogy* 4(1), 85–109.

Hulse, S.H., Page, S.C. & Braaten, R.F. (1990). An integrative approach to auditory perception by songbirds. In: M. Berkley & W.C. Stebbins (Hg.), *Comparative perception.* New York: Wiley.

Johnson, Timothy-A. (1990). Solmization in English treatises around the turn of the seventeenth century: A break from modal theory. In: *Music Theory, History, and Composition Department Publications* 9(5), 42–60.

Jollet, Jean-Clément (1990-1995). *Dictées musicales* Vol.1-4 + CD (coll. Formation musicale, Solfége), Paris: Billaudot.

Karpinski, G. S. (1990). A model for music perception and its implications in melodic dictation. In: *Journal of Music Theory Pedagogy*, 4(2), 191–229.

Krumhansl, C. (1990). *Cognitive Foundations of Musical Pitch.* Oxford (Oxford University Press).

London, Justin-M. (1990). One step up: A lesson from pop music. In: *Journal of Music Theory Pedagogy* 4 (1), 111–14.

Miyazaki, K. (1990). The speed of musical pitch identification by absolute-pitch possessors. In: *Music Perception,* 8 (2), 177–188.

Moody, C.B. & Stebbins, W.C. (1990). Auditory perception of communication signals by Japanese monkeys. In: W.C. Stebbins & M.A. Berkley (Hg.), *Comparative perception* (Bd. 2, 311–343). New York: Wiley.

Mudd, S., Conway, C.G. & Schindler, D.E. (1990). The eye as music critic: Pupil response and verbal preferences. In: *Studia Psychologica*, 32, 23–30.

Munn, V. C. (1990). *A sequence of materials for developing sight-singing skills in high school choirs.* (Doctoral dissertation, The University of Oklahoma). Dissertation Abstracts International, 51–11, A3662.

Murry, T. (1990). Pitch matching accuracy in singers and non-singers. In: *Journal of Voice*, 4, 317–321.

Oliveros, P. (1990). *Deep Listening Pieces.* Kingston, NY: Deep Listening Publications.

Perkins, Leeman-L. (1990). Ockeghem's „Prenez sur moi“: Reflections on canons, Catholica, and solmization. In: *Musica Disciplina* 44, 119–183.

Perry, W. (1990). *Ear and hemisphere differences for melody recall* [microform]. Berkeley, Alamada, Calif.

Ploeger, R. (1990). *Studien zur systematischen Musiktheorie*. Lilienthal.

Potter, G. (1990). Identifying successful dictation strategies. In: *Journal of Music Theory Pedagogy*, 4(1), 63–71.

Pratt, Georg, Henson, M. & Cargill, S. (1990). *Aural Awareness: Principles and Practice* [weitere Ausgabe 1998].

Repp, B. (1990). Further perceptual evaluations of pulse microstructure in computerperformances of classical piano music. In: *Music Perception* 8, 1–34.

Riggins, Herbert-Lee & Pembrook, R.G. (1990). "Send help!": Aural skills instruction in U.S. colleges and universities. In: *Journal of Music Theory Pedagogy*, 4(2), 231–240.

Rodrigue, Nicole (1990). La problématique entourant l'application pédagogique de l'ordinateur en musique: recension d'écrits 1965-1988 [Using the computer in music education: A review of texts, 1968–1988]. In: *Revue Recherche en éducation musicale.*

Scheer-Montag, Johanna (1990). *Musikalische Früherziehung aus der Kinderperspektive*. Langenberg: Selbstverlag.

Schenker, H. (1990). Das Hören in der Musik. In: H. Federhofer (Hg.), *Heinrich Schenker als Essayist und Kritiker* (S. 96–103). Hildesheim: Olms.

Seifert, Uwe (1990). *Systematische Musiktheorie und Kognitionswissenschaft: Zur Grundlegung der kognitiven Musikwissenschaft* [Systematic music theory and cognitive science: Towards the establishment of a cognitive science of music]. Bonn: Verlag für Systematische Musikwissenschaft, 1993.

Shearer, Aaron (1990). *Learning the Classical Guitar, Part 2: Reading and Memorizing Music.* Pacific, MO: Mel Bay.

Složil, Alois (1990). *Guido z Arezza a jeho milénium I-III* [Guido of Arezzo and his millennium]. In: *Opus musicum* 22(3), 17–29; 22(6) 21–32; 22(10), 17–20.

Squire, L.R. & Frambach, M. (1990). Cognitive skill learning in amnesia. In: *Psychobiology,* 18(1), 109–117.

Stoffer, Thomas-H. (1990). Musik als Sprache: Eine nicht unumstrittene Analogie und ihr heuristischer Nutzen fur die kognitive Musikpsychologie [Music as speech: A not uncontroversial analogy and its heuristic use for cognitive music psychology]. In: *Sprache & Kognition* 9, 59–71.

Tacka, Philip & Houlahan, Michaelli (1990). Sound thinking: A suggested sequence for teaching musical elements for a college music theory course. In: *Journal of Music Theory Pedagogy* 4(1), 85–109.

Toplis, Gloria (1990). Playing by ear: A classroom activity. In: *British Journal of Music Education* 7(2), 143–148.

Verband deutscher Musikschulen (1990). *Lehrplan Hörerziehung, Musiklehre und Musiktheorie*. Bonn.

Verbeek, T. (1990). *Solfège aan de basis ; Werkboekje ; 1: Invuloefeningen om hele, halve en kwartnoten in de vierkwartsmaat te leren onderscheiden, en de melodische beweging binnen de terts te leren volgen.* De Toorts.

Vincent, Dennis-Richard (1990). *Ensemble pitch and rhythm error discrimination: The identification and selection of predictors*. Thesis University of British Columbia.
https://open.library.ubc.ca/cIRcle/collections/ubctheses/831/items/1.0093087

Walker, R. (1990). *Musical Bellefs: Psychoacoustic, Mythical, and Educational Perspectives*. New York (Teachers College Press).

Ward, W.D. (1990). *Relative versus absolute pitch and the key of auralized melodies*. Vortrag beim Karajan Symposium. Wien.

Weisman, R.G., Ratcliffe, L., Johnsrude, I.S. & Hurly, T.A. (1990). Absolute and relative pitch production in the song of the black-capped chicadee (Parus atricapillus). In: The *Condor,* 92, 118–124.

White, D.J., Dale, P.S. & Carlsen, J.C. (1990). Discrimination and Categorization of pitch direction by young children. In: *Psychomusicology: Music, Mind, and Brain,* 9, 39–58.

1991

Albaugh, Sally (1991). El solfeo relativo versus el absoluto Relative vs. absolute solfege. In: *Música y educación: Revista trimestral de pedagogía musical*, 4(8), 359–368.

Arom, Simha (1991). Modélisation et modèles dans les musiques de tradition orale. [Modeling and models in orally transmitted music]. In: *Analyse Musicale* 22, 67–78.

Austin, James-Robert (1991). Competitive and non-competitive goal structures: An analysis of motivation and achievement among elementary band students. In: *Psychology of Music* 19(2), 142–158.

Azzara, C. D. (1991). Audiation, Improvisation, and Music Learning Theory. In: *The Quarterly Journal of Music Teaching and Learning* 2(1/2), 106–109.

Baffa, Francesca-Damiana (1991). *I solfeggi di Pasquale Cafaro: Ricognizione delle fonti e contributo alla ricostruzione della didattica vocale settecentesca* [Pasquale Cafaro's solfege exercises: Recognition of the sources and a reconstruction of 18th-century vocal pedagogy]. unpublished Thesis.

Benward, Bruce & Carr, M. A. (1991). *Sight Singing singing complete.* Dubuque, Iowa: W.C. Brown, c1991.

Berendt, J.-E. (1991). *Ich höre - also bin ich: Hör-Übungen und Hör-Gedanken.* München.

Bofill-i-Soliguer, Joan (1991). Cuestiones de notacion consideradas en la ballade „De Fortune“ (n° 23) by Guillaume de Machaut [Notation questions with reference to the ballade „De fortune“ (no. 23) by Guillaume de Machaut] In: *Anuario musical: Revista de musicología del CSIC*, 46, 5–26.

Campbell, Patricia-Shehan (1991). *Lessons from the world: A cross-cultural guide to music teaching and learning*. Schirmer Books.

Carbonell-Gras, Juan-Miguel & Jimeno, Carlos (1991). *Descubre la musica cantando a J.S. Bach: 20 lecciones de solfeo de facil a mediana dificultad*

[Discovering music by singing J.S. Bach: Twenty easy and intermediate lessons in solfege]. Valencia: Rivera editores.

Cargill, Simon & Georg Pratt (1991). Up and running: An update on the RAMP unit's work at Huddersfield Polytechnic. In: *British Journal of Music Education,* 8(1), 21–38.

Daignault, Louis (1991). *Réalisation d'un didacticiel visant à développer, chez les enfants de 6 à 8 ans, la discrimination auditive des directions mélodiques, dans une perspective de préparation à la dictée. musicale.* [The creation of teaching software aimed at developing auditory discrimination of melodic direction in children six to eight years of age, to prepare them for musical dictation]. Université Laval.

Deliège, Irène (1991). Articles: Psychologie de la musique, Tonie, Ton, Timbre, Tonalité, Tempo Paris, Presses Universitaires de France. In: Roland Doron, Parot Ruf, *Dictionaire de Psychologie.* Paris.

Deliège, Irène (1991). Indices et empreintes dans l'écoute de la musique. In: *Actes du 1er Congrès Européen d'Analyse Musicale*, Colmar (France), Analyse Musicale, numéro spécial, 135–139.

Deliège, Irène (1991). La perception de l'opposition Invariant , Variant. Etude expérimentale à partir de l'œuvre de Steve Reich, Four Organs, pour quatre orgues électriques et maracas. In: *Psychologica Belgica*, 31(2), 239–263.

Deutsch, D. (1991). The tritone paradox: An influence of language on music perception. In: *Music Perception*, 8 (4), 335–347.

Elliott, John (1991). *Action Research for Educational Change*. Buckingham: Open University Press.

Evers, Stefan (1991). Was geschieht beim Musikhören im menschlichen Körper? Zur Physiologie des Musikerlebens [What happens in the human body as music is being heard? The physiology of experiencing music]. In: *Musik und Unterricht* (2), 16–18.

Fontijn, Claire-Anne, (1991). Inequality in Quantz's „Solfeggi". In: *Traverso* 3, 1–2.

Grandjany, L. (1991). *Study of the General Nature of Ideational Perception [micr], 500 Dictées*, . Graduées. Paris.

Gruhn, Wilfried (Hg.) (1991). *Wahrnehmen – Lernen – Verstehen*. Regensburg 1 991.

Gruhn, Wilfried (1991). Hören – das Gehörte, das Hörbare und das Unerhörte. In: *Musik und Unterricht* 7, 4–9.

Gruhn, Wilfried (1991). Musiklehrer in den USA – Berufsbild und Ausbildung. In: R.-D. Kraemer Hrsg.), *Musiklehrer. Beruf, Berufsbild, Berufsverlauf, Musikpädagogische Forschung*, Band 12 (S. 138–149). Essen: Die blauc Eule.

Grunenberg, M. (1991). Relative Solmisation. In: *Musik in der Schule*, 4, 246–248.

Günther, U. (1991). Musikhören und Hörerziehung. In: *Musik und Unterricht* 7, 10–12.

Harrington, E. M. (1991). Rock music as a resource in harmonic, melodic and metric dictation. In: *College Music Symposium*, 31, 27–35.

Harrison, Carole-S. (1991). Analyses of relationships between aural skills and background variables: LISREL versus multiple regression. In: *The Quarterly Journal of Music Teaching and Learning*, 2(4), 10–20. (Reprinted with permission in Visions of Research in Music Education, 16(2), Autumn, 2010). Retrieved from http://www-usr.rider.edu/~vrme

Hernández, A. (1991). *Mi primer libro de música. Método intuitivo de audición musical aplicable a las enseñanzas Primaria y Secundaria.* Madrid: Real Musical.

Hoppe, K. M. (1991). *The melodic dictation strategies of musicians, and common pitch and rhythm errors* [microform]. University of Texas at Austin

Houlahan, Micheál & Tacka, Philip (1991). *Sound thinking: Music for sight-singing and ear training*. Vol. 1,2 USA: Boosey & Hawkes.

Houser, Virginia McNair (1991). *Instructional units to develop listening skills in pre-college pianists based on lower intermediate repertoire*. Norman: University of Oklahoma.

Hughes, David-W. (1991). Oral mnemonics in Korean music: Data, interpretation, and a musicological application. In: *Bulletin of the School of Oriental and African Studies,* 54(2), 307–335.

Jankowski, Wojciech (Hg.) (1991). *Zagadnienia metodyki przedmiotów ogólnomuzycznych: materia·ly z seminarium w Radziejowicach* [Methodological problems of music education: Materials from a seminar in Radziejowice]. AM.

Jollet, J.-C. (1985–1991). *Lire Entendre Analyser* Vol. 1–7. Paris.

Jollet, J.-C. (1985–1991). *Lire Entendre Analyser* Vol 1–7, Kommentar. Paris.

Jorgenson, O.H. (1991). *Tuning*. East Lansing, MI: Michigan State University Press.

Kaiser, Hermann-J. (1991). Musiklernen: Musikpädagogische Terminologie als Indikator konzeptioneller Wandlungen [Terminology of music learning and music education as indicators of conceptual shifts]. In: Eckhard Nolte (Hg.), *Zur Terminologie in der Musikpädagogik. Sitzungsbericht der Wissenschaftlichen Sozietät Musikpädagogik*. (S. 92–118). Mainz.

Karni, A. & Sagi, D. (1991). Where practice makes perfect in texture discrimination: Evidence for primary visual cortex plasticity. In: *Proceedings of the National Academy of Science*, 88, 4966–4970.

Katschalkina,? (1991). *Solfeggio, Utschebnoje posobije dlja wusow* [Solfeggio - Lehrbuch für die Hochschule]. Moskau.

Killian, Janice-N. (1991). The relationship between sightsinging accuracy and error detection among junior school singers. In: *Journal of Research in Music Education*, 39(3), 216–224.

Kocina, R. (1991). *Untersuchungen über den Stellenwert des Musikhörens im Musik-Schulbuch der Grundschule seit 1970.* Frankfurt, M. Diss. https://core.ac.uk/download/pdf/159810386.pdf

Krumhansl, C.L. (1991). Memory for musical surface. In: *Memory & Cognition*, 19, 401–411.

Lecourt, Edith (1991). Quelle intelligibilite dans la relation parole, mot-musique? [What kind of intelligibility is there in the relationship between words and music?} In: *Revue de Musicotherapie* 11(3), 5–21.

Lindemann, E., Dechelle, F., Smith, B. & Starkier, M. (1991). The architecture of the IRCAM Musical Workstation. In: *Computer Music Journal*, 15(3), 41–50.

Maier, Franz Michael (1991). *Jacques Handschins "Toncharakter", Zu den Bedingungen seiner Entstehung*. Stuttgart: Steiner. Stuttgart.

Malbran, Silvia, Segalerba, María Guadalupe & Mardones, Marcela (1991). *Señales: estrategias metodológicas para facilitar el aprendizaje auditivo en grupos numerosos.* Ricordi Americana SAEC.

Mathieu, W.A. (1991). *The Listening Book: Discovering Your Own Music.* Boston, MA: Shambala.

Miskiewicz, Andrzej (1991). *Solfeż barwy II: program przedmiotu oraz szczegółowy opis ćwiczeń przeznaczonych dla studentów II roku Wydziału Reżyserii Dźwięku.* [Timbre solfege. II: Subject program and detailed descriptions of exercises designed for the students of the Wydzialu Rezyserii Dzwieku]. AMFC.

Miyazaki, K. (1991). Perception of musical intervals by absolute pitch possessors. In: *Music Perception* 9(4), 413–426.

Musen, G. & Squire, L.R. (1991). Normal acquisition of novel verbal information in amnesia. In: *Journal of Experimental Psychology: Learning, Memory, and Cognition*, 17(6), 1095–1104.

Ottman, R.W. & Dworak, P.E. (1991). *Basic Ear Training Skills*. Upper Saddle River, NJ: Prentice Hall.

Ozeas, N. L. (1991). *The effect of the use of a computer assisted drill program on the aural skill development of students in beginning solfège*. (Doctoral dissertation, University of Pittsburgh). Dissertation Abstracts International, 52–10, A3553.

Pribam, K.H. (1991). *Brain and Perception, Holonomy and Structure in Figural Processing*. Hillsdale, N.Y.

Raskin, L. (1991). Ear Training. In: *Teaching what we do: essays* , by Amherst College FacultyMass.

Richter, Chr. (1991). Erleben und verstehen, was Hören ist - Das eigene Hören und das der andern als Gegenstand des Unterrichts. In: *Musik und Unterricht* 7, 39–46.

Riede, Bernd (1991). Offene Ohren durch gespeicherte Klänge. In: *Neue Musikzeitung* 2, 91, 56.

Rötter, G. (1991). Zeitwahrnehmung beim Lesen von Musik. In: Gruhn, W. (Hg.), *Wahrnehmen – Lernen – Verstehen* (S. 53–62). Regensburg: Bosse.

Schuh, R. (1991). "Audimax", Gehörbildungsprogramm für den Atari STComputer. In: *Musik und Bildung* 5, 91, 51f.

Semal, C. & Demany, L. (1991). Dissociation of pitch from timbre in auditory short-term memory. In: *The Journal of the Acoustical Society of America*, 89, 2404–2410.

Smith, Timothy-Alan (1991). A comparison of Pedagogical Resources in Solmization Systems. In: *Journal of Music Theory Pedagogy* 5 (1), 1–24.

Stratton, Valerie-N. & Zalanowski, Annette H. (1991). The effects of music and cognition on mood. In: *Psychology of Music* 19(2), 121–127.

Straub, Henriette (1991). Guido van Arezzo's opzienbarende zangmethde: „Ut queant laxis“, solmiseren, hexachordleer en mutatieleer Guido of Arezzo's spectacular singing method: „Ut queant laxis“, solmization, hexachord system, and mutation. In: *Muziek & wetenschap - Dutch Journal for Musicology* 1, 64–80.

Sundberg, J., Friberg, *A.* & Frydén, L. (1991). Threshold and preference quantities of rules of music performances. In: *Music Perception* 9, 71–92.

Sundberg, J. (1991). *Musikens Ljudlära Proprius förlag,* [The Science of Musical Sounds]. Academic Press.

Takeuchi, A.H. & Hulse, S.H. (1991). Absolute pitch judgments of black and white-key pitches. In: *Music Perception,* 9, 27–46.

Telesco, Paula (1991). Contextual Ear Training. In: *Journal of Music Theory Pedagogy* 5(2), 179–190.

Tomatis, Alfred (1991). *The conscious ear: my life of transformation through listening [editing and final translation draft by Billie M. Thompson ; first draft translation in English by Stephen Lushington]. Oreille et la vie.* English. Barrytown, N.Y.: Station Hill Press.

Trudel, Diane (1991). Technologie musicale: Opinion de specialistes en musique concernant son utilite dans le systeme scolaire du Quebec [Music technology: Views of music specialists concerning its use in Quebec's educational system]. In: *Revue Recherche en éducation musicale.*

Wallin, N.L. (1991). *Biomusicology: Neurophysiological, Neuropsychological, and Evolutionary Perspectives on the Origins and Purposes of Music*. New York.

Wilczynska, Ewa (1991). *Z prac Miedzyuczelnianej Katedry Ksztalcenia Sluchu: Polskie podreczniki i skrypty do ksztalcenia sluchu wydane w latach 1949–1996* [On the work of the Miedzyuczelniana Katedra Ksztalcenia Sluchu: Polish Ear-Trainingmanuals published in the years 1949–1996].

Wise, R.J., Chollet, F., Hadar, U., Friston, K., Hoffner, E. & Frackowiak, R. (1991). Distribution of cortical neural networks involved in word comprehension and word retrieval. In: *Brain, 114*, 1803–1817.

Zbikowski, L. (1991). *Large-scale rhythm and systems of grouping*. Diss. Yale University (vgl. Zbikowski 1995).

Zender, H. (1991). *Happy New Ears, Das Abenteuer, Musik zu hören*. Freiburg i.B.

1992

Amor-Golberg-de-Bernasconi, Silvia (1992). El laboratorio de sonido al alcance de los niños. In: *Música y educación: Revista trimestral de pedagogía musical*, 5(9), 27–36.

Anderson, Cynthia-R. & Tunks, Thomas W. (1992). The influence of expectancy on harmonic perception. In: *Psychomusicology: Music, Mind, and Brain* , 11(1), 3–14.

Arkadev, M.A. (1992). *Vremennye struktury novoevropeiskoi muzyki: opyt fenomenologicheskogo issledovaniia*. Moskva.

Baddeley, Alan (1992). Working Memory. In: *Science*, New Series 255 (5044), 556–559.

Barkowsky, J. (1992). Empirische Studie zum Vergleich von Absolut- und Relativhörern. In: K.E. Behne, G. Kleinen & H. de la Motte-Haber (Hg.), *Musikpsychologie: Empirische Forschungen, ästhetische Experimente* (Bd. 9, 65–81). Wilhelmshaven: Noetzel.

Baumann, M.P., Simon, A. & Wegner, U. (1992). On the history of ethnomusicology -- On sources, documentation, and evaluation -- Musical perception and cognition -- Studies on European music. In*: Studies on Asian music. Subject Ethnomusicology -- Congresses 1992.*

Berger, Christian (1992). Hexachord und Modus: Drei Rondeaux von Gilles Binchois Hexachord and mode: Three rondeaux by Gilles Binchois. In: *Basler Jahrbuch für historische Musikpraxis* 16, 71–87.

Bogdan, Robert C. & Biklen, Sari Knopp (1992). *Qualitative Research for Education: An Introduction to Theory and Methods*. Second Edition. Boston, MA: Allyn and Bacon.

Butler, David (1992). *The musician's guide to perception and cognition.* New York.

Cormack, Josepha-Anne (1992). *Karnatak in improvisation rhythmic Melodic kalpana*. UMI.

Covington, Kate (1992). An Alternative Approach to Aural Training. In: *Journal of Music Theory Pedagogy* 6 (2), 5–18.

Daignault, Louis (1992). Do fixe ou do mobile? Un débat historique [Fixed „do" or moveable „do"? An historical debate] In: *Recherche en éducation musicale* 11, Quebec.

Deliège, Irène (1992). Analyse musicale et Perception: points de rencontre. In: *Analyse Musicale*, 26, 7–14.

Deliège, Irène (1992). De l'activité perceptive à la représentation mentale de l'oeuvre musicale. L'extration d'indices: un parallèle entre les processus de compréhension de textes et l'écoute de la musique. In: *Analyse Musicale*, 28, 29–36.

Deliège, Irène (1992). Paramètres psychologiques et processus de segmentation dans l'écoute de la musique. In: *Actes du 2e Congrès Européen d'Analyse Musicale, octobre 1991*, Trento (Italy), 83–90.

Deliège, Irène (1992). Recognition of the Wagnerian Leitmotiv. Experimental Study based on an excerpt from « Das Reingold ». In: *Jahrbuch für Musikpsychologie*, 9, 25–54.

Deutsch, D. (1992). Paradoxien der Tonhöhenwahrnehmung. In: *Spektrum der Wissenschaft*, 82–88.

Deutsch, D. & Pierce, J.R. (1992). The Climate of Auditory Imagery and Music. In: *Auditory Imagery*, ed. Daniel Reisberg Hillsdale.

Didenko, Nadezda (1992). Masterskaja klavirnogo sluha [The keyboard listening laboratory] In: *Muzykal'naya pedagogika v ideyakh i litsakh* [Musical Pedagogy in the Ideas and Persons]: collected articles (S. 135–153). Rostov-on-Don: Rachmaninov Rostov State Conservatory.

Dobrowolskia-Marucha, Danuta (1992). *Ćwiczenia* do *kształcenia słuchu. Wybór z utworów Fryderyka Chopina* [Exercises in aural training: a selection from Frederic Chopin's compositions]. Krakow: Polskie Wydawnictwo Muzyczne.

Dzielską, Jadwigą & Peret-Ziemlańska, Zofia (1992). *Rozmów* o *kształceniu słuchu* w szkole muzycznej [Conversations about aural training]. Warszawa: AMFC.

Eberlein, R. & Fricke, Jobst (1992). *Kadenzwahrnehmung und Kadenzgeschichte – ein Beitrag zur Grammatik der Musik*, Europäische Hochschulschriften, Reihe 36(79). Frankfurt, M.

Fose, Luanne-Eris (1992). *The „Musica practica" of Bartolomeo Ramos de Pareia: A critical translation and commentar*. Thesis (Ph. D.). University of North Texas, Aug.

Fredrickson, William-Elwood (1992). Band Musicians' Performance and Eye Contact as Influenced by Loss of a Visual and/or Aural Stimulus. In: *Journal of Research in Music Education*. 42. 10.2307/3345738.

Goldman-Rakic, P.S. (1992). Working memory and the mind. In: *Scientific American*, 267, 110–117.

Gruhn, W. (1992). Wahrnehmen und verstehen. Kognitive Grundlagen der Repräsentation musikalischer Elemente und Strukturen. Entwurf zu einem Forschungsprogramm. In: *Musikalische Erfahrung: Wahrnehmen, Erkennen, Aneignen*, hrsg. von J. Hermann Kaiser, Essen.

Hanisch, Peter (1992). *Erziehung zum Denken in Musik. Versuch einer wissenschaftlichen Begründung*. Essen.

Herman, E. (1992). Suzuki metodas: gyvenimo mokymo psichologija. In: *Gama* 2, 13–16.

Hesse, Horst-Peter (1992). *Die Wahrnehmung von Tonhöhe und Klangfarbe als Problem der Hörtheorie*. Köln (Veröffentlichungen des Staatlichen Instituts für Musikforschung, 6). Diss.

Houlahan, Micheál-Brendan & Tacka, Philip (1992). The Americanization of solmization: A response to the Article by Timothy A. Smith. In: *Journal of Music Theory Pedagogy*, 6, 137–151.

Hubbard, T.L. & Stoeckig, K. (1992). The Representatation of Pitch in Musical Images. In: *Auditory Imagery*, ed. Daniel Reisberg, Hillsdale.

Hulse, S.H., Takeuchi, A.H. & Braaten, R.F. (1992). Perceptual invariances in the comparative psychology of music. In: *Music Perception*, 10, 151–184.

Jacoby R. H. & Ellis, S. R. (1992). Using virtual menus in a virtual environment. In: *Visual Data Interpretation*, vol. 1668. International Society for Optics and Photonics, 39–49.

Jankowski, Wojciech (Hg.) (1992). *Kształcenie instrumentalistow i wokalistow: Stan i problemy-Materialy z konferencji naukowej w Radziejowicach w dniach 27–29 listopada 1990 roku* [Instrumental and vocal education: Status and problems-Materials from the research conference at Radziejowice, 27–29 November 1990].

Kaiser, U. (1992). Gehörbildung oder Bildung im Hören. In: *Musica* 46, 355–360.

Karaseva, Marina Valeryevna (1992). What should be Modern Solfeggio. In: *Laudamus*. Moscow, 273–280.

Karno, M. & Konečni, V . J. (1992). The effects of structural interventions in the first movement of Mozart‘s symphony in G minor K. 550 on aesthetic preference. In: *Music Perception*, 10(1),63–72.

Kazez, Daniel-I. (1992). Solfege drills. In: *Journal of Music Theory Pedagogy* 6, 19-34.

Lehmann, A. C. & Hempel, C. (1992). Zur Erforschung von Lernmöglichkeiten im Fach Gehörbildung. Eine explorative Studie unter Berücksichtigung des Einsatzes von Computern im Gehörbildungsunterricht. In: *Musikpsychologie*, 9, 82–96.

Lehmann, Andreas-C. (1992). *Habituelle und situative Rezeptionsweisen beim Musikhören: Eine einstellungstheoretische Untersuchung.* (Schriften zur Musikpsychologie und Musikästhetik, Band 6). Frankfurt/M.: Peter Lang.

Mackay, G. (1992). Constraints on Theories of Inner Speach. In: *Auditory Imagery*, ed. Daniel Reisberg New York.

Miller, Terry-E. (1992). The theory and practice of Thai musical notations. In: *Ethnomusicology* 36(2),197–221.

Näätänen, R. (1992). *Attention and brain function.* Hillsdale, NJ: Erlbaum.

N.N. (1992). *Solfège 4e année élémentaire*; Fédération des Ecoles Genevoises de Musique; Genève.

Nosofsky, R. (1992). Exemplar-based approach to relating categorization. identification, and recognition. In: F. Ashby (Hg.), *Multidimensional models* of *perception* and cognition. Scientific psychology series (S. 363-393). Hillsdale, NJ, England: Lawrence Erlbaum Associates, Inc.

O'Connor, Joseph (1992). La estructura de la memoria musical The structure of musical memory. In: *Música y educación: Revista trimestral de pedagogía musical*, 5(9), 11-26.

Paynter, John, Orton (1992). Richard, Seymour, Peter & Howell, Tim (Hg.), *Companion to contemporary musical thought*, ED: Paynter.

Pechmann, T. & Mohr, G. (1992). Interference in memory for tonal pitch: Implications for a working-memory model. In: *Memory & Cognition,* 20, 314–320.

Perez-Gil, Manuel (1992). Instrucción musical asistida por ordenador. Desarrollo y evaluación de un programa de apoyo curricular asistido por ordenador para la enseñanza de la música en la educación obligatoria [Computer-assisted music instruction: Development and evaluation of a computer-assisted program for the instruction of music as part of the required curriculum]. In: *Revista de Musicología*, 17(1/2), 409–410.

Pratt, George (1992). *Aural training, Material and method.* London.

Quindag, Susan-Rose (1992). *The effects of guided aural versus guided visual modeling on the performance achievement of beginning string instrumentalists.* https://libres.uncg.edu/ir/uncg/f/Quindag_uncg_9314594.pdf

Reisberg, D. (Hg.) (1992). *Auditory Imagery*. Hillsdale.

Rogers, Michael-R. (1992). *A Report on the* 1992 *CMS Theory Pedagogy Institute.*

Rötter, G. (1992). Time Perception and Musical Performance. In: *Precedings of the 2nd International Conference on Music Perception and Cognition.* Los Angeles.

Rötter, G. (1992). Psychologische Zeitforschung. In: *Musik und Unterricht* 14, 46-47.

Rötter, G. (1992). Zeitwahrnehmung bei Musikern. In: Behne, K.-E./Kleinen, G./ de la Motte-Haber/ H. (Hg.), *Jahrbuch der Deutschen Gesellschaft für Musikpsychologie* Bd. 9 (S. 97-104). Wilhelmshaven: Noetzel.

Schönberg, Arnold (1992). Schulung des Ohrs durch Komponieren. In: *Stil und Gedanke*, hg. von Ivan Vojtech (S. 140-146). Frankfurt 1992.

Smith, J.D., Reisberg, D. & Wilson, M. (1992). Subvocalization and auditory imagery: Interactions between the inner ear and inner voice. In: D. Reisberg (Hg.), *Auditory Imagery* (S. 95–119). Hillsdale, NJ: Lawrence Erlbaum.

Smith, Timothy A. (1992). Liberation of Solmization: Searching for Common Ground. In: *Journal of Music Theory Pedagogy* 6, 153–68.

Stadler, Michael, Kobs, M. & Reuter, H. (1992). Musikhören, -verstehen, -spielen. Kognitive Selbstorganisation und Einfühlung. [Hearing, understanding, and performing music: Cognitive self-organization and sensitivity]. In: K.-E. Behne, G. Kleinen & H. de la Motte-Haber (Hg.), *Musikpsychologie. Jahrbuch der Deutschen Gesellschaft für Musikpsychologie.* Band 9: Empirische Forschungen - Ästhetische Experimente. Wilhelmshaven, Deutschland: Noetzel.

Storr, Anthony (1992). *Music and the Mind.* New York (Ballantine Books).

Sundberg, J. (Hg.) (1992). *Gluing tones: grouping in music composition, performance and listening*. Stockholm.

Szabó , C. E. (1992). *A profile of ten high school choral directors and their activities during one week.* (Doctoral dissertation, Kent State University). Dissertation Abstracts International, 53–08, A2730.

Trudel, Diane (1992). Opinion de spécialistes en musique concernant *l*'utilité de la technologie musicale dans le système scolaire du Québec [What specialists in music think about using musical technology in Quebec schools]. In: *Revue Recherche en éducation musicale.*

Waczkat, Andreas (1992). Gehörbildung oder Hörerziehung? In: *Üben und Musizieren* 4, 92.

Webster, D.B., Popper, A.N. & Fay, R.R. (Hg.) (1992). *The Mammalian Auditory Pathway: Neuroanatomy.* New York (Springer).

1993

Arbeitstagung für Hörerziehung Essen (Hg.) (1993). *30 Jahre Arbeitstagung für Hörerziehung. Essen, Burg Feuerstein 1963 - 1993.* Tagungsbericht des Bundes Deutscher Taubstummenlehrer 1992.

Barkowsky, Johannes (1993). Empirische Studie zum Vergleich von Absolut- und Relativhörern. In: *Yearbook of the German Society of Music Psychology* (DGM), Band 9, 65–81.

Beckett, Christine-Alyn (1993). *Attentional direction in two-part contrapuntal dictation.* Thesis, McGill University.

Berberich, Michaela (1993). Absolutes Hören – Chance oder Hindernis? Eine empirische Untersuchung zu Vor- und Nachteilen des absoluten Hörens [Absolute pitch-Good luck or impediment? An empirical examination of the advantages and disadvantages of absolute pitch], Magisterarbeit. Universität Augsburg. In: *Musikpädagogische Forschungsberichte.*

Bowman, D. & Terry, P. (1993). *Aural Matters, A student's guide to aural perception at advanced level*, mit 2 Cds. London.

Bregman, A.S. (1993). Auditory scene analysis: Hearing in complex Environments. In: St. McAdams, E. Bigand, *Thinking in Sound: The Cognitive Psychology of Human Audition*, Oxford University Press, Oxford.

Brown, Sally & McIntyre, Donald (1993). *Making Sense of Teaching.* Buckingham: Open University Press.

Bruhn, Herbert (1993). Tonpsychologie - Gehörpsychologie - Musikpsychologie. In: H. Bruhn, R. Oerter, H. Rösing, *Musikpsychologie* (S. 439-451). Hamburg.

Bruhn, Herbert, R., Oerter, R. & Rösing, H. (1993). *Musikpsychologie.* Hamburg.

Butler, David & Lochstampfor, Mark (1993). Bridges Unbuilt: Comparing the Literatures of Music Cognition and Aural Training. In: *Indiana Theory Review* 14 (2), 1–18.

Campbell, P. Sh. (1993). Vaikų muzikinis ugdymas. In: *Gama* Nr. 4, 19–21.

Casals-i-Clotet, Joan (1993). *El método Ireneu Segarra.* Madrid: Música y Educación.

Cassidy, Jane-Weeks (1993). Effects of various sightsinging strategies on nonmusic majors' pitch accuracy. In: *Journal of Research in Music Education* 41(4), 293–302.

Chion, Michel (1993). *Le Promeneur écoutant: essais d'acoulogie*. Paris.

Christensen, M. (1993). Betrachtungen zum Tonikalitätsbegriff bei Edvard Grieg und Carl Nielsen. In: M. Christensen e.a. (Hg.), *Die Gratulanten kommen! - Edvard Grieg zum 150. Geburtstag*. Deutsche Hochschulschriften Bd. 2018, Egelsbach , St. Peter Port.

Crowder, R.G. (1993). Auditory memory. In: S. McAdams & E. Bigand (Hg.), *Thinking in Sound: The Cognitive Psychology of Human Audition* (S. 113–145). Oxford University Press.

Deimling, M. (1993). *Die Gitarre. Materialien zum instrumentalen Orientierungsunterricht und Anfangsunterricht mit relativer Solmisation.* Plön.

Deimling, M. (1993). *Wir singen "so-mi". Materialien zur elementaren Musikerziehung mit relativer Solmisation*, Bd. 1 u. 2. Plön.

Deliège, Irène (1993). Mechanisms of cue extraction in memory for musical time. Proceedings of the 2d symposium « Music and the Cognitive Sciences », Cambridge, septembre 1990. In: *Contemporary Music Review*, 9, 191–207.

Edelman, Gerald M. (1993). *Unser Gehirn – ein dynamisches System: Die Theorie des neuronalen Darwinsmus und die biologischen Grundlagen der Wahrnehmung*. München: Piper.

Ericsson, K.A., Krampe, R. T. & Tesch-Römer, C. (1993). The role of deliberate practice in the acquisition of expert performance. In: *Psychological Review*, 100(3), 363–406.

Fenton, Willian (1993). Improving Choral Tone through Solfège. In: *Bulletin der Internationalen Kodály Society*, 18/1, Budapest.

Fish , N. Lloyd (1993). *Fundamentals of Sightsinging and Eartraining*. Harpers and Row, New York.

Fogarty, Gerard-J., Butterworth, L.M. & Rorke, P.C. (1993). Predicting aural performance in a tertiary music training programme. In: *Psychology of Music*, 21 (2), 114–126.

Gellrich, Martin & Sundin, Bertil (1993). Instrumental Practice in the 18th and 19th Centuries. In: *Bulletin of the Council for Research in Music Education* 119, 137–145.

Gerling, C. M. P. C. (1993). *Treinamento Auditivo* e *Teoria Musical no Departamento* de *Música* da *UFRGS*: *Implantação de um Programa Integrado.* Universidade Federal do Rio Grande do Sul [Ear Training and music theory in the music department of the Universidade Federal do Rio Grande do Sul: The implementation of an integrated program].

Ghezzo, M.À. (1993). *Solfège, Ear Training, rhythm, dictation, and music theory: a comprehensive course*. University of Alabama Press.

Gillespie, Jeffre (1993). Difficulty factors in melodic perception. In: *Journal of Music Theory Pedagogy* 7, 41–53. https://drive.google.com/file/d/1iWVgxBpTx-t9FqE7ychRu0pZnycHTRyp/view.

Gillot Michelle-Odile & Bickel, Christian (1993). *Musique a l'ecoute: 12 lecons.* Paris: Leduc.

Gordon, Edwin E. (1993). *Learning sequences in music*. Chicago, IL: GIA Publications.

Gratzki, Bettina (1993). *Die reine Intonation im Chorgesang* [Pure intonation in choral singing]. Bonn.

Gruhn, W. (1993). *Geschichte der Musikerziehung.* [hier S. 153–160, S. 199–201 und S. 351]. Darmstadt.

Hajdarovic, Vera (1993). *O mogućnosti kreativnijeg pristupa glazbenom diktatu u nastavi solfeggia osnovne glazbene škole* [Creative approaches to music dictation in elementary-level solfege training]. Zagreb.

Hakker, Lex (1993). *106 lichte muziek solfèges en dictees: in het jazz-, pop- en latin-idioom* , 2e dr . Katwyk: Panta Rhei.

Herbst, Anna-Catharina (1993). *Didactical perspectives of aural training.* Universität Stellenbosch, Diss. https://core.ac.uk/download/pdf/37385673.pdf http://scholar.sun.ac.za/handle/10019.1/57896

Hoeks, B. & Ellenbroek, B.A. (1993). A neural basis for a quantitative pupillary model. In: *Journal of Psychophysiology*, 7(4), 315–324.

Hoeks, B. & Levelt, W.J. (1993). Pupillary dilation as a measure of attention: A quantitative system analysis. In: *Behavior Research Methods, Instruments & Computers*, 25(1), 16–26.

Holstein, Jean-Paul (1993). *Le Solfège (que sais-je?)*. Presses universitaires de France.

Hugo, Elsbeth & Hauptfleisch, Sarita (1993). *Effective music education in South Africa: Teacher education.* Pretoria: Human Sciences Research Council,.

Just, M.J. & Carpenter, P.A. (1993). The intensity of thought: Pupillometric indices of sentence processing. In: *Canadian Journal of Experimental Psychology. Special Issue: Reading and language processing*, 47(2), 310–339.

Kabasser, Peter (1993). *Das Gehör: Ein Gehörschulungsprogramm für Atari ST, STE* [Hearing: An Ear-Training program for Atari ST, STE].

Kaufmann, H. W. (1993). Solmisation – oder wie Notenschrift zum Klangereignis wird. In: *EGTA-BRD: Wege zur Musik, Dokumentation des 4. EGTA-Kongresses 3.- 4.10.1992*, Weimar.

Kühn, Clemens (1993). *Analyse lernen* (s. Kapitel Höranalyse und Leseanalyse, 10–13).

Laforest, Serge (1993). Le micro-ordinateur et la musique: où en sommes-nous? [The personal computer and music: Where are we now?]. In: *Revue Recherche en éducation musicale.*

Lake, William-Eastman (1993). Interval and scale-degree strategies in melodic perception. In: *Journal of Music Theory Pedagogy*, 7, 55–68.

Lang, Alfred, (1993). Absolutes Gehör. In: H. Bruhn, R. Oerter, H. Rösing, *Musikpsychologie* (S. 558-565). Hamburg.

Larson, Steve (1993). Scale-Degree Function: A Theory of Expressive Meaning and Its Application to Aural-Skills Pedagogy. In: *Journal of Music Theory Pedagogy* 7, 69–84.

Larson, Steve (1993). The value of cognitive models in evaluating solfege systems. In: *Indiana Theory Review* 14(2), 73–116.

Lefebvre, D. (1993). *Méthode Active de Lectures Musicales Enregistrées,* Vol 1–3. Bruxelles.

Lehmann, Andreas-C. & Hempel, Chr. (1993). TELG: Testreihe zur Ermittlung von Lernfortschritten in der Gehörbildung [TELG: A series of tests for progress in Ear Training]. In: B. Enders & S. Stanheide, *Neue Musiktechonologie* (S. 371-383). Mainz: Schott.

Lehmann, Andreas-C. & Hempel, Chr. (1993). Zur Erforschung von Lernmöglichkeiten im Fach Gehörbildung. Eine explorative Studie unter Berücksichtigung des Einsatzes von Computern im Gehörbildungsunterricht. In: *Jahrbuch der Deutschen Gesellschaft für Musikpschologie* (DGM) Band 9, 82–96.

Lord, Charles (1993). Harnessing Technology to Open the Mind: Beyond Drill and Practice for Aural Skills. In: *Journal of Music Theory Pedagogy* 7, 105–117.

Määttänen, Pentti (1993). *Action and Experience. A Naturalistic Approach to Cognition.* Helsinki: Academia Scientiarum Fennica.

Martins, Raimundo (1993). A função das múltiplas escutas no processo de aprendizagem musical [The function of multiple hearings in musical apprenticeship], In: *Em pauta*. Porto Alegre, 5(8), 41-47.

May, J.A. (1993). *A description of current practices in the teaching of choral melody reading in the high schools of Texas* (Doctoral dissertation, University of Houston). Dissertation Abstracts International 54–03, A0856.

McAdams, St. & Bigand, E. (1993). *Thinking in Sound: The Cognitive Psychology of Human Audition.* Oxford: Oxford University Press.

McCrary, J. (1993). Effects of Listeners' and Performers' Race on Music Preference. In: *Journal of Research in Music Education* 41(3), 200-211.

Meeùs, Nicolas (1993). Jacques de Liège et la pratique de la transposition partielle [Jacques de Liege and the practice of partial transposition]. In: *Musica, sive liber amicorum Nicolas Meeùs*: *mélanges offerts au professeur Nicolas Meeùs* Musique Écriture. Études. S. 171-178.

Miyazaki, K. (1993). Absolute pitch as an inability: Identification of musical intervals in a tonal context. In: *Music Perception,* 11 (1), 55–72.

Niketta, R. (1993). Urteils- und Meinungsbildung. In: H. Bruhn, R. Oerter, H. Rösing, *Musikpsychologie* (S. 329–339). Hamburg

Oerter, Rolf (1993). Handlungstheoretische Fundierung. In: H. Bruhn, R. Oerter, H. Rösing, *Musikpsychologie*. Hamburg.

Palombini, Carlos (1993). *Pierre Schaeffer's typo-morphology of sonic objects.* Doctoral thesis, Durham University.

Paquet, Jean-Claude (1993). *L'*ordinateur change-t-il notre façon de penser et de faire la musique *?* [Do computers change the way we think and how we make music?]. In: *Revue Recherche en éducation musicale.*

Paulesu, E., Frith, C.D. & Frackowiak, R.S.J. (1993). The neural correlates of the verbal component of short-term memory. In: *Nature,* 362, 342–345.

Perälä, Hannu (1993). *Kuinka rakennetaan kärjellään seisova pyramidi? Musiikkioppilaitosjärjestelmä 1950–1990-luvuilla.* [How to build a pyramid that stands on its tip? The Finnish music-school system from the 1950s to the 1990s]. Master's thesis, Jyväskylä University.

Peters, G. David (1993). Computer-Based Music Skills Assessment Project. A Portal to Artistic Innovation. In: *Bulletin of the Council for Research in Music Education,* 117, 38-45.

Petsche, Hellmuth; Richter, Peter; von Stein, Astrid; Etlinger, Susan C.; Filz, Oliver (1993). EEG Coherence and Musical thinking. In: *Music Perception,* 11(2), 117–151.

Piana, L. Albertazzi (1993). *La percezione musicale: a cura di Liliana Albertazzi.* Milano.

Priest, Philip-P. (1993). Putting listening first: A case of priorities. In: *Psychology British Journal of Music Education* 10, 103-110.

Rakowski, A. (1993). Categorical perception in absolute pitch. In: *Archives of Acoustics*. 18, 515–523.

Rao, S.M., Binder, R.J., Bandettini, P.A., Hammeke, T.A., Yetkin, F.Z., Jesmanowicz, A., Lisk, L.M., Morris, G.L., Mueller, W.M., Estkowski, L.D., Wong, E.C., Haughton, V.M. & Hyde, J.S. (1993). Functional magnetic resonance imaging of complex human movements. In: *Neurology,* 43, 2311–2318.

Rohmert, F. (1993). Hörübungen: Einführung in die Sängerformanten - Praktische Anleitung durch MC mit Begleitheft zum Funktionalen Hören [Ear exercises: Introduction to voice registers and a practical MC guide with an accompanying text on functional hearing]. In: Rohmert W (Hrsg) *Beiträge zum 3. Kolloquium Praktische Musikphysiologie. Dokumentation Arbeitswissenschaft*, Bd 35. (S. 245). Köln: Schmidt.

Rösing, Helmut & Werner-Jensen, Karin (1993). Typologie der Musikhörer [The typology of music listeners]. In: H. Bruhn, R. Oerter, H. Rösing, *Musikpsychologie*. Hamburg.

Rötter, G. (1993). Zeitwahrnehmung bei Musikern. In: *Yearbook of the German Society of Music Psychology* (DGM), Band 9, 97–104.

Scheele, Jörg (1993). *Hochschul-Gehörbildung*, Diplomarbeit an der Hochschule für Musik in Köln. Köln.

Schleuter, S. (1993). The relationship of AMMA scores to sight singing, dictation, and SAT scores of university music majors. In: *Contributions to Music Education*, 20, 57–63.

Schulten, Marie-Luise (Hg.) (1993). *Musikvermittlung als Beruf* [The career of purveying music]. Essen.

Schwarzer, Gudrun (1993). Entwicklung analytischer und holistischer Prozesse bei der Kategorisierung von Melodien. In: *Zeitschrift für Entwicklungspsychologie und Pädagogische Psychologie*, 25(2), 89–103.

Schwarzer, Gudrun (1993). *Entwicklung der Melodiewahrnehmung. Analytische und holistische Prozesse*, Diss. Frankfurt: UP.

Seifert, U. (1993). *Systematische Musiktheorie und Kognitionswissenschaft – Zur Grundlegung der kognitiven Musikwissenschaft.* Bonn: Verlag für systematische Musikwissenschaft.

Semal, C. & Demany, L. (1993). Further evidence for an autonomous processing of pitch in auditory short-term memory. In: *The Journal of the Acoustical Society of America,* 94, 1315–1322.

Shigeno, Sumi (1993). The interdependence of pitch and temporal judgments by absolute pitch possessors. In: *Perception & Psychophysics* 54(5), 682.

Songve, Th. (1993). *Ear Training: Gehörbildung für Anfänger und Fortgeschrittene , Akkorde und Arpeggien.* - 2 Tonkassetten + Notenblock + Lern-Booklet. Trossingen.

Stoffer, Thomas-H. (1993). Strukturmodelle [Models of structure]. In: H. Bruhn, R. Oerter, H. Rösing, *Musikpsychologie* (S. 466ff.). Hamburg

Takeuchi, A.H. & Hulse, S.H. (1993). Absolute pitch. In: *Psychological Bulletin,* 113, 345–361.

Tanguiane, S. (1993). *Artificial perception and music recognition.* Berlin [u.a.] .

Teck, Katherine (1993). *Ear Training for the body: a dancer's guide to music.* Pennington N.J.

Tervaniemi, M., Alho, K., Paavilainen, P., Sams, M. & Näätänen, R. (1993). Absolute pitch and event-related brain potentials. In: *Music Perception* 10, 305–316.

Tighe; T. J. & Dowling, W.J. (1993). *Psychology and Music: The Understanding of Melody and Rhythm.* Hillsdale, N.J.: Lawrence Erlbaum As, Sociates.

Weinberger, N.M. (1993). Learning-induced changes of auditory receptive fields. In: *Current Opinion in Neurobiology,* 3, 570–577.

Worthington, Trent (1993). *A comparison of the effects of computer-based interactive versus non-interactive audio on the skills and attitudes of music students in identifying harmonic voicing.* Thesis University of Alberta.

Wulf, Chr. (1993). *Das Ohr als Erkenntnisorgan*, [Forschungszentrum für Historische Anthropologie, Freie Universität Berlin. Zssgest. von Christoph Wulf]. Berlin.

Zaveršnik-Puc, Majda (1993). *Pojem solfeggia pri predmetu glasbeni stavek* [Solfège in remedial music corse]. Ljubljana.

Zilkens, U. (1993). *Gehörbildung: Übungen zu musikhistorischen Epochen mit zahlreichen Notenbeispielen.* Köln.

1994

Aiello, J. A. Sloboda (Hg.) (1994). *Musical Perceptions.* New York: Oxford University Press.

Allaire, Gaston-Georges (1994). A sample of hexachordal modal analysis for vocal and instrumental polyphony of the Renaissance. In: *Musica Disciplina* 48, 259.

Alsina, P. & Sesé, F. (1994). *La música y su evolución. Historia de la música con propuestas didácticas y 49 audiciones*. Barcelona: Grao. (Incluye CD).

Arkossy, Ghezzo (1994). *Solfege, Ear Training, Rhythm, Dictation, and Music Theory: A Comprehensive Course*. University of Alabama Press.

Asmus, Edward-P. & Harrison, Carol-S. (1994). Effects of musical aptitude, academic ability, music experience, and motivation on aural skills. In: *Journal of Research in Music Education* 42(2), 131–144.

Asmus, Edward-P. (1994). Motivation in Music Teaching and Learning. In: *The Quarterly Journal of Music Teaching and Learning* 5(4), 5–32.

Auhagen, W. (1994). *Experimentelle Untersuchungen zur auditiven Tonalitätsbestimmung in Melodien*. Regensburg.

Bastien, J. S. (1994). *Theory & Ear Training Party*. San Diego.

Bernardoni, Virgilio (1994). Bonifazio Asioli e l'istruzione musicale nella Milano napoleonica [Bonifazio Asioli and the teaching of music in Napoleonic Milan] In: *Nuova Rivista Musicale Italiana*, 28(4), 575–593.

Bister, Heribert (1994). Harmonische Grundlagen der Intonation, aufgezeigt am "Locus iste" von Anton Bruckner. In: *Musica* 11, 94, S.269–274.

Bregman, A. S. (1994). *Auditory scene analysis: The perceptual organization of sound.* MIT Press, Cambridge, Mass.

Campbell, P. Sh. (1994). Vaikų muzikinis ugdymas. In: *Gama*, 5, 12.

Church, B.A. & Schacter, D.L. (1994). Perceptual specifity of auditory priming: Implicit memory for voice intonation and fundamental frequency. In: *Journal of Experimental Psychology: Learning, Memory, and Cognition*, 20 (3), 521–533.

Cook, N. (1994). Perception: A perspective from music theory. In: R. Aiello & J, A. Sloboda (Hg.). *Musical perceptions* (S. 64–95). Oxford: Oxford University Press.

Covington, Kate & Lord, Charles H. (1994). Epistemology and Procedure in Aural Training: In: Search of a Unification of Music Cognitive Theory with Its Applications. In: *Music Theory Spectrum* 16 (2), 159–170.

De-Frece, Robert-J. (1994). *The relationship of French-immersion education to tonal skills of First- and fourth grade Canadian children*. Thesis University of Oregon.

Deimling, Franz-Michael (1994). *Das Violoncello. Materialien zum instrumentalen Orientierungsunterricht und Anfangsunterricht mit relativer Solmisation*. Plön.

Deliège, Irène, Mélen, Marc, Cross, Ian & Stammers, Diana (1994). Musical schemata in real time listening. In: I. Deliège (ed), *Proceedings of the 3rd ICMPC (International Conference for Music Perception and Cognition)*, (S. 271–272). Liège: ESCOM.

Deliège, Irène & Dupont, Myriam (1994). Extraction d'indices et catégorisation dans l'écoute de la musique chez l'enfant. In: I. Deliège (ed), *Proceedings of the 3rd ICMPC (International Conference for Music Perception and Cognition)* (S. 287–288). Liège: ESCOM.

Deutsch, D. (1994). Die Wahrnehmung auditiver Muster. In: W. Prinz, B. Bridgeman (Hg.) *Wahrnehmung Bd. 1: Kognition. Enzyklpädie der Psychologie.* Göttingen.

Dibben, N. (1994). The cognitive reality of hierarchical structure in tonal and atonalmusic. In: *Music Perception*, 12 (1), 1–25.

Doerksen, Paul-Frederic (1994). *A study of the aural-diagnostic and prescriptive skills of preservice and expert instrumental music teachers*, Electronic Thesis or Dissertation. Ohio State University. Electronic Theses and Dissertations Center.

Eberlein, R. (1994). *Die Entstehung der tonalen Klangsyntax*. Frankfurt/M.: Peter Lang.

Fayolle, Coralie (1994). *Les dictees musicales: Outils de perception?* [Musical dictation: A tool of perception?] In: Mialaret, Jean-Pierre & Pistone, Danièle (Hg.). *Analyse musicale et perception.* Musical analysis and perception]. Conférences et séminaires: Observatoire musical français. Paris: Université de Paris IV, 94–98.

Goldstone, R. (1994). The role of similarity in categorization: Providing a groundwork. In: *Cognition*, 52, 125–157.

Granot, Roni, Barena, Anat & Pratt, Hillel (1994). Absolute pitch: Electrophysiological evidence. In: *International Journal of Psychophysiology* 16, 29–38.

Gruhn, W. (1994). Artikel Hörerziehung. In: S. Helms , R. Schneider , R. Weber, *Neues Lexikon der Musikpädagogik* (S. 109). Kassel.

Hajdarovic, Vera (1994). *O potrebi korelacije nastave solfeggia s instrumentalnom nastavom aktivnostima glazbenog diktata* [On the necessary correlation between *Ear Training* and instrument instruction]. Tonovi Zagreb.

Harrison, C. S., Asmus, E.P. & Serpe, R. T. (1994). Effects of musical aptitude, academic ability, music experience, and motivation on aurral skills. In: *Journal of Research in Music Education* 42(2), 131–144.

Hempel, Chr. (1994). Gehörbildung und Musklehre. In: H.-Ch. Schmidt (Hg.), *Handbuch der Musikpädagogik*, Bd. 3. Kassel u.a.

Hess, George-J. (1994). *Dictation tutor: The effectiveness of a curriculum-specific tutorial in the acquisition of aural discrimination skills at the college level*. Unpublished Doctoral Dissertation. University of Northern Colorado, Greeley, CO.

Inguscio, Lara (1994). *Per un edizione critica dei „Gorgheggi e solfeggi" di Gioacchino Rossini* [Towards a critical edition of Gioacchino Rossini's „Gorgheggi e solfeggi" Thesis]. Cremona: Scuola di Paleografia e Filologia Musicale dell'Università di Pavia.

Karma, Kai (1994). Auditory and Visual Temporal Structuring: How Important is Sound to Musical Thinking? In: *Psychology of Music* 22(1), 20–30.

Karst, K. (1994). Geschichte des Ohrs. Eine Chronologie. In: Kunst- und Ausstellungshalle der Bundesrepublik Deutschland (Hg.), *Welt auf tönernen Füßen*. Die Töne und das Hören Schriftenreihe Forum, Band 2. Göttingen: Steidl Verlag.

Khittl, Chr. [Red.] (1994). *Lauschen, Schauen, Bilden, Zusatz kulturpädagogische Perspektiven polyästhetischer Erziehung; Beiträge zu Forschung und Entwicklung, Lehre und Unterricht, Produktions- und Rezeptionsdidaktik*. Wien.

Kleindienst, Claudia (1994). *Ganzheitliches Hören als Lebenswert: zivilationskritische Analysen und lebensweltorinetierte Theorieansätze in ihrer Relevanz für eine ganzheitliche Hörpädagogik*. Diss. München.

Kleinen, G. & Stoffer, Th. H. (1994). Musikalische Wahrnehmung. In: *Die Musik in Geschichte und Gegenwart*, Sachteil, Band 9, hrsg. von Ludwig Finscher (S. 1837–1865). Kassel.

Kloppel, Renate (1994). Das absolute Gehör: Eine Betrachtung aus medizinischer Sicht [Perfect pitch: A medical view]. In: *Üben und Musizieren*, 11, 10–13.

Kmetz, John (1994). The Piperinus-Amerbach partbooks: Six months of music lessons in Renaissance Basle. In: Kmetz, John (Hg.), *Music in the German Renaissance: Sources, Styles, and Contexts* (S. 215-234). Cambridge University Press.

Kopiez, R. (1994). Interpretationsforschung mit Hilfe des Computerflügels. Eine Studie zur Wahrnehmung von Interpretationsmerkmalen. In: *Yearbook of the German Society of Music Psychology* (DGM), Band 10, 7–23.

Laden, Bernice (1994). Melodic anchoring and tone duration. In: *Music Perception*, 12, 199–212.

Lehmann, Andreas C. (1994). Habituelle und situative Rezeptionsweisen beim Musikhören im interkulturellen Vergleich. In: *Yearbook of the German Society of Music Psychology* (DGM) Band 10, 38–55.

Levitin, D. (1994). Absolute memory. In: *Perception & Psychophysics* 56(4), 414–423.

Lord, Charles-H. & Covington, Kate (1994). Epistemology and procedure in aural training: In search of a unification of music cognitive theory with its applications. In: *Music Theory Spectrum*, 16(2), 159–170.

Louven, Ch. (1994). *Aspekte des Verstehens Neuer Musik.* Köln.

Madaule, Paul (1994). *When Listening Comes Alive: A Guide to Effective Learning and Communication* 2nd ed. Norval, Ont, Canada: Moulin Publishing.

Montero, J. (1994). Comentario didáctico con musicograma de la «Obertura 1812» Op. 49 de Tchaikovsky. In: *Música y educación: Revista trimestral de pedagogía musical*. Diciembre, 20.

Morawski, Jerz (1994). *Wileńskie podręczniki chorałowe* [The Vilnius handbook of chorale singing]. Musica Iagellonica.

Morgenroth, Matthias & Karst, K. (1994). Das Ohr: ein König unter den Hörgeräten – Ein Gespräch. In: *Konzepte. Magazin für eine junge Literatur* Nr. 15, 10. Jg.

Murata, S., Naritomi, H. & Sawada, T. (1994). Musical auditory hallucinations caused by a brainstem lesion. In: *Neurology*, 44 (1), 156.

Nielsen, Frede V. (1994). *Almen musikdidaktik.* København: Christian Ejlers' Forlag.

Novak, J. D. (1994), *Music Preferences 1980 versus 1989 and Their Relationship with Selected Environment and Listener Variables*. Doctoral dissertation. University of North Texas.

Rakowski, A. (1994). Investigating short term auditory memory with the method of vocal pitch control. In: *Proceedings of the Stockholm Music Acoustics Conference*, 53–57.

Reidemeister, Peter (1994). Generalbass und Improvisation: Die Arbeit mit Modellen [Continuo and improvisation: Working with models]. In: *Neue Beiträge zur Aufführungspraxis: Schriftenreihe des Instituts für Alte Musik und Aufführungspraxis an der Universität für Musik und Darstellende Kunst Graz.* Vol. 1, 111–127.

Richter, Christoph (1994). Zum Umgang mit Musikwerken. Geschichte und Weiterentwicklung der kritischen Interpretation von Musik. In: Gembris, H.,

Kraemer, R.-D., Maas, G. (Hg.), *Musikpädagogische Forschungsberichte,* Augsburg, 41–70.

Riera, C., Escalas, R. & Galofré, F. (1994). *Audición 1. Forma y color en la música.* Barcelona: Dinsic-Boileau. (Incluye cassette).

Rötter, G. (1994). The Perception of Form and its Relation to Emotional Listening and Physiological Data. In: *Precedings of the 3rd ICMPC.* Liege.

Rusconi, Angelo (1994). L'insegnamento del canto liturgico nel „De musica" di Engelbert von Admont [The teaching of liturgical chant in Engelbert von Admont's „De musica"] In: *Musicam in subtilitate scrutando: contributi alla storia della teoria musicale* / a cura di Daniele Sabaino, Maria Teresa Rosa Barezzani, Rodobaldo Tibaldi (Studi e Testi Musicali 7) 6 , 129–167.

Schachter, D.L. & Tulving, E. (1994). What are the memory systems of 1994? In: D.L. Schachter & E. Tulving (Hg.), *Memory systems 1994* (S. 1–38). Cambridge, MA: MIT Press.

Schmuckler, M.A. & Boltz, M.G. (1994). Harmonic and rhythmic influences on musical expectancy. In: *Perception & Psychophysics*, 56, 313–325.

Simpson, J. & Huron, D. (1994). Absolute pitch as a learned phenomenon: Evidence consistent with the Hick-Hyman Law. In: *Music Perception, 12*, 267–270.

Smith, Kathryn (1994). *Shape-notes: Historical perspective and reflections on an early American solfege tradition.* The Associated Board of the Royal schools of Muisc (Hg.).

Teck, Katherine (1994). *Ear Training for the Body: A Dancer's Guide to Music.* Princeton Book Company.

The Associated Board of the Royal Schools of Music (1994, 1995). *Specimen Aural tests – for practical examinations*, Grade 1-5, Grade 6–8. London.

Yang, Yu-Jane (1994). *The effects of solmization and rhythmic movement training on the achievement of beginning group piano students at the elementary school level.* Thesis. University of Michigan, Horace H. Rackham School of Graduate Studies.

1995

Adolphe, Bruce (1995). *The mind's Ear: Exercises for Improving the Musical Imagination for performers, Listeners, and Composer*. St. Louis: MMB *Music. 1991.*

Alten, Michéle (1995). *La musique dans l'ecole: De Jules Ferry a nos jours* [Music in school: From Jules Ferry to the present]. Issy-les-Moulineaux, Éditions EAP (=Psychologie et pédagogie de la *musique*; 23).

Auhagen, W., Gätjen, B. & Niemöller, K.W. (1995). *Festschrift Jobst Peter Fricke zum 65. Geburtstag*. Köln 1995.

Babler, R. (1995). "Aber den hab' ich doch schon mal gehabt!" – Auf dem Weg zu struktureller Wahrnehmung. In: *Musik und Unterricht* 31, 24–25.

Bamberger, J. (1995). Hören auf eine neue Art. In: *Musik und Unterricht* 31, 16–23.

Becker, Peter, Edler, Arnfried & Schneider, Beate (Hg.) (1995). *Zwischen Wissenschaft und Kunst: Festgabe für Richard Jakoby*. Mainz.

Benward, Bruce (1995). *Instructor's Dictation Manual Ear Training* a *Technique* for *Listening*. Dubuque, Iowa.

Benward, Bruce; Carr, Maureen A. & Kolosick, J. Timothy (1995). *Introduction to Sightsinging and Ear Training*. Dubuque, Iowa: Brown & Benchmark.

Berz, W.L. (1995). Working memory in Music: A Theoretical Model. In: *Music Perception,* 12 (3), 353–364.

Blacking, John (1995). Music and Historical Process in Vendaland. In: Reginald Byron (Hg.). *Music Culture and Experience.* Chicago: University of Chicago Press.

Bradford, Pamela-Roush (1995). *The aural-oral difficulty levels of selected rhythm patterns among kindergarten children.* Diss.

Brandstätter, Ursula (1995). Hören mit den Augen – Sehen mit den Ohren – Ein fächerübergreifendes Vermittlungsmodell im Museum moderner Kunst in Wien. In: *Musik und Unterricht* 33, 40–42.

Bruhn, H. (1995). *Wahrnehmung von Musik: Eine allgemeine Musiklehre aus Sicht von Psychologie und Musikgeschichte*. Augsburg.

Buch, W. (1995). *Die Solmisation nach einer chromatischen Tonika-Do-Methode.* Onlineversion.

Cahill, L. & McGaugh, J. (1995). A novel demonstration of enhanced memory associated with emotional arousal. In: *Consciousness & Cognition: An International Journal,* 4(4), 410–421.

Carrabre, Thomas-Patrick (1995). Music as linguistic analog. In: *International Journal of Musicology* 4, 231–239.

Chapuis, Jacques (1995). *Elementos de solfeo y armonia del lenguaje musical* [Elements of solfege and harmony in musical language]. Fribourg: Éditions pro musica.

Covington, Kate-R. (1995). *Un approccio alternativo all'educazione dell'orecchio "Analisi"* traduzione di Alberto Odone [An alternative approach to Ear Training], Ricordi n.18

Curtis, W. (1995). *First Steps to Ear Training.* Berklee Press Publications.

Damschroder, David A. (1995). *Listen and Sing: Lessons in Ear-Training and Sight-Singing.* New York: Schirmer.

Davidson, Lyle; Scripp, Larry & Fletcher, Alan (1995). Enhancing Sight-Singing Skills Through Reflective Writing: A New Approach to the Undergraduate Theory Curriculum. In: *Journal of Music Theory Pedagogy,* 9, 3–68.

Deliège, Irène (1995). Aspects théoriques du concept de représentation mentale appliqué à l'écoute de la musique. In: *Actes del Premio Convegno Internazionale di Studi Musicale « Tendenze e metodi nella ricerca musocologica »*, Latina (Italy) septembre 1990.

Deliège, Irène (1995). Audition musicale et expérience émotionnelle. In: H. Lejeune, F. Macar et V. Pouthas (eds), *Des animaux et des hommes. Hommage à Marc Richelle.* Paris, P.U.F., 215–238.

Deliège, Irène (1995). Cue abstraction in the schematization of the musical form. In: *Scientific Contributions to General Psychology*, 11–28.

Deliège, Irène & Mélen, Marc (1995). Extraction of cues or underlying harmonic structure: Which guide recognition of familiar melodies? In: *European Journal of Cognitive Psychology.*

Deliège, Irène (1995). The two steps of the categorization process. In: R. Steinberg (ed), *Music and the Mind Machine, Psychophysiology and Psychopathology of the Sense of Music*, 63–73. Springer, Heidelberg.

Demorest, St. & May, William V. (1995). Sight-singing instruction in the choral ensemble: Factors related to individual performance. In: *Journal of Research in Music Education*, 43(2), 156–167.

Egan, Marilyn-Michalka (1995). *Effects of metacognition on music achievement of university students*. Kent State *University*.

Eggebrecht, H.-H. (1995). *Musik verstehen*, München.

Elliott, David (1995). *Music Matters: A New Philosophy of Music Education*. New York, NY: Oxford University Press.

Fletcher, Alan & Davidson, Lyle (1995). Enhancing sight-singing skills through reflective writing: A new approach to the undergraduate theory curriculum. In: *Journal of Music Theory Pedagogy*, 1–30.

Fuster, J.M. (1995). *Memory in the cerebral cortex: An empirical approach to neural networks in the human and nonhuman primate*. Cambridge, MA: MIT Press.

Gier, Albert & Gruber, Gerold W. (1995). *Musik und Literatur: Komparatistische Studien zur Strukturverwandtschaft* [Music and literature: Comparative studies of structural similarities]. Frankfurt: Peter Lang.

Gonon, Helene (1995). *Du solfège à la formation musicale. Le solfège: obstacle ou médiation vers la musique?* [From solfége to formation musicale. Solfége as a mediator or obstacle relative to music?] Promotion [Thesis], CEDEFEM Rhônes-Alpes, Lyon.

Gruhn, W. (1995). Hören und Verstehen. In: Helms, S., Schneider, R., Weber, R. (Hg.), *Kompendium der Musikpädagogik*. Regensburg, 197–222.

Gutknecht, G. (1995). *Melodie und Bearbeitung: Musik hören, Musik beschreiben, Hörpartituren erstellen, eine Hinführung zur Variation*. Augsburg: Radike.

Hansen, Otto-Laust (1995). *Children and music: Voluntary music education in Denmark*, Fontes Artis Musicae, A-R Editions.

Hantz, Edwin C., Kreilick, Kelley G., Braveman, Amy L. & Swartz, Kenneth P. (1995). Effects of musical training and absolute pitch on a pitch memory task: An event-related potential study. In: *Psychomusicology: Music, Mind, and Brain*, 14(1/2), 53–76.

Harrison, M. (1995). *Contemporary Eartraining*, 2 Vol.

Heikkilä, Lasse (1995). *Musiikinteorian ja säveltapailun opetus kognitiivisesta näkökulmasta*. [Education in music theory and aural skills from a cognitive point of view]. Master's thesis. Helsinki: Sibelius Academy.

Hempel, Christoph (1995). Computergestütztes Musik Lernen: Strategien, Möglichkeiten und Grenzen, dargestellt am Beispiel der Schulung des musikalischen Gehörs [Computer-assisted music teaching: Strategies, possibilities, and limits as shown in the example of ear-training in school]. In: Peter Becker, Arnfried *Edler* und Beate Schneider (Hg.); *Zwischen Wissenschaft und Kunst: Festgabe für Richard Jakoby* (S. 109–125). Mainz,

Hyönä, J., Tommola, J. & Alaja, A.-M. (1995). Pupil dilation as a measure of processing load in simultaneous interpretation and other language tasks. In: *Quarterly Journal of Experimental Psychology,* 48A(3), 598–612.

Junker, Gerhard (1995). An empirical study on the psychoacoustical phenomenon of temporal masking effects. In: *Systematische Musikwissenschaft Zeitschrift für musikalische Grundlagenforschung* III/2, Institute für Musikwissenschaft der Slowakischen Akademie der Wissenschaften / Musikwissenschaftliches Institut der Universität Hamburg.

Kaiser, U. (1995). Gehör – Gehörbildung. In: F. Blume (Hg.), *Die Musik in Geschichte und Gegenwart: Allgemeine Enzyklopädie der Musik. Sachteil, Band 3* (S. 1126–1131). Kassel: Bärenreiter.

Karst, K. (1995). Schule des Hörens. Das Ohr - Eine Erkundung. In: Evangelische Akademie Baden (Hg.), *Der Verlust der Stille*. Herrenalber Forum Band 13. Karlsruhe.

Kievišas, J. (1995). *Daina ir solfedžio.* Šiauliai.

Klauske, Elisabeth (1995). Mit den Ohren sehen, mit den Augen hören: Sinn und Ziel von Hörerziehung [Seeing with the ear, hearing with the eye: The point and goal of listening training]. In: *Kirchenmusik als Erbe und Auftrag* / hrsg. von Helmut Völkl (S. 523–527). Stuttgart.

Krakauskaitė, V. (1995). *Muzikos programa vaikų muzikos mokykloms*. Vilnius.

Krumhansl, Carol L. (1995). Music Psychology and Music Theory: Problems and Prospects. In: *Music Theory Spectrum* 17(1), 53–80.

Large, E.W., Palmer, C. & Pollack, J.B. (1995). Reduced memory representations for music. In: *Cognitive Science,* 19, 53–96.

Larson, Steve (1995). Integrated Music Learning' and Improvisation: Teaching Musicianship and Theory Through Menus, Maps, and Models. In: *College Music Symposium* 35, 76–90.

Leman, Marc (1995). Cognitive modelling in ethnomusicology: Challenges, caveats and its relevance for computer music. In: *II Simpósio Brasileiro de Computação e Música (II SBCM) Held in Canela, RS, from July 30 to August 1, 1995*

Leman, Marc (1995). *Music and schema theory: cognitive foundations of systematic musicology*. Berlin, New York.

Logothetis, N.K., Pauls, J. & Poggio, T. (1995). Shape representation in the inferior temporal cortex of monkeys. In: *Current Biology,* 5, 552–563.

Lorenz, Ralph (1995). *Pedagogical implications of „musica practica" in sixteenth-century Wittenberg*. Indiana University.

Marvin E. (1995). West: Research on Tonal Perception and Memory: What Implications for Music Theory Pedagogy? In: *Journal of Music Theory Pedagogy*, 9, 31–70.

Mastnak, Wolfgang & Antholz, Heinz (1995). Die Entdeckung der Hörkultur und 25 Jahre danach. In: *Musikerziehung* 49(2), 72–77.

McPherson, Gary E. (1995). The Assessment of Musical Performance: Development and Validation of Five New Measures In: *Psychology of Music* 23, 142–161.

Miyazaki, K. (1995). Perception of relative pitch with different references: Some absolute pitch listeners can't tell musical interval names. In: *Perception & Psychophysics,* 57, 962–970.

Moisala, Pirkko (1995). Cognitive study of music as culture: Basic premises for "cognitive ethnomusicology". In: *Journal of New Music Research*, 24(1), 8–20.

de la Motte-Haber, Helga & Kopiez, R. (Hg.) (1995). *Der Hörer als Interpret*. Frankfurt.

Muneta-Martinez-de-Morentin, Jesus-Maria (1995). Evolución de la modalidad desde el Gregoriano al siglo XVIII [The evolution of modality from Gregorian chant to the 18th century]. In: *Revista aragonesa de musicología*, 11(1/2), 345–366.

Post, Herbert (1995). Die "Schule des Hörens": Neue Hilfen zur Erschliessung klassischer Werke. In: *Musik und Bildung*, 6, 25–29.

Post, Herbert (1995). *Stephan Paluselli: Ein Pionier der Tonika-Do-Methode am Ende des 18. Jahrhunderts. Ein Beitrag zur Geschichte der Solmisation.* https://www.zobodat.at/pdf/VeroeffFerd_72_0021–0036.pdf

Rauscher, F. & Shaw, G. et al. (1995). Listening to Mozart enhances spatial-temporalreasoning: toward a neurophysiological basis. In: *Neuroscience Letters* 185, 44–47.

Reuter, Ch. (1995). *Der Einschwingvorgang nichtperkussiver Musikinstrumente: Auswertung physikalischer und psychoakustischer Messungen*. Frankfurt am Main [u.a.].

Rojko, Pavel (1995). *Neke mogućnosti pristupa dvoglasnom diktatu*. [Some possibilities of approaching a two-part music dictation]. Zagreb.

Rötter, G. (1995). Die mentale Vorstellung von Musikern – der Interpret als Hörer. In: de la Motte-Haber, H. & Kopiez, R., *Der Hörer als Interpret* (S. 113-124). Frankfurt a.M.: Lang,

Rottler, Werner (1995). *Grundlagen der Gehörbildung in praktischen Beispielen.* 3. verbesserte, in den Übungen stark erweiterte Auflage. München: Musikverlag Kurt Maas.

Schlaug, G. (1995). Increased corpus callosum size in musicians. In: *Neuropsychologia* 33 (8), 1047–1055.

Schlaug, G., Jäncke, L., Huang, Y. & Steinmetz, H. (1995). In vivo evidence of structural brain asymmetry in musicians. In: *Science,* 267, 699–701.

Scott, Dale-Allen (1995). *Nikolaus Gengenbach's „Musica nova: Newe Singekunst":A translation, critical edition, and commentar*. Florida State University.

Scott, T. M. (1995). Sight-singing in the college-level choral program. In: *American Organist*, 20, 68–71.

Shiraishi, Fumiko (1995). Music education at the Dewey School, 1896–1904. In: *The Bulletin of Historical Research in Music Education.* 17(1), 1–18.

Smith, B. K. (1995). *Psiexp: An environment for psychoacoustic experimentationusing the IRCAM Musical Wordstation.* Paper presented at the meeting of the Society for Music Perception and Cognition, Berkeley, CA.

Smith, Camille-M. (1995). *Development of performance pitch accuracy of string students.* Department of. Music, Un. Gainesville, Florida.

Smith, Ronald (1995). *Aural Training in Practice*, Book 1–3. London.

Soiber, F.J. (1995). *Gehörbildung, Tonsatz, Improvisation. Ein Übungsbuch.* Regensburg.

Soto-Viso, Margarita (1995). El solfeo de Eslava a Villa Rojo (1845–1988) [The history of solfege from Eslava to Villa Rojo (1845–1988)]. In: *Música y educación: Revista trimestral de pedagogía musical*, 8(23), 41–52.

Sundaram, B.M. (1995). The vanishing art of „konakol". In: *Journal of the Indian Musicological Society* 27, 65–69.

Ungerleider, L.G. (1995). Functional brain imaging studies of cortical mechanisms for memory. In: *Science,* 270, 769–775.

Venckus, V. (1995). *Solfedžio*. Vilnius.

Vogel, Joachim (1995). *Hear and Read Guitar – Gehörbildung und Blattspiel für Gitarristen.* AMA Verlag.

Wenzel, H. (1995). *Hören und Sehen , Schrift und Bild – Kultur und Gedächtnis im Mittelalter*. München.

Westermann, K. (1995). Gehörbildung oder: Die Freuden der Pflicht - Gedanken zu einem ungeliebten Nebenfach. [Aural-skills education or: The joys of duty. Thoughts on an unloved auxiliary subject]. In: *Musica* 49, 401–407.

Wilson, Betty-Karol-Fairchilds (1995). *Choral pedagogy: Crossroads of theory and practice in sixteenth-century German*. PhD diss., Boston University.

Wuytack, J. & Baol Palheiros, G. (1995). *Audición musical activa*. Porto-Portugal: Associaçao Wuytack de Pedagogía Musical.

Zbikowski, L. (1995). Theories of Categorization and Theories of Music. In: *Music Theory Online*. https://mtosmt.org/issues/mto.95.1.4/mto.95.1.4.zbikowski.php (vgl. Zbikowski Diss. 1991.)

1996

Acciai, Giovanni (1996). *Solmisazione e didattica musicale in Italia: Da Guido d'Arezzo a Roberto Goitre* [Solmization and music pedagogy in Italy: From Guido of Arezzo to Roberto Goitre]. online: http://www.rinnovarti.it/wp/wp-content/uploads/2016/01/solmisazione-storia-acciai.pdf

Adolphe, Bruce (1996). *What to listen for in the world with illustrations by Vijay Kumar*. 1st Limelight ed. New York: Limelight Editions.

Altenmüller, E. & Beisteiner, R. (1996). Musiker hören Musik: Großhirnaktivierungsmuster bei der Verarbeitung rhythmischer und melodischer Strukturen. In: *Yearbook of the German Society of Music Psychology* (DGM) Band 12, 89–109 ,

Baker David (1996). *Advanced Ear Training for Jazz Musicians*, Schaum Pubns; Pap/Cas Edition.

Benward, B. & Kolosick, J. T. (1996). *Ear Training: a technique for listening*. WCB, McGraw-Hill, vol. 1.

Berger, Christian (1996). „Cithara", „cribrum" und „caprea". Wege zum Hexachord. In: M. Kintzinger, S. Lorenz, M. Walter (edd.), *Schule und Schüler im Mittelalter*. Beiträge zur europäischen Bildungsgeschichte des 9. bis 15. Jahrhunderts. Köln, Weimar, Wien.

Berntsen, D. (1996). Involuntary autobiographical memories. In: *Applied Cognitive Psychology* 10 (5), 435–454.

Bimberg, Siegfried (1996). Annäherung mit Dissonanzen. In: Feurich, Hans-Jürgen / Gerd *Stiehler* (Hg.), *Musikpädagogik in den neuen Bundesländern. Aufarbeitung und Neubeginn,* Essen, 311ff.

Bitinas, B. (1996*). Ugdymo filosofijos pagrindai.* Vilnius.

Bresler, Liora (1996). Towards the Creation of a New Ethical Code in Qualitative Research. In: *Bulletin of the Council for Research in Music Education* 130, 17–29.

Brooke J. et al. (1996). Sus-a quick and dirty usability scale. In: *Usability evaluation in industry*, 189(194), 4–7.

Byars, Ronald Chris (1996). *A comparative review of six choral sight-singing manuals*. Masters Thesis, University of Louisville.

Byrnes, Suzanne-Rita (1996). Comparison of an activity – versus non-activity-based approach for teaching youth choir solfege classes. In: *Missouri Journal of Research in Music Education* 33, 1-9.

Carroll-Phelan, B. & Hampson, P. J. (1996). Multiple Components of the Perception of Musical Sequences: A Cognitive Neuroscience Analysis and Some Implications for Auditory Imagery. In: *Music Perception*, 13 (4), 517–561.

Case, R., Okamoto, Y., Griffin, S., McKeough, A., Bleiker, C., Henderson, B. & Stephenson, K.M. (1996). *The role of central conceptual structures in the development of childrens thought*. (Monographs of the Society for Research in Child Development, 61).

Damschroder, David (1996). *Listen and sing: lessons in Ear-Training and sight-singing*. New York.

de la Motte-Haber, Helga (1996). *Handbuch der Musikpsychologie*, 2. erg. Auflage mit Beiträgen von Reinhard Kopiez und Günther Rötter. Laaber.

Deliège, Irène (1996). Cue abstraction as a component of categorisation processes in music listening. In: *Psychology of Music*, 24 (2), 131–156.

Deliège, Irène, Bertrand, D., Lamont, A. & Cross, I. (1996). Musical pitch cognition in development: effects of training and education. In: B. Pennycook and E. Costa-Giomi (eds), *Proceedings of the 4th ICMPC*. Montréal Mc Gill University, 287–290.

Deliège, I., Mélen, M., Cross, I. & Stammers, D. (1996). The cognitive representation of tonal musical structure. In: B. Pennycook and E. Costa-Giomi (eds), *Proceedings of the 4th ICMPC*. Montréal, Mc Gill University, 59–63.

Deliège, I., Mélen, M., Cross, I. & Stammers, D. (1996). Musical schemata in real time listening to Music. In: *Music Perception*, 14(2), 117–160.

Egmond, Marie (1996). *600 Dictees.* Amsterdam: Broekmans en van Poppel.

Fiske, H. E. (1996). *Selected theories of music perception.* E. Mellen Press.

Fitzek, Herbert & Salber, Wilhelm (1996). *Gestaltpsychologie: Geschichte und Praxis*. Darmstadt: Wissenschaftliche Buchgesellschaft.

Fogarty, Gerard-J., Buttsworth, L.M. & Gearing, P.J. (1996). Assessing intonation skills in a tertiary music training programme, Assessing Intonation Skills in a Tertiary Music Training Programme. In: *Psychology of Music*, 24(2), 157–170.

Foulkes-Levy, Laurdella (1996). *A synthesis of recent theories of tonal melody, contour, and the diatonic scale: Implications for aural perception and cognition.* Diss. SUNY Buffalo.

Frego, R.J.-David (1996). The effect of aural, visual, and aural, visual conditions on subjects. response to perceived artistic tension in music and dance. In: *Journal of Research in Music Education* 47(1), 31–43.

Fritsch, Eloi-Fernando (1996). Sistema para treinamento de intervalos [A system for Ear Training on intervals]. In: Guigue, D. J. G. & Gioia, O. (Hg.), *III. Simpósio Brasileiro de Computação e Música*, 45–55.

Fung, C. V. (1996). Musicians' and Non-Musicians' Preferences for World Musics: Relation to Musical Characteristics and Familiarity. In: *Journal of Research in Music Education* 44, 60–83.

Furiya, Myako (1996). The Adaptation of Kodály's concept to Requirements of Individual National Musical Tradition. In: *Bulletin der Internationalen Kodály Society*, Volume 21(1), Budapest.

Geld, Tom van der (1996). *Ear training: a complete course for the jazz, rock and pop musician,* with 3 CD's. Mainz, London.

Gembris, H. & Kraemer, R.-D. (Hg.) (1996). Physiologische und neuropsychologische Aspekte musikalischen Wahrnehmens und Verhaltens (Rezension). In: *Musik und Unterricht* 48, 1997)

Girdzijauskas, A. (1996). *Muzikos kultūros situacija nepriklausomoje Lietuvojetarptautinės mokslinės konferencijos pranešimai ir moksliniai straipsniai.* Vilnius: LMA.

Granholm, E., Asarnow, R.F., Sarkin, A.J. & Dykes, K.L. (1996). Pupillary responses index cognitive resource limitations. In: *Psychophysiology*, 33, 457–461.

Guilfoyle, Ronan (1996). Using the South Indian rhythmic syllabic system in Western improvised music. In: *Rhythmic Music education; Jazz - Rock - World Music*, Verlag Udgivet af.

Hamann, S.B. & Squire, L.R. (1996). Level-of-processing effects in word-completion priming: A neuropsychological study. In: *Journal of Experimental Psychology: Learning, memory, and Cognition*, 22, 933–947.

Harz, Fred (1996). *Gehörtraining für Gitarristen - 100 Studien*. Hamburg.

Heitmann, Wolfgang & Falke, Silvia (1996). *Hörtraining Rhythmus: Trainingsprogramm fur Rhythmusnotation mittels Kurzschrift* [Ear Training rhythm: A training program for rhythmic notation with the aid of shorthand notation]. Essen: Die Blaue Eule.

Herberger, Rainer (1996). Musikhören im Unterricht und in der Freizeit: Ein unlosbarer Widerspruch? Curricular and extracurricular musical listening: An irreconcilable difference? In: Reinhard Schneider [Hrsg.], *Musikpädagogik in der Diskussion* (Musik im Diskurs Bd. 12). Kassel: Verlag Bosse.

Hoffman, Richard; Pelto, William & White, John W. (1996). Takadimi: A beat-oriented system of rhythm pedagogy. In: *Journal of Music Theory Pedagogy*, 10, 7–30.

Hughes, Richard Vaughan (1996). *The ritus canendi vetustissimus et novus of Johannes Legrense: a critical edition with translation, introduction and notes on the text*. PhD thesis. Glasgow. Online: http://theses.gla.ac.uk/1262/1/1996hughesphd-1.pdf

Jordan-deCabro, J. (1996). Nuo garso prie ženklo: muzikos mokymosi būdai. In: *Gama*, Nr.7

Kaiser, U. (1996). Gehörbildung. In: *Die Musik in Geschichte und Gegenwart*, Sachteil, hrsg. von Ludwig Finscher, Bd. 3 (S. 1126–1131). Kassel.

Karaseva, Marina Valeryevna (1996). *Course of Modern Solfeggio: In 3 Volumes.* Moscow: Sovetskii Kompozitor.

Kobus, Angela-Jean (1996). *A remedial aural development programme for advanced music students*. Diss. University of South Africa, Pretoria.

Kosfelder, Markus (1996). *Akustische Untersuchungen zur schnellen Tonerkennung bei konventionellen Musikinstrumenten.* Diss. Aachen.

Lachenmann, H. (1996). *Musik als existentielle Erfahrung*. Wiesbaden.

Levitin, D. J. & Cook, P. R. (1996). Memory for musical tempo: Additional evidence that auditory memory is absolute. In: *Attention, Perception & Psychophysics*, 58(6), 927–938.

Lilliestam, Lars (1996). On Playing by Ear. In: *Popular Music* 15 (2), 195–216.

London, Justin-M. (1996). A psychological addendum to Takadimi: A beat-oriented system of rhythm pedagogy. In: *Journal of Music Theory Pedagogy*, 10, 31–36.

Louven, Ch. (1996). *Die 6. Sinfonie von Hans Werner Henze: Möglichkeiten der Komposition mit Wahrnehmungsblöcken.* Köln.

Marrington, Mark (1996). *Aural training for guitarists. Classical Guitar* (6 instalments across the year).

Marshall, Hermine H. (1996). Implications of Differentiating and Understanding Constructivist Approaches. In: *Education Psychologist* 31(3–4), 235–240.

Micklisch, Christoph (1996). MIDI und Computer: Neue Perspektiven an der Musikschule [MIDI and computer: New perspectives on the music school]. In: Bernd Enders. (Hg.), *Neue Musiktechnologie. II: Vorträge und Berichte*, 336–349.

Nemes, Klara (1996). The relative sol-fa as a tool of developing musical thinking. In: *Bulletin of the International Kodály Society* 20(2), 27–34.

Neuhoff, Hans (1996). Mensch, Musik, Maschine: Das digitale Credo und seine Probleme-Eine Antwort auf Reinhard Kopiez [Man, music, machine: The digital credo and its problems-A response to Reinhard Kopiez]. In: *Musica*, 50(1), 20–26.

North, A. C. & Hargreaves, D. J. (1996). Situational Influences on Reported Musical Preference. In: *Psychomusicology: Music, Mind, and Brain,* 15, 30–45.

Oelmann, Klaus-Henning (1996). *Metodiske aspekter ved undervisningenav utenlandske studenter i hoerelaere.* Hoegskolen i Tromsoe [Methodical aspects of the aural instruction of foreign students].

Opfer, Stephen-Robert (1996). *A survey of attitudes of California university band conductors toward a synthesis of music disciplines within the university wind band rehearsal.* Diss. University of Southern California.

Radunski, Boris (1996). Zur Universalität emotionaler Eindrücke beim Musikhören [The universality of emotional impressions in music]. In: Richtsteig, T., Hager, U. & Polaschegg, N. (Hg.), *Diskurse zur gegenwärtigen Musikkultur*, 75–78.

Reuter, Chr. (1996). *Die auditive Diskrimination von Orchesterinstrumenten.* Frankfurt.

Rogers, Michael-R. (1996). The Jersild approach: A sight singing method from Denmark. In: *College Music Symposium* 36, 149–161. online:

https://symposium.music.org/index.php/36/item/2129-the-jersild-approach-a-sightsinging-method-from-denmark

Rötter, G. (1996). Zeit- und Rhythmuswahrnehmung. In: de la Motte-Haber, H. (Hg.) *Handbuch der Musikpsychologie*. Laaber: Laaber Verlag, 483–503.

Rutkowski, I. (1996). The effectiveness of individual, small-group singing activities on kindergartners' use of singing voice and developmental music aptitude. In: *Journal of Research in Music Education*, 44(4), 353–368.

Sameroff, A.J. & Haith, M.M. (1996). *The five to seven year shift: The age of reason and responsibility*. Chicago: University of Chicago Press.

Sanuy, M. (1996). *Aula sonora. (Hacia una educación musical en primaria).* Madrid: Morata.

Saslaw, Janna (1996). Forces, Containers, and Paths: The Role of Boby-Derived Image Schemas in the Conceptualization of Music. In: *Journal of Music Theory* 40, 217–243.

Schauss, Chr. & Werner, H.U. (1996). *audite! Gehörbildung und Musikdiktat am PC* (Software).

Scott, T. B. (1996). *The construction of a holistic, criterion-referenced sight-singing test for high school sopranos based on the voluntary national standards for music education*. Doctoral dissertation, University of Illinois-Urbana-Champaign. Dissertation Abstracts International, 57–11, A4684.

Seifert, Uwe (1996). Musiktheorie, Künstliche Intelligenz und Kognitionswissenschaft: Retrospektive und Perspektiven der 90er Jahre [Music theory, artificial intelligence, and cognitive science: Looking back and looking ahead in the 1990s]. In: Enders, Bernd (Hg.), *Kongreßband "Neue Musiktechnologie '93"* (S. 99–132). Mainz: Schott.

Siegler, R.S. (1996). Unidimensional Thinking, multidimensional thinking, and characteristic tendencies of thought. In: A.J. Sameroff & M.M. Haith (Hg.), *The five to seven year shift: The age of reason and responsibility* (S. 63–84). Chicago: University of Chicago Press.

Spitzer, M. (1996). *Geist im Netz*. Heidelberg: Spektrum Akademischer Verlag.

Taddie, Daniel (1996). Solmization, scale, and key in nineteenth-century four-shape tunebooks: Theory and practice. In: *American Music,* 14(1), 42–64.

Turnbull, David (1996). *Aural Time, Practice tests for ABRSM and other Exams*, Grades 1–8 with CDs. London.

Umbrasienė, V. (1996). *Į muzikos šalį, I dalis*. Vilnius.

Ūsaitė, D. (1996). *Solfedžio*.Vilnius.

Vincent, Marilyn-C. & Merrion, Margaret (1996). Teaching music in the year 2050: Music educators need to anticipate the developments that will occur in the next century so they can meet the musical needs of students. In: *Music Educators Journal*, 82(6), 38–42.

Wachtmann, Hans-Ulrich (1996). *Ohrwurm: Gehörbildungsspiele für Kinder*. Lehrerkommentar und Schülerheft. Essen: Die Blaue Eule.

Willems, Edgar (1996). Introduccion a la escritura y a la lectura Introduction to writing and reading music. In: *Música y educación: Revista trimestral de pedagogía musical*, 9, N° 28.

Zatorre,R. J., Halpern, A. R., Perry, D. W. Meyer, E. & Evans, A. C. (1996). Hearing in the mind's ear: A PET investigation of musical imagery and perception. In: *Journal of Cognitive Neuroscience*, 8 (1),29–46.

Zender, Hans (1996). *Wir steigen niemals in denselben Fluß – Wie Musikhören sich wandelt*. Freiburg i.B.

1997

Adler, Samuel. (1997). *Sight singing: Pitch, interval, rhythm.* 2nd ed. New York: W.W. Norton & Company.

Auhagen, Wolfgang (1997). Determinanten des Tempoempfindens beim Musikhören. In: *Zeit in der Musik - Musik in der Zeit: 3. Kongress für Musiktheorie*, Wien, Frankfurt/M., 122–144.

Baker, David (1997). *A New Approach to Ear Training for Jazz Musicians*. Miami.

Barthelmes, Barbara (1997). Der Hörer als Phänomenologe. Neue Hörsituationen nach 1945. In: *Perspektiven einer Geschichte abendländischen Musikhörens*, Elf Beiträge eines Symposiums Dezember 1995 in Salzburg, hrsg. von Wolfgang Gratzer, 199–212.

Beckett, Christine-Alyn (1997). Directing student attention during two-part dictation. In: *Journal of Research in Music Education*, 45, 613–625.

Blomann, K.-H. & Sielecke, F. (Hg.) (1997). *Hören. Eine vernächlässigte Kunst?* Hofheim: Wolke.

Borém, Fausto (1997). *Afinação integrada no contrabaixo: desenvolvimento de um sistema. sensório-motor baseado na audição, tato e visão* [Integrated intonation for the double bass: The development of an aural tactile, and visual sensorimotor system]. In: Sônia Albano, *Performance e interpretação musical: uma prática interdisciplinar* (S. 30-45). Musa.

Brainard, D. H. (1997). The Psychophysics Toolbox. In: *Spatial Vision*, 10, 433–436.

Braun, Werner (1997). Kunstmassig und "anmuthig": Zur Dichotomie des musikalischen Hörens im 17. Jahrhundert. In: *Perspektiven einer Geschichte abendländischen Musikhörens*, Elf Beiträge eines Symposiums Dezember 1995 in Salzburg, hrsg. von Wolfgang Gratzer, 137–150.

Butler, D. (1997). Why the gulf between music research and aural training. In: *Bulletin of the Council for Research in Music Education*, 132, 38–48.

Cave, C.B. (1997). Very long-lasting priming in picture naming. In: *Psychological Science,* 8 (4), 322–328.

Chaffin, R. & Imreh, G. (1997). Pulling teeth and Musical memory and problem solving. In: *Thinking and Reasoning*, 3(4), 315–336.

Chin, Christina (1997). The development of absolute pitch: A Theory Concerning the Roles of Music Training at an Early Developmental Age and Individual Cognitive Style. In: *Psychology of Music* 31(2), 155–171.

Clausen, Holly & Miller, L. (1997). Pitch identification in children and adults: Naming and discrimination. In: *Psychology of Music* 25(1), 4–17.

Code, David- Løberg (1997). Alphabet dictation: An alternative strategy for Ear Training. In: *Journal of Music Theory Pedagogy* 11, 59–73.

Covington, Kate-R. (1997). Improvisation in the aural curriculum: An imperative. In: *College Music Symposium* 37, 49–64.

Crozier, John-B. (1997). Absolute pitch: Practice makes perfect, the earlier the better. In: *Psychology of Music*. 25(2), 110–119.

Cudd, Lola-L. (1997). Tonal relations. In: Deliège, I., Sloboda, J. (Hg.), *Perception and cognition of music* (S. 329–352). Hove, UK: Psychology Press/Erlbaum (UK) Taylor & Francis of Illinois Press.

de la Motte-Haber, Helga (1997). Igor Strawinsky und die Geschichte des Hörens In: Wolfgang Gratzer (Hg.), *Perspektiven einer Geschichte abendländischen Musikhörens*, Elf Beiträge eines Symposiums Dezember 1995 in Salzburg, 185–198.

De La-Motte, Diether (Hg.) (1997). *Zeit in der Musik – Musik in der Zeit* [Time in music-Music in time] Frankfurt usf.

Dias, Maria-Tereza-Groetelaars-Alves (1997). *Para uma educação musical libertadora*, Diss., Salvador. BA. [Towards a liberating music education], Brasilien.

Domling, Wolfgang (1997). Simultane Mehrtextigkeit in der Motette der Ars antiqua: Text und Verständlichkeit. In: *Perspektiven einer Geschichte abendländischen Musikhörens*, Elf Beiträge eines Symposiums Dezember 1995 in Salzburg, hrsg. von Wolfgang Gratzer, 111–120.

Douw, Andre & Schuijer, Michiel C. (1997). Music theory at the Amsterdam School of Music. In: *Music Theory Online* 3(1).

Enders, Bernd (1997). Automatische Vergleichsanalyse einstimmiger Melodien [Automatic comparative analysis of monophonic melodies]. In: *Systematische Musikwissenschaft Zeitschrift für musikalische Grundlagenforschung,* 5(1).

Ewald, Norbert (1997). *Praktische Gehörbildung an den Tasten: Klavier, Keyboard, Orgel.*

Felbick, Lutz (1997). *Beiträge zum Fach Gehörbildung, Hörerziehung – Seine grundsätzliche Problematik innerhalb der Schriftkultur und sein (musik-) wissenschaftlicher Kontext* (Referat für die Fachtagung Musiktheorie, Hörerziehung in der Staatliche Hochschule für Musik und darstellende Kunst Stuttgart am 6.6.97). [Eine Neufassung dieses Textes ist die „Einführung" in der vorliegenden Veröffentlichung].

Foulkes-Levy, L. (1997). Tonal markers, melodic patterns, and musicianship training: Part I: Rhythm reduction. In: *Journal of Music Theory Pedagogy*, 11, 1–24.

Frostig, Marianne (1997). *Auditive Wahrnehmung. Lernschwierigkeiten angehen, gemeinsam mit allen Beteiligten.* Dortmund.

Gable, Frederick-K. (1997). The „Institutionum musicarum" of Erasmus Sartorius and the rhythm of plainsong in seventeenth-century German. In: *Music in Performance and Society: Essays in Honor of Roland Jackson*, edited by Malcolm Coleand John Koegel. Warren, Michigan: H armonie Park Press.

Gak, (aka Robert W. Genthner) (1997). *Going Beyond Buddha: the awakening practice of listening*. Boston, Rutland and Tokyo: Charles E. Tuttle.

Geld, Tom van der (1997). *New Ear Training für Jazz-, Rock- und Popmusiker.* Schott Music. [vergl. van der Geld 2010]

Geller, Doris (1997). *Praktische Intonationslehre für Instrumentalisten und Sänger* (Buch, CD). Kassel u.a.

Gordon, Edwin E. (1997). *A Music Learning Theory for Newborn and Young Children.* G.I.A Publications.

Gordon, Edwin E. (1997). *Learning Sequences in Music*. Chicago.

Gottschalk, A.W. (1997). *Functional hearing: a contextual method training.* New York.

Gratzer, Wolfgang (1997). Motive einer Geschichte des Musikhörens In: *Perspektiven einer Geschichte abendländischen Musikhörens*, Elf Beiträge eines Symposiums Dezember 1995 in Salzburg, hrsg. von Wolfgang Gratzer, 9–32.

Gratzer, Wolfgang (Hg.) (1997). *Perspektiven einer Geschichte abendländischen Musikhörens*. Laaber 1997 (= Schriften zur musikalischen Hermeneutik, Bd. 7).

Griffiths, T. D., Jackson, M. C., Spillane, J- A., Friston, K. J. & Frackowiak, R. S. J. (1997). A neural substrate for musical hallucinosis. In: *Neurocase*, (3), 167–172.

Guirard, Laurent (1997). *Contribution à l'étude des problèmes de motivation dans l'apprentissage musical*: *enquête réalisée sur* des *étudiants de premier et second cycle de musicologie* [A contribution to the analysis of motivation problems in music education: Survey of musicology students of levels I and II] Thesis, Paris.

Henry, Earl (1997). *Sight singing*. Upper Saddle River, NJ: Prentice Hall.

Herzig, Monika (1997). *Elements of jazz piano pedagogy: A content analysis*. Thesis (D. Mus. Ed.) Indiana University.

Jautakytė, R. (1997). *Vaikų muzikinis ugdymas ir mokytojo vaidmuo*. LMA.

Jira, Martin & Osthoff, Wolfgang (1997). *Musikalische Temperaturen in der Klaviermusik des 17. und frühen 18. Jahrhunderts* (mit CD Hörbeispiele). Tutzing.

Jovaiša, L. (1997). *Edukologijos pradmenys*. Kaunas.

Kabisch, Th. & Wehinger, R. (1997). Analysieren und Hören Neuer Musik – Erhard Karkoschka zum 70. Geburtstag gewidmet. In: *Musiktheorie* 12(1).

Karni, A. (1997). The acquisition of perceptual and motor skills: A memory system in the adult human cortex. In: *Cognitive Brain Research*, 5, 39–48.

Karst, K. (Hg.) (1997). *Schule des Hörens* (1): Das Ohr – Textbuch des HR-Hörpuzzles Projektkreis Schule des Hörens e.V. (Hg.), SDH-Schriftenreihe 1. Köln.

Kempermann, G. et al. (1997). More hippocampal neurons in adult mice living in anenriched environment. In: *Nature* 386, 493 – 495.

Laubenthal, Annegrit (1997). Hören oder Verstehen? Zu einem Problem der Renaissance am Beispiel Dufays. In: *Perspektiven einer Geschichte abendländischen Musikhörens*, Elf Beiträge eines Symposiums Dezember 1995 in Salzburg, hrsg. von Wolfgang Gratzer, 121–136.

Levine, Linda-J. & Wright, E. L. (1997). Music training causes long-term enhancement of preschool children's spatial-temporal reasoning. In: *Neurological Research* 19(1), 2-8.

Louhivuori, Jukka (1997). Melodic dictation as a cognitive process. In: Teoksessa M. Vainio ja R. Kinnunen (toim.), *The Heritage of Zoltán Kodály in Hungary and in Finland. Vuosikirja*, 145-159.

Marchisella, Mario (1997). *'Omaggio a Emilio Vedova' von Luigi Nono. Eine Höranalyse*. Zürich.

Marinovici, C. (1997). *Gehörbildung - aber wie? Nicht rechnen, sondern hören! Ein zielorientierter Lehrgang mit CD.*

Martinez, Isabel-Cecilia (1997). The transcription of pitches in tonal melodies: A comparative study. In: Alf Gabrielsson (Hg.), *Proceedings of the Third ESCOM Conference*, 269–74. Uppsala, Sweden: University of Uppsala.

Mattusch, Udo (1997). *Verarbeitung und Repräsentation musikalischer Strukturen mit Methoden der künstlichen Intelligenz: Entwurf und Implementation eines computergestützten Repräsentationsmodells musikalischer Wahrnehmung*. Frankfurt am Main [u.a.]: Lang.

McNeil, Alison (1997). The significance of aural development in the performing musician: In: Alf Gabrielsson (Hg.), *Proceedings of the Third ESCOM Conference* (S. 269–274). Uppsala, Sweden: University of Uppsala.

Möller, Hartmut (1997). Von karolingischen Musikhören und gotischen Konkordanzarchitekten [On the Carolingian experience of music and the Gothic architects of concordance]. In: *Perspektiven einer Geschichte abendländischen Musikhörens*, S.59–110 Hrsg. von Wolfgang Gratzer. Elf Beiträge eines Symposiums Dezember 1995 in Salzburg.

Mosch, Ulrich (1997). Wahrnehmungsweisen serieller Musik. In: *Musiktheorie* 12, 61–70.

Oelmann, K.H. (1997). Veiledning i musikkpedagogutdanningen – et innlegg. In: *Arabesk - Kunstpedagogisk tidsskrift for musikk, dans og drama*, 8, 36–41.

Owens, Jessie-Ann (1997). Waelrant and bocedization: Reflections on solmization reform. In: *Music Fragments and Manuscripts in the Low Countries; Alta Capella; Music Printing in Antwerp and Europe in the 16th Century*, edited by Eugeen Schreurs and Henri Vanhulst (Yearbook of the Alamire Foundation 2). Leuven, 377–393.

Palacios, F. & Terré, L. (1997). *Escuchar: 20 reflexiones sobre música y educación musical*. Las Palmas de Gran Canaria: Fundación Orquesta Filarmónica de Gran Canaria.

Panagl, Oswald (1997). Linguistiche Bemerkungen zum Sinnbezirk des Hörens. In: *Perspektiven einer Geschichte abendländischen Musikhörens*, Elf Beiträge eines Symposiums Dezember 1995 in Salzburg, hrsg. von Wolfgang Gratzer, 33–44.

Panizo, J. M. (1997). Anotaciones sobre el análisis y comentario de audiciones. In: *Música y educación: Revista trimestral de pedagogía musical*. Junio, 30.

Parker, Olin-G. (1997). Cognitive knowledge of the basic elements of music. In: *Third Triennial ESCOM Conference: Proceedings*. Uppsala, Sweden: Uppsala Universitet.

Pelli, D. G. (1997). The VideoToolbox software for visual psychophysics: Transforming numbers into movies. In: *Spatial Vision,* 10, 437–442.

Piper, J. (1997). Ear training through games and exercises. In: *Instrumentalist*, 52(5), 84.

Pöppel, Ernst (1997). A hierarchical model of temporal perception. Trends in Cognitive Sciences (A summary of a theory on temporal perception, in particular on the endogenous creation of system states in the 40-Hz-domain and on presemantic integration in temporal segments up to 3 seconds). In: *Trends in Cognitive Sciences*, 1(2), 56–61.

Pöppel, Ernst (1997). *Grenzen des Bewußtseins. Wie kommen wir zur Zeit und wie entsteht Wirklichkeit*, 3. Auflage. [A long argument on how consciousness can be formally defined on the basis of temporal experience]. Frankfurt, Main: Insel-Verlag.

Radocy, Rudolf-E. (1997). Response to David Butler's presentation, „In search of the musical ear“. In: *Bulletin of the Council for Research in Music Education* , 132, 49–50 Spr.

Rahn, Jay (1997). Recent Diatonic Theory and Curwen's Tonic Sol-Fa Method: Formal Models for a Kinesic-Harmonic System. In: *Third Triennial ESCOM Conference: Proceedings*. Uppsala, Sweden: Uppsala Universitet, 134–139.

Rauscher, F. & Shaw, G. et al. (1997). Music training causes long-term enhancement ofpreschool children's spatial-temporal reasoning. In: *Neurological Research* 19, 2–8.

Ripoll-i-Cornell, Esteve (1997). *Una vida en solfa: Antoni Agramont i Cornell (1851–1906)* [A life in solmization: Antoni Agramont i Cornell (1851–1906)]. Castelló d'Empúries: Ajuntament de Castelló d'Empúries, D.L.

Rössger, P. (1997). *Die Entwicklung der Pupillometrie zu einer Methode der Messung mentaler Beanspruchung in der Arbeitswissenschaft*. Sinzheim: Pro Universitate Verlag.

Rummenhöller, Peter (1997). Hören als ideengeschichtliche Kategorie der Romantik. In: *Perspektiven einer Geschichte abendländischen Musikhörens*, Elf Beiträge eines Symposiums Dezember 1995 in Salzburg, hrsg. von Wolfgang Gratzer, 175–184.

Russo, Mariamichela (1997). *Hexachordal theory in the late thirteenth century.* Diss. Michigan State University. School of Music.

Schleuning, Peter (1997). Das Veilchen zwischen Berg und Tal. Mozarts Lied auf den ersten, zweiten und dritten Blick. In: *Perspektiven einer Geschichte abendländischen Musikhörens*, Elf Beiträge eines Symposiums Dezember 1995 in Salzburg, hrsg. von Wolfgang Gratzer, 151–174.

Seedorf, Thomas (1997). Kantabilitat und Konstruktivitat: Vermischte Bemerkungen zu Schuberts „Sing-Übungen“ (D 619). In: *Schubert-Jahrbuch*, 111–124.

Skifstad, Sheryl Lee. (1997). *Aural analysis training from the perspective of research in cognitive processes.* UMI AAT 1387443. Ann Arbor, Mich. Proquest.

Sumner, Mark-Derrik (1997). *A case for relative solmization within the Kodály context and its application in secondary school music education.* ProQuest Dissertations and Theses.

Taggart, Bruce (1997). Sight singing Schubert: A study in solfege. In: *Journal of Music Theory Pedagogy*, 11, 75–98.

Takei, Shigemi (1997). Ongaku o miru: Kyōikuteki shiten ni yoru heikinritsu gosenfu doremi tanjō no rekishi [Looking at music: The birth of equal temperament, staff notation, and solfege from a pedagogical viewpoint]. Japan.

Therrien, M-C. (1997). *Guidelines for the instructional design of technological and cooperative applications in a music program*. ProQuest Dissertations and Theses.

Ungeheuer, E. (1997). Funktionales Hören, ästhetische Erfahrung und Gestalten in der elektronischen Musik – Ansätze zu einer musikalischen Gestaltheorie. In: *Hören. Eine vernächlässigte Kunst?* Hrsg. v. Karl-Heinz Blomann und Frank Sielecke. Hofheim: Wolke.

Uno, Yayoi (1997). Modality-based aural skills pedagogy: Ear-Training strategies for post-tonal and non-Western musics. In: *Journal of Music Theory Pedagogy*, 11, 27-58.

Zaminer, Frieder (1997). Von der Musenkunst zur Musik: Anfänge des abendländischen Musikhörens bei den Griechen. In: *Perspektiven einer Geschichte abendländischen Musikhörens*, Elf Beiträge eines Symposiums Dezember 1995 in Salzburg, hrsg. von Wolfgang Gratzer. S. 45–58.

Zbikowski, Lawrence M. (1997). Conceptual Models and Cross-Domain Mapping: New Perspectives on Theories of Music and Hierarchy. In: *Journal of Music Theory* 41 (2), 193–225.

Zohn, Steven (1997). New light on Quantz's advocacy of Telemann's music. In: *Early Music*, 25(3) 3, 441–461.

1998

Badung, Wolfgang (1998). *Das kleine Konzert, Aufnahmeprüfung für das Musikstudium in Deutschland, Allgemeine Musiklehre - Gehörbildung - Tonsatz.* Verlag/Label: Mignon.

Baharloo, S., Johnston, P. A., Service, S. K., Gitschier, J. & Freimer, N. B. (1998). Absolute pitch. In: *The American Journal of Human Genetics,* 62(2), 224–231.

Barniol-i-Terricabras, Enriqueta (1998). Pensamiento pedagógico *y* acción educativa *de* Zoltán Kodály. [The pedagogical thoughts and educational activities of Zoltan Kodaly]. In: *Música y educación: Revista trimestral de pedagogía musical*, 11(35), 85–102.

Benett, R. (1998). *Investigando los estilos musicales* (Incluye 2 CDs). Madrid: Akal.

Benidir, Aziz (1998). *Initiation* à à *la musique arabo-musulmane* [Introduction to Arab-Muslim music]. Editions Al-Bouraq.

Bortz, J. & Lienert, G.A. (1998). *Kurzgefasste Statistik für die klinische Forschung*. Berlin, Heidelberg, New York: Springer.

Bradter, Cornelius (1998). *Die generative Theorie der tonalen Musik: Grundlagen und Entwicklungsimpulse durch F. Lehrdahl und R. Jackendoff.* Münster.

Brittain, Lara M. (1998). Sight-singing pedagogy: Research applied to classroom methods. In: *Choral Journal* 39(1), 9-15, 17-18.

Byrt, John (1998). Quantz's „Solfeggi“: A unique document. In: *Leading Notes: Journal of the Early Music Association* 8, Autumn 1998, 6–18.

Cahill, L. & McGaugh, J. (1998). Mechanisms of emotional arousal and lasting declarative memory. In: *Trends in Neurosciences*, 21(7), 294–299.

Costa-Giomi, E. (1998). The McGill piano project: Effects of piano instruction on children'scognitive abilities. In: Gabielsson, A. (Hg.). *Third triennial conference of the EuropeanSociety for the Cognitive Sciences of Music* (S. 446–450). Uppsala: Uppsala Univ.Press

Deliège, Irène (1998). Music listening and emotional experience. In: *Psicologia cognitiva e composizione musicale. Intersezioni e prospettive comuni.* Roma, Kappa, 47–67 (invited paper).

Deliège, Irène (1998). Perceiving Similarities and Differences in Listening to a Piece of Music. A re-reading of a real-time listening model in relation to Anticipation. In: D. Dubois (ed), *Proceedings CASYS Conference. International Journal of Computing Anticipatory Systems*, vol. 4, 1999, 179–189.

Deliège, Irène (1998). The perception of the opposition Invariant , Variant. Experimental study on Steve Reich, Four Organs. In: *Commemorative publication (Festschrift) for the 60th anniversary of Mrs Helga de la Motte-Haber.* Verlag Königshausen & Neumannn, 105–126.

Deliège, Irène (1998). Wagner "Alte Weise": Une approche perceptive. In: *Musicae Scientiae*, numéro spécial, 63–90.

Di Matteo, R. (1998). *Psicologia cognitiva e composizione musicale: intersezioni e prospettive comuni:* atti del simposio, Università di Roma "La Sapienza", 13–14 dicembre 1996 , a cura di Rosalia Di Matteo. Roma: Kappa, stampa.

Eastlund-Gromko, Joyce & Smith Poorman, A. (1998). The effect of music training onpreschoolers' spatial-temporal task performance. In: *Journal of Research in Music Education* 46 (2), 173–181.

Enders, Bernd (1998). Besonderheiten der Erstellung von Musiktutorials und Multimedia-Applikationen mit der Autorensprache CAMI-Talk [Specifics in producing music tutorials and multimedia applications with the CAMI-Talk authoring language]. In: B. Enders / N. Knolle (Hg.), *KlangArt-Kongreß 1995 - Vorträge und Berichte* (S. 227–248). Osnabrück: Universitätsverlag rasch.

Fahner, Frank (1998). *De klankenkraker: horen en benoemen van intervallen en drieklanken voor beginners, gevorderden en profs* , Versie 1.0 . Utrecht: Bruna Multimedia, cop.

Felbick, Lutz (1998). *Kategorien des musikalischen Hörens – H. Riemanns Hörtheorie und die französische Musiktradition* (Referat für die Fachtagung Hörerziehung in der Staatliche Hochschule für Musik und darstellende Kunst Stuttgart am 31.01.98) Online-Veröffentlichung: https://www.academia.edu/s/eb89d1b636.

Foulkes-Levy, L. (1998). Tonal markers, melodic patterns, and musicianship training: Part II: Contour reduction. In: *Journal of Music Theory Pedagogy*, 12, 1–24.

Gandour, J., Wong, D. & Hutchins, G. (1998). Pitch processing in the human brain is influenced by language experience. In: *NeuroReport,* 9(9), 2115–2119.

Gellrich, Martin & Parncutt, Richard (1998). Piano Technique and Fingering in the Eighteenth and Nineteenth Centuries: Bringing a Forgotten Method Back to Life. In: *British Journal of Music Education* 15, 5–23.

Glashoff, Burkhard (1998). Klassik-Hörer: Programmpräferenzen und musikalische Rezeption. In: *Yearbook of the German Society of Music Psychology* (DGM), Band 13, 96–107.

Goldfajn, Larisa (1998). *Голдфайн, Лариса, Развитие музыкального слуха в классе фортепиано* [The development of musical hearing in piano class]. Moskau.

Gregersen, P. K. (1998). Instant Recognition: The Genetics of Pitch Perception. In: *The American Journal of Human Genetics,* 62(2), 221–223.

Grugin, S.D. (1998). *The development of a performance-based methodology to teach harmonic aural skills to students in high school bands.* ProQuest Dissertations and Theses.

Gruhn, W. (1998). *Der Musikverstand.* Hildesheim u.a.: Olms.

Grunenberg, M. & Heygster, M. (1998). *Handbuch Relative Solmisation.* Mainz.

Hansen, Leo & Manzke, Gerd (1998). *Faszination Hören – Ton und Klang als pädagogische Elemente.* Münster.

Hastings, Todd-James (1998). *An orchestral audition preparation tool for aspiring trumpeters.* Academic thesis, The University of Texas at Austin.

Heaton, P., Hermelin, B. & Pring, L. (1998). Autism and pitch processing: A precursor for savant musical ability? In: *Music Perception*, 15, 291–308.

Johnson, J.K. & Cotman, C.W. et al. (1998). Enhancement of spatial-temporal reasoningafter a Mozart listening condition in Alzheimer's disease: a case study. In: *Neurological Research* 20 (8), 666–672.

Jourdain, R. (1998). *Das wohltemperierte Gehirn – Wie Musik im Kopf entsteht.* Heidelberg, Berlin [Originaltitel: Robert Jourdain, Music, Brain, and Ecstasy, 1997].

Kaić, Vera (1998). *Nastava solfeggia* na *Srednjoj specijalnoj glazbenoj školi u Moskvi.* [Teaching Ear Trainingand harmony at the Specializirovanna Skola pri Moskovskoj Konservatorij].

Kaiser, U. (1998). *Satzlehre - Improvisation - Höranalyse. Ein Lehrgang mit historischen Beispielen*, Bd. I, II Kassel.

Klonoski, Edward. (1998). Teaching Pitch Internalization Processes. In: *Journal of Music Theory Pedagogy* 12, 81–96.

Kozlowska-Lewna, Alicja (1998). Na *marginesie rozważań o słuchu* absolutnym. In: *Dzieło muzyczne. Między inspiracją a refleksją*, Prace Specjalne 55, Akademia Muzyczna Gdańsk, 299–310. [Considerations on absolute pitch].

Marcozzi, Rudy (1998). The use of binary logic and processing to enhance learning and instruction in the undergraduate theory classroom. In: *Journal of Music Theory Pedagogy* 12, 25–38.

Martinez, J. & Kesner, R. (Hg.) (1998). *Neurobiology of Learning and Memory*. SanDiego: Academic Press.

Masnikosa, Marija (1998). „INTIMA“, Milojevic's suite for strings on the motive "re-la-do-mi-la".

McElheran, Brock (1998). *Music reading by intervals: a modern sight-reading and Ear Training method.* New York.

Oelmann, K.H. (1998). Veiledning paa ville veier ? Et forsoek paa et sosialpsykologisktilbakekblikk. In: *Nordisk tidsskrift for spesialpedagogikk*, 3, 125–135.

O'Loughlin, Marjorie. (1998). Paying Attention to Bodies in Education: Theoretical Resources and Practical Suggestions. In: *Educational Philosophy & Theory* 30 (3), 275–297.

Palmquist, Jane-E. (1998). Dalcroze instruction: It's not just for general music teachers! In: *American String Teacher*, 48(1), 59–64.

Pantev, C., Oostenveld, R., Engelien, A., Ross, B., Roberts, L.E. & Hoke, M. (1998). Increased auditory cortical representation in musicians. In: *Nature,* 392, 811–814.

Pantev, Ch. et al. (1998). Increased auditory cortical representation in musicians. In: *Nature* 392, 811–814

Patel, Aniruddh-D. (1998). Syntactic processing in language and music: Different cognitive operations, similar neural resources? In: *Music Perception* 16 (1), 27–42.

Pechmann, Th. (1998). Memory for Chords: The Retension of Pitch and Mode. In: *Music Perception* 16(1), 43–54.

Perez-Villar, Maria-Teresa & Prats-Ripoll, Angel (1998). Ensenanza de estrategias de aprendizaje aplicada a los dictados musicales [Teaching strategies to apply to training in music dictation]. In: *Música y educación: Revista trimestral de pedagogía musical* 11(34), 4550.

Pratt, George, Henson, Michael & Cargill, Simon (1998). *Aural awareness: principles and practice.* New York: Oxford University Press,

Rauscher, F. & Robinson, K.D. et al. (1998). Improved maze learning through early musicexposure in rats. In: *Neurological Research* 20, 427–432

Reber, P.J. & Squire, L.R. (1998). Encapsulation of implicit and explicit memory in sequence learning. In: *Journal of Cognitive Neuroscience,* 10(2), 248–263.

Rötter, G. (1998). Musikalische Form und musikalisches Gedächtnis. In: *Konzepte der Musikwissenschaft. Internationaler Kongress der Gesellschaft für Musikforschung.* Halle an der Saale.

Ruhnke, M. (1998). Solmisation. In: F. Blume (Hg.), *Die Musik in Geschichte und Gegenwart: Allgemeine Enzyklopädie der Musik.* Sachteil, Band 8 (S. 1561–1569). Kassel: Bärenreiter.

Sheldon, Deborah-A. (1998). Effects of contextual sight-singing and aural skills training on error-detection abilities. In: *Journal of Research in Music Education* 46(3), 384–395.

Smith, Susan A. (1998). *Sight singingin the high school choral rehearsal: Pedagogical practices, teacher attitudes and university preparation.* PhD diss., The Florida State University.

Surmani, K. F., Manus, M. & Surmani, A. (1998). *Essentials of music theory*: lessons, ear training, workbook. Ear training CDs 1 & 2, Books 1, 2, 3; Van Nuys CA.

Taneda, Naoyuki (1998). *Erziehung zum absoluten Gehör: ein neuer Weg am Klavier: Handbuch für Lehrer und Eltern zum Unterrichtswerk Hören und Spielen.* 2. überarbeitete Auflage. Mainz; London; Madrid; New York; Paris; Tokyo; Toronto: Schott 1999.

Tourinho, I. (1998). Educational Considerations about a Study of Young Students' Musical Preferences and Habits. In: *Dialogue in Instrumental Music Education* 22(1), 36–45.

Vetter, I. (1998). Mozarts Nachschrift des Allegrischen Miserere: Ein Gedächtnis-Wunder? In: H. Danuser & T. Plebuch (Hg.), *Musik als Text. Bericht über den internationalen Kongress der Gesellschaft für Musikforschung*, Freiburg im Breisgau, Band 2 (S. 144–147). Kassel: Bärenreiter.

Vives, Thomas-Edward (1998). *The effect of timbre on the chord identification accuracy of sophomore-level college music theory students*, Diss., University of Florida.

Ward, W.D. (1998). Absolute Pitch. In: D. Deutsch (Hg.). *The Psychology of Music (Second ed.).* San Diego: Academic Press. 265–298.

Watts, Donald-Earl (1998). *Toward an understanding of the pedagogical value of hierarchical structure in tonal pitch dictation* (Ph. D. thesis , Univ. of Maryland.

Willis, Gary (1998). *Ultimate Ear Training For Guitar And Bass*; Milwaukee, WI.

Zatorre, R.J., Perry, D.W., Beckett, C.A., Westbury, C.F. & Evans, A.C. (1998). Functional anatomy of musical processing in listeners with absolute pitch and relative pitch. In: *Proceedings of the National Academy of Sciences,* 95, 3172–3177.

Zbikowski, Lawrence M. (1998). Metaphor and Music Theory: Reflections from Cognitive Science. In: *Music Theory Online* 4 (1).

1999

Aguilar, M. del Carmen (1999). *Analysis Auditvo de la musica*. Buenos Aires.

Allaire, Gaston-Georges (1999). Two hidden canons in the theoretical notion of notation in the polyphony of the Renaissance. In: *International Journal oj Music Education*, 8, 93–115.

Altenmüller, E. et al. (1999). *Mozart in us: How the brain processes music.* Richard Lederman Lecture, Aspen.

Andreas, Heide (1999). Auf die Musik hören [Listening to music]. In: *Forum Musikpädgogik* Bd.37, hsrg. von Franz Niermann, 138–150.

Azim, Erica (1999). On teaching Americans to play mbira like Zimbabweans. In: *African Music: Journal of the International Library of African Music*, 7(4).

Bachman, M. (1999). *Dalcrose Today: An Education through and into Music*. New York.

Bangert, M.W., Parlitz, D. & Altenmüller, E. (1999). Neuronal correlates of the pianists 'innerear'. In: *Proceedings of the Conference on Musical Imagery*, Oslo.

Barinaga, M. (1999). Learning visualized, on the double. In: *Science* 286, 1661.

Barniol, Enriqueta (1999). Profesor de solfeo y teoria versus profesor de lenguaje musical [Teacher of solfege and theory versus teacher of musical language]. In: *Música y educación: Revista trimestral de pedagogía musical*, 12(40), 49–58.

Beegle, Jeanne (1999). Music learning research & the Suzuki Method. In: *American Suzuki Journal*, 28(2).

Bischoff, Laura-A. (1999). *Absolute pitch and the P300: A neuromusicological study*. Diss. University of Illinois at Urbana-Champaign.

Bongrain, Anne & Poirier, Alain (Hg.) (1999). *Le Conservatoire de Paris: Deux cents ans de pedagogie-1795–1995* [The Conservatoire de Paris: Two hundred years of pedagogy-1795–1995]. Paris: Buchet/Chastel.

Brech, Martha (1999). Öffentliches Hörtraining: Brüsseler Platz 10a Musik. In: *Positionen* 38, Februar.

Brodsky, Warren & Avishai, Henik (1999). Inner hearing among symphony orchestra musicians: Intersectional differences of string-players versus wind-players. In: Suk Won Yi; *Music, Mind, and Science*. Seoul.

Brown, Kathryn (1999). Striking the Right Note. In: *Nature*. 164 (2215), 38–41.

Chabris, Ch.F. (1999). Prelude or requiem for the 'Mozart effect'? In: *Nature* 400, 826–827.

Chan, A.S., Ho, Y.-Ch. & Cheung, M.-Ch. (1999). Music training improves verbal memory. In: *Nature* 396, 128

Choksy, L. (1999). *The Kodály Method I: Comprehensive Music Education.* Upper Saddle River, New Jersey: Prentice-Hall.

Dalby, Bruce (1999). Teaching audiation in instrumental classes. In: *Music Educators Journal* , 85(6), 22–25, 46

Dalla-Bella, Simone & Peretz, Isabelle (1999). Music agnosias: Selective impairments of music recognition after brain damage. In: *Journal of New Music Research* 28(3), 209–216.

Deliège, Irène (1999). *Psychologie de la Musique: Fondements, théoriques et orientations actuelles. Scientific Contributions to General Psychology*, 3, 4. Roma, Italy.

Delzell, J. K., Rohwer, D.A. & Ballard, D.E. (1999). Effects of melodic pattern difficulty and performance experience on ability to play by ear. In: *Journal of Research in Music Education*, 47(3), 53–63.

Deutsch, D. (1999). The processing of pitch combinations. In: D. Deutsch (Hg.), *The psychology of music* (2. Aufl., 349–411). San Diego, CA: Academic Press.

Deutsch, D., Henthorn, T. & Dolson, M. (1999). Tone Language Speakers Possess Absolute Pitch. In: *The Journal of the Acoustical Society of America.* 106 (4), 2267.

Dibben, N. (1999). The perception of structural stability in atonal music: The influence ofsalience, stability, horizontal motion, pitch commonality, and dissonance. In: *Music Perception*, 16, 265–294.

Dikčius, A. (1999). *Vyčinienė D. Mano muzika: vadovėlis 5 klasei.* Vilnius.

Doerksen, Paul-F. (1999). Aural-diagnostic and prescriptive skills of preservice and expert instrumental music teachers. In: *Journal of Research in Music Education* 47(1), 78–88.

Eichhorn, Andreas (1999). Die Musik wirkt nur gegenwärtig und unmittelbar: Goethe als Musikhörer [Music's impact is direct and of the moment: Goethe as music listener]. In: Österreichische Musikzeitschrift 54(3), 16–24.

Enders, B. & Weyde, T. (1999). *Computerkolleg Musik Gehörbildung*" (CD-ROM-Ausgabe). Mainz: Schott.

Evers, S., Dannert, J. & Rötter, G. et al. (Hg.) (1999). The cerebral haemodynamics of music perception - A transcranial Doppler sonography study. In: *Brain* 122, 75–85.

Floirat, Bernard; AneCa Janiaczyk, Diana Ligeti, Nicolas Meeùs, Isabelle Poinloup, Marie-Laure Ragot & Monika Stern (1999). La 'gamme double française' et la méthode du si. [The French "gamme double" and the method of the "si"]. In: *Musurgia* 6 (3), 29–44.

Frego, R.J.-David (1999). Effects of aural and visual conditions on response to perceived artistic tension in music and dance. In: *Journal of Research in Music Education.* 47(1), 31-43.

Gartenlaub, Odette (1999). Le solfège dans la formation musicale. [Solfège in music education]. In: Bongrain, Anne & Poirier, Alain (Hg.). *Le conservatoire de Paris: Deux cents ans de pédagogie.* Paris: Buchet / Chastel, 309–316.

Gauldin, Robert (1999). Some personal observations on aural skills. In: *GAMUT* (=online Journal of the Music Theory Society of the Mid-Atlantic) 9, 3–15.

Gembris, H. (1999). 100 Jahre musikalische Rezeptionsforschung. Ein Rückblick in die Zukunft. In: *Yearbook of the German Society of Music Psychology* (DGM), Band 14, 24–41.

Goldberg, Sandra (1999). The moveable DO system in violin and viola pedagogy. In: *American String Teacher* 49(2), 70–75.

Gordon, Edwin E. (1999). All About Audiation and Music Aptitudes. In: *Music Educators Journal* 86 (2), 41–44.

Halpern, A.R. & Zatorre, R.J. (1999). When that tune runs through your head: A PET investigation of auditory imagery for familiar melodies. In: *Cerebral Cortex,* 9, 697–704.

Hedges, Don-Perry (1999). *Taking notes: The history, practice, and innovation of musical dictation in English and American aural skills pedagogy.* Indiana University.

Hegi, Erzsebet (1999). *Método Kodály de solfeo* [Kodaly solfege method]

Hughes, J.R., Fino, J.J. & Melyn, M.A. (1999). Is there a chronic change of the "Mozart effect"on epileptiform activity? In: *Clinical Electroencephalography* 30 (2), 44–45.

Johnson, Michael-John (1999). *An instructional approach for a university jazz vocal improvisation course sequence incorporating jazz theory, Ear-Training, and keyboard.* Diss. University of Miami;.

Kaić, Vera (1999). Izvješće o Nastava solfeggia na Srednjoj Specijalnoj Glazbenoj Skoli u Moskvi [Teaching solfege at the Specializirovanna Skola pri Moskovskoj Konservatorij]. In: *Theoria* 1(1), 7.

Kaić, Vera (1999). Metoda tonika-do u nastavi solfeggia [Movable do method in teaching solfege]. In: *Theoria* 1(1), 4f.

Kaić, Vera (1999). Teorija, diktat i solfeggio Teorija, diktat i solfeggio u prijamnom ispitu na Muzičkoj Akademiji u Zagrebu [Theory, dictation, and solfege at the entrance exams to the Muzicka Akademija in Zagreb]. In: *Theoria* 1(1), 8.

Kaiser, U. (1999). "Es hört doch nur jeder, was er versteht" – Gedanken zum Thema Musiktheorie und Hörerziehung. In: *Musiktheorie*, 14(4), 335–340

Kaiser, Ulrich (1999). Musiktheorie und Gehörbildung: Ein Modell zur Aufnahmeprufung an Hochschulen [Theory and Ear Training: A model for auditions]. In: *Diskussion Musikpädagogik* 4/1999, 80–92.

Karaseva, Marina Valeryevna (1999). Musical ear in context of modern practical psychology. In: *Music Academy*. 4, 172–185. .

Karaseva, Marina Valeryevna (1999). *Solfeggio – psycothechnique of modern professional Ear training Improvement of Musical Ear.* N 4. Moscow, 67–85.

Kestler, C. (1999). *Experimentelle Studie zur schnellen Tonhöhenkorrektur bei Sängern und bei Nichtsängern.* Unveröffentlichte Diplomarbeit, Hochschule für Musik und Theater, Hannover.

Kraft, L. (1999). *A new aproach to Ear Training: a programmed course in melodic and harminivc dictation.* New York.

Lakoff, George & Johnson, Mark (1999). *Philosophy in the Flesh: The Embodied Mind and Its Challenge to Western Thought.* New York, NY: Basic Books.

Lescat, Philippe (1999). Genèse at transformation des Solfèges du Conservatoire. [The genesis and transformaton of 'solféges' in the conservatory]. In: Bongrain, Anne & Poirier, Alain (Hg.). *Le conservatoire de Paris: Deux cents ans de pédagogie.* Paris: Buchet/Chastel, 293–307.

Levitin, D.J. (1999). Absolute pitch: Self-reference and human memory. In: *International Journal of Computing and Anticipatory Systems,* 4, 255–266.

Martínez, I. & Shifres, F. (1999). The Rivalry Between Structure and Surface While Judging the Similarity of Melodies. In: R. Ashley (Hg.) *Abstracts of the SMPCC99*, p. 28. Evanston, IL: Northwestern University.

Martínez, I. & Shifres, F. (1999). Music Education and the Development of Structural Hearing: A Study with Children. In: M. Barrett, G. McPherson and R. Smith (eds), *Children and Music: Developmental Perspectives* (S. 184–90). Proceedings of the Second International Musical Education Research Symposium.Tasmania: UNIPRINT, University of Tasmania.

Matz, I. (1999). Gehörbildung heute. In: *Musiktheorie*, 14 (4), 328–334.

Medini, Zila Shwartz. (1999). *Music perception and cognition as a basis for an ear-training approach.* TJMI AAT 1397746. Ann Arbor, Mich. Proquest.

Palonen, Marjut (1999). *Musiikinteorian ja säveltapailun opiskelemisen mielekkyys ja oppilaiden motivoituminen teoriaopintoihin peruskursseilla.* [Student motivation and the meaningfulness of music-theory and aural-skills studies at the music-school level]. Master's thesis, Jyväskylä University.

Parncutt, R. (1999). Applying music psychology to music education: Can perceptual theory inform undergraduate harmony? In: M. Barrett; G. McPherson, R. Smith, *Children and music: developmental perspectives,* 254–258.

Paynter, J. (1999). *Sonido y estructura*. Madrid: Akal. (Incluye 2 CDs).

Pesce, Dolores (1999). *Guido d'Arezzo's "Regule rithmice", "Prologus in antiphonarium", and "Epistola ad michahelem": A critical text and translation with an introduction, annotations, indices, and new manuscript inventories.* (Musicological Studies 73). Ottawa: The Institute of Mediaeval Music.

Petrat, N. (1999). Originelles hören von Anfang an – Zum Phänomen des "Zurechthörens" bei Instrumentalschülern. In: *Üben und Musizieren* 6, 32–B36

Petrović, Tihomir (Hg.) (1999). *Theoria: Glasilo Hrvatskog društva glazbenih teoretičara* I. Zagreb, Croatia.

Petrović, Tihomir (1999). Posebnosti uporable francuske solmizacijeu nastavi solfeggia [Specifics of the French method of teaching solfege]. In: *Theoria* 1(1), 6.

Petrović, Tihomir (1999). Sto o nastavi solfeggia (i glazbenog nauka uopce) moraju znati roditelji ucenika [What should parents know about teaching solfege and music in general]. In: *Theoria* 1(1), 16.

Picard, François (1999). Oralité et notations, de Chine en Europe Orality and notation in China and Europe. In: *Cahiers d'ethnomusicologie* http://journals.openedition.org/ethnomusicologie/674

Pozzoli, E. (1999). *Solfeggi parlati e cantati* (I II e III corso). Milano: Ricordi.

Press, C. (1999). Music Cognition and AuralSkills: A Review Essay on George Pratt's Aural Awareness: Principles and Practice. In: *Music Perception*, 17(1), 127–144.

Račić, Ladislav (1999). Nastava solfeggia na Rock Akademiji Teaching solfege at the Rock Akademija. In: *Theoria* 1(1), 15.

Röder, B., Teder-Sälejärvi, W., Sterr, A., Rösler, F., Hillyard, S.A. & Neville, H.J. (1999). Improved auditory spatial tuning in blind humans. In: *Nature,* 400, 162–166.

Rojko, Pavel (1999). Solfeggio kao učenje glazbenog jezika. [Solfege as a tool for learning the language of music] In: *Tonovi*, 33, 14–31.

Royal, M.S. (1999). Music Cognition and Aural Skills: A Review Essay on George Pratt's "Aural Awareness." In: *Music Perception*, 17(1), 127–141.

Sakakibara, A. (1999). A longitudinal study of a process for acquiring absolute pitch. In: *The Japanese Journal of Educational Psychology.* 47, 19–27.

Schäfer, Chr. (1999). *Klangstrasse: Ein Unterrichtswerk für die Musikalische Früherziehung mit Relativer Solmisation*, Lehrer und 2 Schülerhefte, Mainz.

Shifres, Favio, Martinez, Isabel Cecilia & Malbrán, Silvia (1999). The role of repetition in aural identification of harmonic sequences. In: *Bulletin of the Council for Research in Music Education* 141, The 17th International Society for Music Education: ISME Research Seminar (Summer, 1999), 93-97, University of Illinois Press.

Spiegel, Laurie (1999). Music as a mirror of mind. In: *Organised Sound* , 4(3), 151–152.

Squire, L.R. & Kandel, E.R. (1999). *Memory. From mind to molecules*. New York: Scientific American Library.

Steele, K.M., Dalla Belle, S. & Peretz, I. et al. (1999). Prelude or requiem for the 'Mozarteffect'? In: *Nature* 400, 82.

Stroh, W. M. (1999). *Wiederbelebung der Auditiven Wahrnehmungserziehung durch akustikökologische Soundscape-Bewegung*? Oldenburg.

Tappert-Süberkrüb, A. (1999). Music Learning Theory. Edwin Gordons Theorie des Musiklernens. In: *Diskussion Musikpädagogik*, 2, 75–98.

Terao, T. & Matsunaga, K. (1999). Musical hallucinations and palinacousis. In: *Psychopathology*, 32 (2), 57–59.

Tove, Y. David-G. (1999). The role of the music educator in Mexico's cultural missions. In: *Bulletin of the Council for Research in Music Education* 139 (Winter, 1999), 1–11.

Ward, W.D. (1999). Absolute pitch. In: D. Deutsch (Hg.), *The psychology of music* (2. Aufl., 265–298). San Diego, CA: Academic Press.

Weinberger, N.M. (1999). Music and the auditory system. In: D. Deutsch (Hg.), *The psychology of music* (2. Aufl., 47–87). San Diego, CA: Academic Press.

Zungu-Dirwayi, N., Hugo, F., van Heerden, B- B. & Stein, D. J. (1999). Are musical obsessions a temporal lobe phenomenon? In: *Journal of Neuropsychiatry And Clinical Neurosciences*, 11 (3), 398–400.

2000

Addessi, A. & Caterina, R. (2000). Perceptual musical analysis: Segmentation and percep-tion of tension. In: *Musicae Scientiae*, 4,31–54.

Aleman, A., Nieuwenstein, M. R., Böcker, K. B. E. & de Haan, E. H. F. (2000). Music training and mental imagery ability. In: *Neuropsychologia*, 38(12), 1664–1668.

Altenmüller, Eckart-O. & Marc W. Bangert (2000). Mozart in us: How the brain processes music. In: *Medical problems of performing artists* 15(3), 99–106.

Altenmüller, Eckart-O. et al. (2000). The impact of music education on brain networks: Evidence from EEG-studies. In: *International Journal of Music Education* (3), 47–53.

Antinone, Patrick M. (2000). *The effect of movable-do versus fixed-do sight reading systems on beginning choral students melodic sight-reading accuracy*. Master's thesis, Texas Woman's University.

Atkinson, Charles-M. (2000). Das Tonsystem des Chorals im Spiegel mittelalterlicher Musiktraktate. In: Ertelt, Thomas, and Zaminer, Frieder, ed., *Die Lehre vom einstimmigen liturgischen Gesang, Geschichte der Musiktheorie 4* (Darmstadt), 103–133.

Baharloo, S., Service, S.K., Risch, N., Gitschier, J. & Freimer, N.B. (2000). Familial aggregation of absolute pitch. In: The *American Journal of Human Genetics,* 67, 755–758.

Bischoff, L.A. (2000). Recent discoveries in the psychophysiology of absolute pitch. In: C. Woods, G. Luck, R. Brochard, F. Seddon & J.A. Sloboda (Hg.), *Proceedings of the 6th International Conference on Music Perception and Cognition*. Keele, UK: Dept. of Psychology, Keele University.

Blackburn, Bonnie-J. (2000). Masses based on popular songs and solmization syllables. In: Richard Sherr (Hg.), *The Josquin Companion* (S. 51–87). Oxford: Oxford University Press.

Bornstein, Andrea (2000). A cosa servono i duo? La sazione. [What is the purpose of bicinia? Solmization]. In: *Hortus musicus: Trimestrale di musica antica*, vol. 1, no.2 (Apr-June), 37–42 and vol. 1, no.3 (July-Sept), 45–49.

Bowyer, Donald-William (2000). *A new approach to computer-assisted instruction in music theory for elementary and middle school children*. Ph.D. thesis, University of Northern Colorado

Brand, Eva (2000). Children's mental musical organisations as highlighted by their singing errors. In: *Psychology oj Music* 28 (1), 62–80.

Buehrer, Theodore Edward (2000). *An Alternative Pedagogical Paradigm for Aural Skills: An Examination of Constructivist Learning Theory and its Potential for Implementation into Aural Skills Curricula*. Doctoral dissertation, Indiana University.

Cohen, Annabel J. (2000). Development of Tonality Induction: Plasticity, Exposure, and Training. In: *Music Perception* 17 (4), 437–459.

Connell, B. (2000). The perception of lexical tone in Mambila. In: *Language and Speech* 43(2), 163–182.

Devore, Richard & Lorenz, Ralph (2000). Teaching Ear Training using Medieval and Renaissance music. In: *Journal of Music Theory Pedagogy* 14, 75–91.

Ehrenforth, K. H. (2000). Schulmusik - quo vadis? In: *Diskussion Musikpädagogik*, 8, 6–11.

Ester, D. (2000). *Easy as Do- Re- Mi or 1- 2- 3*. London.

Estevez-Vila, Jaime (2000). Del solfeo al lenguaje musical. [From solfege to musical language]. In: *Música y educación: Revista trimestral de pedagogía musical*, 13 (42), 89–108.

Gómez-Pardo, Gabaldón & Elisa, M. (2000). *El lenguaje de la experiencia auditiva. La apreciación musical con propuestas didácticas en la Educación Secundaria*. Tesis doctoral (inédita). Universidad de Valencia, Facultad de Filosofía y Ciencias de la Educación.

Gomibuchi, T., Gomibuchi, K., Akiyama, T., Tsuda, H. & Hayakawa, T. (2000). Obsession of hearing music: From the viewpoint of Morita theory. In: *Psychiatry And Clinical Neurosciences*, 54 (2), 203–206.

Gorow, R. (2000). *Hearing and writing music: professional training for today's musician.* Studio City, Calif.: September Pub.

Gregersen, P. K., Kowalsky, E., Kohn, N. & Marvin, E. (2000). Early childhood music education and predisposition to absolute pitch. In: *American Journal of Medical Genetics,* 98 (3), 280–282.

Griffiths, T. D. (2000). Musical hallucinosis in acquired deafness - Phenomenology and brain substrate. In: *Brain*, 123 (10), 2065–2076.

Gruhn, W. (2000). Hören und Verstehen. In: *Kompendium der Musikpädagogik*, hg. von Siegmund Helms, Reinhold Schneider und Rudolf Weber, (S. 196–220). Kassel 2000.

Gruhn, W. (2000). Musikalische Lernstadien und Entwicklungsphasen beim Kleinkind. In: R.-D. Kraemer et al. (Hg.), *Musikpädagogische Forschungsberichte 1999*. Augsburg: Wißner.

Gruhn, Wilfried (2000). Does brain research support the hope for musical transfer effects? https://www.music-journal.com/htm/forsch/gruhn/gruhn1.htm

Gruhn, Wilfried (2000). *Wahrnehmung und Begriff: Dokumentation des internationalen Symposiums, Freiburg, 2. - 3. Juni 2000*. Kassel: Bosse.

Guski, R. (2000). *Wahrnehmung*. Stuttgart.

Hager, W. & llasselhorn, M. (2000). Psychologische Interventionsmaßnahmen: Was sollen sie bewirken können? In: W. Hager; J.-L. Patry & H. Brezing (Hg.), *Handbuch Evaluation psychologischer Interventionsmaßnahmen, Standard und Kriterien* (S. 41–85), Bern: Huber.

Hamilton, R.H., Pascual-Leone, A., Rodrigues, D. & Schlaug, G. (2000). Increased prevalence of absolute pitch in blind musicians. In: *Society for Neuroscience Abstracts, 26, Abstract No. 739.13*

Hasselhorn, M. & Mähler, C. (2000), Transfer: Theorien, Technologien und empirische Erfassung. In: W. Hager; J.-L. Patry & H. Brezing (Hg.), *Handbuch Evaluation psychologischer Interventionsmaßnahmen, Standard und Kriterien* (S. 86–101). Bern: Huber.

Heller, Jack (2000). An implicit rule system for music listening. In: *Bulletin of the Council for Research in Music Education*, 147, 77–80.

Hindemith, Paul (2000). *Teoria musicale e solfeggio,* Andrea Talmelli, (Hg.) [Music theory and solfege]. Milano: Suvini Zerboni.

Jira, M. (2000). *Musikalische Temperaturen und musikalischer Satz in der Klaviermusik J. S. Bachs*, mit 1 CD (Hörbeispiele). Tutzing: Schneider.

Kaiser, Ulrich (2000). *Gehörbildung, Aufbaukurs. Satzlehre, Improvisation, Höranalyse. Ein Lehrgang mit historischen Beispielen.* 2. Auflage. Bärenreiter Studienbücher Musik, Band 11. Kassel: Bärenreiter.

Karpinski, Gary-S. (2000). *Aural skills acquisition. The development of listening, reading, and performing skills in college-level musicians*. Oxford: Oxford University Press.

Karpinski, Gary-S. (2000). Lessons from the past: Music theory pedagogy and the future. In: *Music Theory Online* 6(3), 1–6.

Keener, M.K. (2000). *A tutorial on the principles of harmonic intonation for trombonists*. ProQuest Dissertations and Theses. The Union Institute, Ann Arbor.

Keuchel, S. (2000). *Das Auge hört mit ...: Rezeptionsforschung zur klassischen Musik im Spielfilm*, Bonn: ARCult-Media.

Klonoski, Edward (2000). A Perceptual learning Hierarchy: An Imperative for Aural Skills Pedagogy. In: *College Music Symposium* 40,168–169; supporting files. http://symposium.music.org/SupportingFiles/ArticlesVol40/Klonoski.html

Koelsch, S. (2000). *Brain and music. A contribution to the investigation of central auditory processing with a new electrphysiological approach* (Diss. rer. nat. Universität Leipzig). Leipzig: Risse, Max-Planck-Institut für kognitive Neurowissenschaft.

Koelsch, S., Gunter, T., Friederici, A.D. & Schroeger, E. (2000). Brain indices of music processing: "Nonmusicians" are musical. In: *Journal of Cognitive Neuroscience*, 12 (3), 520–541.

Kühn, Clemens (2000). Musiktheorie: Kunst und Wissenschaft und Praxis – Zu einer Umfrage an den deutschen Musikhochschulen. In: *Musiktheorie*. 15(4), 365–377.

Lorek, Mary J., Randall G. & Pembrook, G. (2000). To “Doh” or Not To “Doh”: The Comparative Effectiveness of Sightsinging Syllable Systems. In: *Journal of Music Theory Pedagogy* 14, 1–29.

Lorenz, M. (2000). *Klangalltag - Alltagsklang: Evaluation der Schweizer Klanglandschaft anhand einer Repräsentativbefragung bei der Bevölkerung*, 1. Aufl., Zürich.

Marvin, E.W. & Brinkman, A.R. (2000). The effect of key color and timbre on absolute pitch recognition in musical contexts. In: *Music Perception,* 18, 111–137.

McGee, Deron-L. (2000). Aural skills, pedagogy, and computer assisted instruction: Past, present, and future. In: *Journal of Music Theory Pedagogy* 14, 115–134 .

McNeil, Alison Fiona (2000). *Aural skills and the performing musician: function, training and assessment*. Diss. University of Huddersfield.

Mossburger, Hubert (2000). Höranalyse und Gehörbildung: Didaktische Überlegungen zu einer elementaren Höranalyse am Beispiel der Melodie. In: *Diskussion Musikpädagogik* Heft 8. S. 65–72.

Mottron, L., Peretz, I. & Menard, E. (2000). Local and global processing of music in highfunctioning persons with autism: Beyond central coherence? In: *Journal of Child Psychology and Psychiatry and Allied Disciplines,* 41, 1057–1065.

Nofze, M.H. (2000). Klang und Wahrnehmung – Frühjahrstagung des Instituts für Neue Musik und Musikerziehung in Darmstadt. In: *Üben und Musizieren*, 3.

Pahn, Johannes (2000). *Sprache und Musik: Beiträge der 71. Jahrestagung der Deutschen Gesellschaft für Sprach- und Stimmheilkunde e.V., Berlin, 12. – 13. März 1999*. Stuttgart: Steiner.

Patel, A.D. & Balaban, E. (2000). Temporal patterns of human cortical activity reflect tonesequence structure. In: *Nature* 403, 80 – 84.

Prosser, Steve (2000). *Essential Ear Training for the Contemporary Musician.* Berklee Press.

Prytuluk, N. A. (2000), Sound-to-Symbol Pedagogical Practices in Music and Language. Doctoral dissertation, University of Alberta.

Reynolds, G. (2000). Relationships Between musical Aptitude and Musical Preference Among High School Students. In: *Contributions to Music Education* 27(1), 78-90.

Rogers, Michael-R. (2000). How much and how little has changed? Evolution in theory teaching. In: *College Music Symposium* 40, 110–116.

Rogers, Nancy-M. (2000). *The role of verbal encoding in memory for musical timbre and pitch patterns*. Diss. University of Rochester.

Royal, Matthew-S. & Fiske, Harold E. (2000). Cognitive context and musical learning: How to have it both ways. In: *Bulletin of the Council for Research in Music EducationNo. 147, The 18th International Society for Music Education ISME Research Seminar (Winter, 2000, 2001)*, 159–163.

Rusconi, Angelo (2000). Teoria musicale e teorici italiani nel Medioevo: Studi, ricerche, edizioni 1988–2000 [Italian music theory and theorists in the Middle

Ages: Studies, research, and editions 1988–2000]. In: *Fonti Musicali Italiane*, 5, 7–42.

Schwarzer, Gudrun (2000). Musikalische Wahrnehmungsentwicklung: Wie Kinder Musik hören. In: Behne, K.-E., Kleinen, G. & de la Motte-Haber, H. (Hg.), *Musikpsychologie - Die Musikerpersönlichkeit.* Band 18. Hogrefe, Göttingen, 60–76.

Scott, Sheila-J. (2000). An application of the SOLO taxonomy to classify the strategies used by grade 5 students to solve selected music-reading tasks. In: *Contributions to Music Education* 27(2), 37–57.

Shergill, S. S., Bullmore, E., Simmons, A., Murray, R. & McGuire, P. (2000). Functional anatomy of auditory verbal imagery in schizophrenic patients with auditory hallucinations. In: *American Journal of Psychiatry*, 157(10), 1691–1693.

Snyder, Bob (2000). *Music and Memory: An introduction.* Cambridge, Mass. [u.a.]: MIT Press.

Swann, William-Edward (2000). *An aural approach to teaching the fundamentals of jazz theory*, University of Mississippi.

Tappert-Süberkrüb, A. (2000). Edwin Gordons Theorie des Musiklernens. Anmerkungen zu den Beiträgen von Ralf Meißner Kart-Heinz Reinfandt und Mare Möhning (Diskussion Musikpädagogik Heft 4, 1999). In: *Diskussion Musikpädagogik*, 6, 106–108.

Tappert-Süberkrüb, A. (2000). Musik denken. In: *Üben und Musizieren* 4.

Temperley, David (2000). The line of fifths. In: *Music Analysis*, 19(3), 289–319.

Terao, T. & Ikemura, N. (2000). Musical obsessions or hallucinations? In: *Journal of Neuropsychiatry And Clinical Neurosciences*, 12 (4), 518–519.

Trochelmann, Marco (2000). Rockmusik analysieren?! Höranalytische Betrachtungen zu „Another brick in the wall“ (Part II.) aus der Rockoper „The wall“ von Roger Waters und der Gruppe Pink Floyd. In: *Musik in der Schule*, 4, 10–20.

Vangenot, Sylvie (2000). Oreille absolue: Une oreille plus "fine"? [The absolute ear: A more refined ear?] In: *Musicae Scientiae* 4(1), 3–29.

Vazan, P. (2000). Memory for music: An overview. In: *Systematische Musikwissenschaft Zeitschrift für musikalische Grundlagenforschung,* 7, 7–31.

Vitouch, O. & Gaugusch, A. (2000). Absolute recognition of musical keys in non-absolutepitch-posessors. In: C. Woods, G. Luck, R. Brochard, F. Seddon & J.A. Sloboda (Hg.), *Proceedings of the 6th Int. Conference on Music Perception and Cognition* [CD-ROM]. Keele, UK: Dept. of Psychology, Keele University.

Westermann, Kay (2000). Der Computer als Musiklehrer. "Ear Training" im virtuellen Fitnesstudio. In: *Musiktheorie* 15(4), 291–300.

Wiggins, G.A. & Trewin, S. (2000). A system for concerned teaching of musical aural skills. In: *Lecture Notes in Computer Science* (including subseries Lecture Notes in Artificial Intelligence and Lecture Notes in Bioinformatics), 839, 494–503.

Wolpert, R. S. (2000). Attention to key in a nondirected music listening task: Musicians vs. nonmusicians. In: *Music Perception*, 18, 225–230.

Wright, A.A., Rivera, J.J, Hulse, S.H., Shyan, M. & Neiworth, J.J. (2000). Music perception and octave generalization in rhesus monkeys. In: *Journal of Experimental Psychology: General.* 129 (3), 291–307.

Zalanowski, Annette-H. & Stratton, Valerie (2000). Focus of attention to elements of culturally familiar and unfamiliar music. In: *International Society for Music Education Yearbook*, 24, 452–458.

2001

Bailhache, Patrice (2001). *Une Histoire de l'acoustique musicale* [The history of sound and hearing], Paris.

Bermudez, P. & Zatorre, R.J. (2001). Sexual dimorphism in the corpus callosum: methodological considerations in MRI morphometry. In: *NeuroImage*, 13, 1121–1130.

Bertrand, Daniel (2001). *La musique carnatique*, Éd. du Makar, [vgl. Daniel Bertrand, Breve initiation au solfege carnatique (=Brief introduction to Karnatak solfege from south India)].

Boltz, Marilyn-G. (2001). Musical soundtracks as a schematic influence on the cognitive processing of filmed events. In: *Music Perception*, 18, 427–454.

Bowman, D. A. & Wingrave, C. A. (2001). Design and evaluation of menusystems for immersive virtual environments, In: *Virtual Reality, Proceedings. IEEE*, 149–156.

Braun, M. (2001). Speech mirrors norm-tones: Absolute pitch. In: *Acoustics Research Letters Online* 2(3), 85–90.

Bunbury, Richard-R. (2001). *Justine Ward and the genesis of the Ward method of music education*. Doctoral Dissertations Available from Proquest. AAI3027182.
https://scholarworks.umass.edu/dissertations/AAI3027182.

Cetas, J.S., Velenovsky, D.S., Price, R.O., Sinex, D.G. & McMullen, N.T. (2001). Frequency organization and cellular lamination in the medial geniculate body of the rabbit. In: *Hearing Research.* 155(1–2), 113–123.

Colla, Ginger (2001). Rainbow solfege: A color-phonic approach. In: *Teaching Music*, 9(2), 32–37.

de Fockert, Jan W., et al. (2001). The Role of Working Memory in Visual Selective Attention. In: *Science*, New Series 291(5509), 1803–1806.

Deliège, I. (2001). Prototype effects in music listening: An empirical approach to the notion of imprint. In: *Music Perception*, 18(3), 371–407.

Demorest, Steven M. (2001).*Building Choral Excellence: Teaching Sight-Singing.* New York: Oxford University Press.

DeVries, Peter (2001). Reevaluating Common Kodaly Practices. In: *Music Educators Journal* 88 (3), 24–27.

Drake, Carolyn & Bertrand, Daisy (2001). *The quest for universals in temporal processing in music.* Published to Oxford Scholarship Online: March 2012.

Drayna, D., Manichaikul, A., DeLange, M., Snieder, H. & Spector, T. (2001). Genetic correlates of musical pitch recognition in humans. In: *Science.* 291 (5510), 1969–1972.

Duffin, Ross-W. (2001). Solmization and Ockeghem's famous Mass. In: *Early Music*, 29(2), 164– 180; 183–184.

Eösze, László; Houlahan, Mícheál & Tacka, Philip (2001). Kodály, Zoltán. In: *Grove Music Online*. Oxford: Oxford University Press.

Ernst, Roy (2001). Music for Life. In: *Music Educators Journal,* 88 (1), 47–51.

Färber, Sylvia (2001). *Höranalyse – Methoden, Materialien, Beispiele.* Diplomarbeit unveröffentlicht, Dresden.

Färber, Sylvia (2001). *Oper in Gehörbildung*. In: *Musiktheorie*, 16(4), 370–376.

Finnas, Leif (2001). Presenting music live, audio-visually or aurally: Does it affect listeners. experiences differently? In: *British Journal of Music Education* 18(01), 55–78.

Flowers, Patricia-J. (2001). Patterns of attention in music listening In: *Bulletin of the Council for Research in Music Education*, 148, 48–59.

Frühwirth, F. D. T. (2001). Obertonsingen als Hilfe in der Stimmbildung und Hörerziehung: Ein Erfahrungsbericht. In: *Musikerziehung Zeitschrift der Musikerzieher Österreichs*, 54, 253–255.

Gillespie, I. L. (2001). Melodic dictation scoring methods: An exploratory study. In: *Journal of Music Theory Pedagogy*, 15, 51–68.

Godøy, Rolf Inge & Jørgensen, Harald (2001). *Musical Imagery*. Swets & Zeitlinger, Lisse (Holland).

Halpern, Andrea-R. (2001). Cerebral substrates of musical imagery. In: *Biological Foundations Of Music* 179–192.

Halpern, Andrea-R. & Schlaug, Gottfried (2001). Absolute pitch and planum temporal. In: *NeuroImage* 14, 1402–1408 online at http://www.idealibrary.com

Hollai, Keresztél (2001). 15 A XVI. századi énekes zene szolmizációja [The solmization of 16th-century vocal music]. In: *Magyar Egyházzene* 2001, 2002 1–4. Budapest.

Institut für Neue Musik und Musikerziehung Darmstadt (Hrg.) (2001). *Klang und Wahrnehmung: Komponist, Interpret, Hörer*. Mainz.

Karaseva, Marina Valeryevna (2001). *Program in Ear training methodology for conservatory majors in Musicology and Music theory*. Moscow: UMO.

Kazić, Senad (2001). *Solfegio: historija i praksa*. Muzička akademija u Sarajevu Institut za muzikologiju 1.

Keenan, J., Thangaraj, V., Halpern, A. & Schlaug, G. (2001). Absolute pitch and planum temporale. In: *NeuroImage* 14, 1402–1408.

Kellaris, J. J. (2001). Identifying properties oftunes that get stuck in your head: tou,ard a theory of cognitive itch. In: S.E. Heckler & S. Shapir: (Hg.), *Proceedings of the Societv for Consumer Psychology Winter 2001 Conference* (S. 66–67). Scottsdale, AZ: American Psychological Society.

King, A.J., Schnupp, J.W.H. & Doubell, T.P. (2001). The shape of ears to come: Dynamic coding of auditory space. In: *Trends in Cognitive Sciences,* 5, 261–270.

Köhler, Diemut (2001). *Gehörbildung für Absoluthörer – Musikpsychologische Grundlagen und Lehrkonzept*, Frankfurt, M. u. a., Lang. (Zugl. Diss. Universität München).

Lamont, A. & Dibben, N. (2001). Motivic structure and the perception of similarity. In: *Music Perception*, 18, 245–274.

Lenhoff, H. M., Perales, O. & Hickok, G. (2001). Absolute pitch in Williams syndrome. In: *Music Perception.* 18 (4), 491–503.

Liebert, G. (2001). *Auswirkungen musikalischen Kurzzeitlernens auf kortikale Aktivierungsmuster* (unveröffentlichte Diss.). Hannover.

Liebhaber, Barbara (2001). Steps toward successful dictation. In: *Teaching Music*, 8(6), 32–35.

Lynch, Michael (2001). Towards the abolition of "payment by results": The end of school music or an opportunity for further development as reported in „School Music Review“ 1892–1901? In: *British Journal of Music Education*, 18, 187–193.

McClung, A.C. (2001). Sight-Singing Systems: Current Practice and Survey of All-State Choristers. In: *Update: Applications of Research in Music Education*, 20(1), 3–8.

Miettinen, Reijo (2001). Artifact Mediation in Dewey and in Cultural–Historical Activity Theory. In: *Mind, Culture, and Activity* 8(4), 297–308.

Mirinaitė, A. (2001). Karlas Orffas ir muzikinis ugdymas. In: *Muzikos barai*. Nr. 11– 12.

Miroudot, Laurent (2001). Les schemas melodiques du jeune enfant: Analyse de reproductions chantees de sujets de 4 et 5 ans [Melodic schemas of young children: An analysis of song productions by 4– and 5–year-old subjects]. In: *Musicae Scientiae* 5(1), 83–10.

Mitchell, Robert-W. & Gallaher, Matthew C. (2001). Embodying music: Matching music and dance in memory. In: *Music Perception* 19(1), 65–85.

Pantev, C., Roberts, L.E., Schulz, M., Engelien, A. & Ross, B. (2001). Timbre-specific enhancement of auditory cortical representations in musicians. In: *NeuroReport,* 12, 169–174.

Parncutt, R. & Levitin, D. J. (2001). Absolute Pitch. In: Sadie, S. (Hg.). *The New Grove Dictionary of Music and Musicians.* London: Macmillan.

Perales, Olegario, Lenhoff, Howard M. & Hickok, Gregory (2001). Absolute pitch in Williams syndrome. In. *Music Perception,* 18 (4), 491–503.

Phleps, Th. (2001). Die richtige Methode oder Worüber Musikpädagogen sich streiten – Anmerkungen zur Funktion und zum Funktionieren von Solmisationssilben und ihren Produzenten in der ersten Hälfte des 20. Jahrhunderts Literaturangaben. In: *Vom Umgang des Faches Musikpädagogik mit seiner Geschichte*. Hg. v. Mechthild von Schoenebeck (Musikpädagogische Forschung 22). Essen: Die Blaue Eule, 93–139.

Pompa, Urska (2001). Bachov koral in aplikacija le-tega pri pouku solfeggia [Bach’s chorale and its application in teaching Ear Training] In: *International Journal of Cultural Policy* 16, 7–13.

Rauschecker, J.P. (2001). Cortical Plasticity and Music. In: R. Zatorre & I. Peretz (Hg.), *The biological foundations of music,* Annals of the New York Academy of Science (Bd. 930, 330–336).

Ruhnke, Martin (2001). Telemanns Beiträge zu den Solfeggi von Quantz. In: B. Reipsch, C. Lange (Hg.), *Zwischen Musikwissenschaft und Musikleben. Festschrift für Wolf Hobohm zum 60. Geburtstag am 8. Januar 1998* (Mageburger Telemann Studien XVII), Hildesheim u.a., 10–18.

Saffran, J.R. & Griepentrog, G.J. (2001). Absolute pitch in infant auditory learning: Evidence for developmental reorganization. In: *Developmental Psychology,* 37, 74–88.

Scott, Dale-Allen (2001). Bobization and bebization: Two alternative solmization systems of the early seventeenth century. In: *Theorica* 9, 25–47.

Shergill, S., Bullmore, E., Brammer, M., Williams, S., Murray, R. & McGuire, P. (2001). A functional study of auditory verbal imagery. In: *Psychological medicine*, 31(2), 241–253.

Tejada, Jesus (2001). El adiestramiento auditivo y la teoria de la musica en los programas informaticos [Computer programs for ear Training and music theory]. In: *Música y educación: Revista trimestral de pedagogía musical*, 14(47), 101–109.

Temperley, David (2001). *The Cognition of Basic Musical Structures*. Cambridge, MA: MIT Press.

Tervaniemi, M. (2001). Musical sound processing in the human brain. Evidence from electric and magentic recordings. In: Zatorre, R. J. & Peretz, I. (Hg.), *The biological foundations of music* (S. 259–272). New York: New York Academy of Sciences.

Tracey, I. (2001). Auditory Imagery. In: *Acoustics Research Letters Online*, 9 April.

van der Zwaard, R. & Polak, M. A. (2001) Pseudohallucinations: A pseudoconcept? A review of the validy of the concept, related to associate symptomatology. In: *Comprehensive Psychiatry*, 42 (1), 42–50.

Verney, S.P., Granholm, E. & Dionisio, D.P. (2001). Pupillary responses and processing resources on the visual backward masking task. In: *Psychophysiology,* 38 (1), 76–83.

Willems, E. (2001). *El oído musical. La preparación auditiva del niño.* Barcelona: Paidós Ibérica.

Wright, William-B. (2001). *A study of the choral conductor's Ear-Training process, and the development of an ear-training workbook for choral conductors.* https://de.scribd.com

2002

Adams, R. &. Wu, M. (2002). *PISA 2000 Technical report* (Bericht). Paris: OECD.

Aguilar, Mª del Carmen (2002). *Aprender a escuchar música.* Madrid: Antonio Machado Libros.

Altenmüller, Eckart & Gruhn, Wilfried (2002). Brain Mechanisms. In: Richard Parncutt und Gary Mcpherson (Hrsg.), *The Science and Psychology of Music Performance* (S. 63-81). Oxford [u. a.]: Oxford Univ. Press.

Bendig, V. (2002). *Elementare Gehörbildung: von den Anfängen bis zur Aufnahmeprüfung an einer Hochschule* + 1 Compact-Disc, 2. überarb. und erw. Aufl. Essen: Die Blaue Eule.

Bergeson, T.R. & Trehub, S.E. (2002). Absolute pitch and tempo in mothers' songs to infants. In: *Psychological Science,* 13 (1), 72–78.

Bohrer, Jocelei Cirilo Soares (2002). *Intonational Strategies In Ensemble Singing*, PhD Thesis, City University London.

Bowman, David (2002). *Rhinegold Dictionary of Music in Sound* mit 3 Cds, London.

Braun, M. (2002). Absolute pitch in emphasized speech. In: *Research Letters Online.* 3 (2), 77–82.

Brown, Walter-A.; Sachs, Henry; Cammuso, Karen & Folstein, Susan E. (2002). Early music training and absolute pitch. In: *Music Perception* 19(4), 595–597.

Bruhn, Herbert (2002). *Kognitive Verarbeitung von Dreiklängen – ein Reaktionszeit-Experiment zur Unterscheidung von Dur und Moll im Kontext westlich-europäischer Tonalität.* Kiel.

Buchner, A. & Brandt, M. (2002). Gedächtniskonzeptionen und Wissensrepräsentationen. In: J. Müsseler & W. Prinz (Hg.), *Allgemeine Psychologie* (S. 492–543). Heidelberg, Berlin: Spektrum Akademischer Verlag.

Butt, John (2002). Choral music. In: Samson, Jim (Hg.). (2002). *The Cambridge History of Nineteenth-Century Music*. Cambridge: Cambridge University Press, 213–236.

Casarow, Pattye Johnson (2002). *Sight-singing pedagogy: Analysis of practice and comparison of systems as described in related literature*. DMA diss., University of Arizona.

Cohen, David-E. (2002). Notes, scales and modes in the earlier Middle Ages. In: Thomas Christensen, *The Cambridge History of Western Music Theory*, 305–363.

Cutler, Timothy-S. (2002). An aural skills approach to context and modulation in tonal music. In: *Journal of Music Theory Pedagogy*, 79–104.

Deliège, Irène (2002). La perceptione della musica. In: J.J. Nattiez (ed), *Enciclopedia della musica* (in quattro volume), 305–334. Torino: Giulio Enaudi.

Deliège, Irène (2002). Listening to a piece of music. A schematizating process based on abstracted surface cues. In: D. Greer (ed), *Proceedings of the 16th Conference of the International Sty of Musicology. Musicology and sister disciplines: Past, Present and Future*, S. 71–87. London, Oxford University Press.

Deliège, Irène (2002). Orchestral or solo motifs: which is easiest for recognition. In I. Deliège, Musical Creativity. In: *Proceedings of the 10th anniversary Conference of ESCOM* (Cdrom). Liège, April 2002 (co-author, Marc Mélen).

Deliège, Irène (2002). The role of Similarity in the cue abstraction model: Implicit or explicit in listening ? In: *Proceedings of the Conference ISMIR*, IRCAM, Paris.

Deliège, Irène (2002). Using neuroimaging to study neural correlates of music over wide spatial and temporal scales. In: C. Stevens, D. Burnham, G. McPherson, E. Schubert & J. Renwick (eds), *Proceedings of the 7th ICMPC* (CDrom). Sydney, (co-authors A. Ioannidès, M. Popescu, A. Otsuka, A. Abrahamyan).

Dithmer, Monna (Hg.) (2002). *Of another world: Dancing between dream and reality-Festschrift for Professor Emer*. København.

Downey, Greg (2002). Listening to Capoeira: Phenomenology, Embodiment, and the Materiality of Music. In: *Ethnomusicology* 46 (3), 487–509.

Dreyfus, Hubert (2002). Intelligence without representation – Merleau-Ponty's critique of mental representation. The relevance of phenomenology to scientific explanation. In: *Phenomenology and the Cognitive Sciences* 1, 367–383.

Engle, Randall W. (2002). Working Memory Capacity as Executive Attention. In: *Current Directions in Psychological Science* 11 (1), 19–23.

Fetto, J. (2002). Young Listeners. In: *American Demographics* 24, 11.

Fujisaki, W. & Kashino, M. (2002). The basic hearing abilities of absolute pitch. In: *Acoustical Science and Technology*. 23 (2), 77–83.

Gembris, Heiner & Davidson, Jane W. (2002). Environmental Influences. In: Richard Paracutt und Gary Mcpherson (Hrsg.), *The Science and Psychology of Music Performance*, Oxford [u. a.1: Oxford Univ. Press, 17-30.

Gembris, Heiner (2002). *Grundlagen musikalischer Begabung und Entwicklung*, 2. Auflage (1. Auflage 1998, Rezension). Augsburg.

Green, Lucy (2002). *How Popular Musicians Learn: A Way Ahead for Music Education.* Aldershot: Ashgate.

Hahn, K. (2002). Absolute memory for melody: A study with choir singers. In: C. Stevens, D. Burnham, G. McPherson, E. Schubert & J. Renwick (Hg.), *Proceedings of the 7th international Conference on Music Perception and Cognition* (S. 514–517). Adelaide: Causal Productions.

Halpern, A.R., Zatorre, R.J., Bouffard, M. & Johnson, J.A. (2002). An fMRI study on timbre perception and imagery. In: C. Stevens, D. Burnham, G. McPherson, E. Schubert & J. Renwick (Hg.), *Proceedings of the 7th international Conference on Music Perception and Cognition* (S. 134–137). Adelaide: Causal Productions.

Hrpka, Ivana (2002). *Iskustva i metode francuske i bugarske skole solfeda: Analize i razmatranja* [The experiences and methods of the French and Bulgarian schools of solfege: Analysis and deliberation]. Beograd.

Huenink, Jeffrey-S. (2002). Sing it, hear it, play it! *Ear Training* for middle school students. In: *Teaching Music*, 10(1), 56–61.

Kaiser, U. (2002). Hören, Wissen und Wissenschaft. In: *Musik, Wissenschaft und ihre Vermittlung. Bericht über die internationale Musikwissenschaftliche Tagung Hannover 2001 (Schriftenreihe der Hochschule für Musik und Theater Hannover 12* (S. 224–225). Augsburg.

Kazić, Senad (2002). Solfeggio per occasionem. In: *Musika* 20 http://www.muzikolosko-drustvo.ba/?page_id=2870 [published by the Musicological Society of the Federation of Bosnia and Herzegovina and the Academy of Music in Sarajevo].

Kenny, Barry J. & Gellrich, Martin (2002). Improvisation. In: Parncutt, Richard & McPherson, Gary (Hg.). *The Science and Psychology of Music Performance: Creative Strategies for Teaching and Learning*. Oxford: Oxford University Press, 117–134.

Koelsch, S., Gunter, T.C. & Schroeger, E. (2002). Music matters: Preattentive musicality of the human brain. In: *Psychophysiology*, 39, 38–48.

Kreutz, Gunter; Bongard, Stephan & von Jussis, Julia (2002). Kardiovaskuläre Wirkungen des Musikhörens: Die Bedeutung von Expertise und musikalischem Ausdruck [Cardiovascular responses to music listening: The effects of musical expertise and emotional expression]. In: *Musicae Scientiae* 6(2), 257–278.

Laclau, H. (2002). *Solfège – Ein Fach für deutsche Musikhochschulen?* In: *Musiktheorie* 18(4), 361–372.

Lange, E.B. (2002). Die Verarbeitung musikalischer Stimuli im Arbeitsgedächtnis. In: K.-E. Behne, G. Kleinen & H. de la Motte-Haber (Hrsg.), *Musikpsychologie. Jahrbuch der Deutschen Gesellschaft für Musikpsychologie.* Band 16: Wirkungen und kognitive Verarbeitung in der Musik. Göttingen, Deutschland: Hogrefe. Band 16, 45–65.

Langner, G., Albert, M. & Briede, T. (2002). Temporal and spatial coding of periodicity information in the inferior colliculus of awake chinchilla (Chinchilla laniger). In: *Hearing Research,* 168, 110–130.

Lappalainen, Henna (2002). *Toiminnallista teoriaa: haastattelututkimus musiikinteorian ja säveltapailun elämyksellisistä opetustavoista.* [Practical theory: an interview study on experience-based teaching approaches to music theory and aural skills]. Master's thesis, Jyväskylä University.

Lehmann, Andreas & McArthur, Victoria (2002). Sight-reading: Developing the Skill of Reconstructing a Musical Score. In: Parncutt, Richard & McPherson, Gary (Hg.). *The Science and Psychology of Music Performance* (S. 135–150). Oxford: Oxford University Press.

Mayfield, Connie E. (2002). *Theory Essentials, Volume I: An Integrated Approach to Harmony, Ear Training, and Keyboard Skills.* New York: Schirmer.

McPherson, G. E. & Gabrielsson A. (2002). From sound to sign. In: G. E. McPherson & R. Parncutt (Hg.), *The science and psychology of music performance: Creative strategies for teaehing and learning* (S. 99–115). Oxford: Oxford University Press.

Merleau-Ponty, Maurice (2002). *Phenomenology of Perception.* [Phénomènologie de la perception 1945]. Translated by Colin Smith. London: Routledge & Kegan Paul.

Miyazaki, K. & Rakowski, A. (2002). Recognition of notated melodies by possessors and non-possessors of absolute pitch. In: *Perception & Psychophysics,* 64, 1337–1348.

Nuthmann, A. (2002). *Die aufgabenbezogene Pupillenreaktion als Indikator für kognitiven Verarbeitungsaufwand. Untersuchungen zur Kodierung der zeitlichen Vorzugsrichtung innerhalb der Struktur eines Ereignisbegriffes im semantischen Gedächtnis.* Unveröffentlichte Diplomarbeit, Humboldt Universität zu Berlin.

Oberauer, Klaus (2002). Access to Information in Working Memory: Exploring the Focus of Attention. In: *Journal of Experimental Psychology: Learning, Memory, and Cognition* 28 (3), 411–421.

Ocaña, Fernández (2002). *Propuestas prácticas para trabajar la audición musical en Educación Primaria.* Granada: Grupo Editorial Universitario.

OPH, **Opetushallitus**. (2002). *Taiteen perusopetuksen musiikin laajan oppimäärän opetussuunnitelman perusteet.* [Finnish National Board of Education. The framework curriculum for basic education in the arts, extended syllabus in music].

Schneider, P., Scherg, M., Dosch, H.G. Specht, H.J., Gutschalk, A. & Rupp, A. (2002). Morphology of Heschl's gyrus reflects enhanced activation in the auditory cortex of musicans. In: *Nature Neuroscience*, 5(7), July.

Schubert, E., & Renwick, J. (Hg.) (2002). *Proceedings of the 7th International Conference on Music Perception and Cognition.* Adelaide: Causal Productions.

Schüler, N. (2002). A Reader Responds [Curricular Ideas for Ear Training and Sight Singing]. In: *The College Music Society Newsletter* , May 2002, 5.

Sotorrio, José A. (2002). *Tone Spectra – and the Natural Elements of Music*. (1st Ed) Spectral Music. [Presents a simple 12–tone Solfège: Do (Ga) Re (Nu) Mi Fa (Jer) Sol (Ki) La (Pe) and Tsi, a written compromise between "Ti" and "si"].

Spitzer, M. (2002). *Musik im Kopf.* Stuttgart: Schattauer.

Stein, D. J. (2002). Obsessive-compulsive disorder. In: *The Lancel*, 360 (9330), 397–408.

Tappert-Süberkrüb, A. (2002). Gordon, Edwin (Elias). In: F. Blume (Hg.), *Die Musik in Geschichte und Gegenwart: Allgemeine Enzyklopädie der Musik. Personenteil,* Band 7 (1355–1356). Kassel: Bärenreiter.

Thompson, William Forde & Schellenberg, E. Glenn (2002). Cognitive Constraints on Music Listening. In: Colwell, Richard & Richardson, Carol (Hg.). *The New Handbook of Research on Music Teaching and Learning*. New York, NY: Oxford University Press, 461–486.

Tuffiash, M. (2002). *Predicting inilividual differences in piano sight-reading skill: Practice, performance, and instruction* (unveröffentlichte Diplomarbeit) Florida State Universiry.

Umbrasienė, V. (2002). Apie muzikinę klausą ir muziką. In: *Gama* 26.

Westerlund, Heidi, (2002). *Bridging Experience, Action, and Culture in Music Education.* Doctoral dissertation. Helsinki: Sibelius Academy. Studia Musica 16.

White, John D. (2002). *Guidelines for College Teaching of Music Theory* (2nd ed.). Lanham, MD: Scarecrow Press.

Wilson, S.J., Keefe, G. & Reutens, D.C. (2002). Using absolute pitch to examine brain plasticity and cognitive skill development. In: C. Stevens, D. Burnham, G. McPherson, *E.* Schubert & J. Renwick (Hg.), *Proceedings of the 7th International Conference on Music Perception and Cognition*. Sydney, Adelaide: Causal Productions.

Zhang, Yan(张燕) (2002).四部和声听觉训练的意义与方法. [the meaning and methods of four-part harmony hearing training]. In: *Huangzhong Zhongguo Wuhan Yinyue Xueyuan xuebao/Huangzhong Journal of Wuhan Conservatory of Music*, China.

2003

Alburger, Mark (2003). The solfege project, Comparative melody classification: Do through Fi. In: *21st-Century-Music* 10(9), 1–11.

Brodsky, W., Henik, A., Rubinstein, B. S. & Zorman, M. (2003). Auditory imagery from musical notation in expert musicians. In: *Attention, Perception & Psychophysics*, 65(4), 602–612.

Brown, Kyle-D. (2003). An alternative approach to developing music literacy skills in a transient society. In: *Music Educators Journal* 90(2) 46–54.

Brown, W.A., Cammuso, K., Sachs, H., Winklosky, B., Mullane, J., Bernier, R., Svenson, S., Arin, D., Rosen-Sheidley, B. & Folstein, S.E. (2003). Autism-related language, personality, and cognition in people with absolute pitch: Results of a preliminary study. In: *Journal of Autism and Developmental Disorders, 33*, 163–167.

Čavlović, Ivan (Hg.) (2003). *3. međunarodni simpozij 'Muzika u Društvu': Zbornik radova, 3rd international symposium* ['Music in Society': Collection of papers], Sarajevo.

Cetas, J.S., Price, R.O., Crowe, J.J., Velenovsky, D.S. & McMullen, N.T. (2003). Dendritic orientation and laminar architecture in the rabbit auditory thalamus. In: *The Journal of Comparative Neurology.* 458(3), 307–317.

Chai, Wei (2003). *Melody as a significant musical feature in repertory classication:* Media Laboratory Massachusetts Institute of Technology Cambridge, MA 02139.

Chin, Christina S. (2003). The Development of Absolute Pitch: A Theory Concerning the Roles of Music Training at an Early Developmental Age and Individual Cognitive Style. In: *Psychology of Music*, 31 (2), 155–171.

Gordon, Edwin E. (2003). *Learning Sequences in Music: Skill, Content, and Patterns. A Music Learning Theory*, GIA Publications, Chicago.

Hallam, S. (2003). Conceptions of musical ability. In: *Research Studies in Music Education*, 20, 2–22.

Hopkins, M. (2003). Good hand position and posture improve string intonation. In: *Instrumentalist*, 58(1), 44–48.

Jakobson, L. S., Cuddy, L.L.& Kilgour, A. R. (2003). Time tagging: A key to musicians' superior memory. In: *Music Perception*, 20(3), 307–313.

Jecklin, Jürg (2003). *Theorie der Tontechnik: 1. Das Hörorgan, 2. Gehör*, Wien (Onlineversion) with DJ software.

Kaiser, Ulrich (2003/05). Zur Gehörbildung in Deutschland. In: *Zeitschrift der Gesellschaft für Musiktheorie*, 2 (2/3), 197–202.

Karaseva, Marina Valeryevna (2003). Russian solgeggio in postmodernism: or postmodernism in the mirror of methodology. In: *Yuri Kolopo and his Scientific School*. Moscow, 333–339.

Kellaris, J. J. (2003). Dissecting earworms: Further evidence on the song-stuck-in-your-head phenomenon. In: C. Page and S. Posavac (Hg.), *Proceedings of the Societv for Consumer Psychology Winter 2003 Conference* (220–222). New Orleans, LA: American Psychological Society.

Kim, Youn (2003). *Theories of musical hearing 1863–1931: Helmholtz, Stumpf, Riemann and Kurth in historical context*, Columbia University.

Kiraly, Z. (2003). Solfeggio 1: A vertical ear training instruction assisted by the computer. In: *International Journal of Music Education*, 40(1), 41-58.

Klonoski, Edward (2003). Connecting the Inner Ear and the Voice. In: *Choral Journal* 44 (3), 35–40.

Laitz, Steve (2003). Paths to Musicianship. In: Leong, Sam (Hg.). *Musicianship in the 21st Century: Issues, Trends & Possibilities*. Sydney: Australian Music Centre, 130–150.

Lartillot, Olivier & Saint-James, E. (2003). Automating motivic analysis through the application of perceptual rules. In: Walter B. Hewlett, Eleanor Selfridge-Field (Hg.) *Music Query: Methods, Models, and User Studies* (Computing in Musicology 13) Published by CCARH and The MIT Press, 73–92.

Leong, Sam (Hg.) (2003). *Musicianship in the 21st Century: Issues, Trends & Possibilities*. Sydney: Australian Music Centre.

Lesaffre, Micheline, Moelants, Dirk & Leman, Marc (2003). Spontaneous user behavior in "vocal" queries for music-information retrieval. In: Walter B.

Hewlett, Eleanor Selfridge-Field (Hg.), *Music Query: Methods, Models, and User Studies*, 129–146.

Lotze, M., Scheler, G., Tan, H. R. M., Braun, C. & Birbaumer, N. (2003). The musician's brain: functional imaging of amateurs and professionals during performance and imagery. In: *NeuroImage*, 20(3), 1817–1829.

Malagarriga, T. & Valls, A. (2003). *La audición musical en la Educación Infantil.* Barcelona: Ceac.

Matsui, T. et al. (2003). Clinical features in two cases with musical obsessions who successfully responded to clomipramine. In: *Psychiatry And Clinical Neurosciences*, 57 (1), 47–51.

McAdams, S. & Matzkin, D. (2003). The roots of musical variation in perceptual similarity and invariance. In: I. Peretz & R. Zatorre (Hg.), *The cognitive neuroscience of music* (79–94). Oxford: Oxford University Press.

Medford, C.D. (2003). *Teaching musicality from the beginning of a child's instruction: The GBYSO Intensive Community Program and how it incorporates the philosophies of Kodaly, Orff, and Suzuki.* ProQuest Dissertations and Theses.

Moßburger, Hubert (2003). Hörbarkeit der Musik des 20. Jahrhunderts dargestellt am Beispiel der Dodekaphonie. In: *Zeitschrift der Gesellschaft für Musiktheorie*, 1(1), 75–83.

Müllensiefen, Daniel & Frieler, Klaus (2003). Cognitive adequacy in the measurement of melodic similarity: Algorithmic vs. human judgments. In: *Musicology*, 13, 147–176.

Norris, C. E. (2003). The relationship between sight singing achievement and melodic dictation achievement. In: *Contributions to Music Education*, 30, 39–53.

Ohrenstein, Dora (2003). Insights into training aural and kinesthetic awareness. In: *Journal of Singing* 60(1), 29–35.

Pantev, C., Engelien, A., Candia, V. & Elbert, T. (2003). Representational cortex in musicians. In: I. Peretz & R.J. Zatorre (Hg.), *The cognitive neuroscience of music.* Oxford University Press, 366–381.

Pečeliūnas, R. (2003). *Vaikų vokalinės kultūros ugdymas chore.* Šiauliai.

Peretz, I., Champod, A. S. & Hyde, K. (2003). Varieties of musical disorders. the Montreal battery of evaruation of amusia. In: *Annals of the New York Academy of Sciences*, 999(1), 58–75.

Peretz, Isabelle & Zatorre, Robert (2003). *The Cognitive Neuroscience of Music.* Oxford [u. a.]: Oxford Univ. Press.

Propst, Tonya-Gray (2003). The relationship between the undergraduate music methods class curriculum and the use of music in the classrooms of in-service elementary teachers. In: *Journal of Research in Music Education* 51(4), 316–329.

Radocy, Rudolf E. & Boyle, J. David. (2003). *Psychological foundations of musical behaviour*. Springfield: 4. ed. III: Thomas.

Rentfrow, P. J. & Gosling, S. D. (2003). The Do Re Mi's of Everyday Life: The Structure and Personality Correlates of Music Preference. In: *Journal of Personality and Social Psychology* 84(6), 1236-1256.

Saffran, J.R. (2003). Absolute pitch in infancy and adulthood: The role of tonal structure. In: *Developmental Science,* 6, 35–47.

Schellenberg, E.G. & Trehub, S.E. (2003). Good pitch memory is widespread. In*:* *Psychological Science,* 14 (3), 262–266.

Selfridge-Field, Eleanor (2003). Towards a measure of cognitive distance in melodic similarit. In: *Conference: ISMIR 2006, 7th International Conference on Music Information Retrieval, Victoria, Canada, 8–12 October 2006, Proceedings*.

Seong, Yong-hye (2003). *성용혜, 문미옥. 유아 국악장단 수업 모형의 개발 및 효과 연구* TT [Application of the Orff Approach to Ear Training for Traditional Korean Rhythmic Patterns Education in Kindergarten].

Sikora, F. (2003). Neue Harmonielehre: Verstehen – Hören – Spielen. Mainz: Schott.

Sparber, Margaretha (2003). Ferdinand Grossmann als Stimmbildner. In: *Österreichische Musikzeitschrift* 58(2).

Trehub, S.E. (2003). Absolute and relative pitch processing in tone learning tasks (Commentary). In: *Developmental Science,* 6, 44–48.

Tuovila, Annu (2003).*"Mä soitan ihan omasta ilosta!" Pitkittäinen tutkimus 7–13–vuotiaiden lasten musiikin harjoittamisesta ja musiikkiopisto-opiskelusta.* ["I Play Entirely for My Own Pleasure!" A longitudinal study on music making and music school studies of 7 to 13–year-old children]. Doctoral dissertation. Helsinki: Sibelius Academy. Studia Musica 18.

van der Meer, E., Friedrich, M., Nuthmann, A., Stelzel, C. & Kuchinke, L. (2003). Pictureword-matching: Flexibility in conceptual memory and pupillary responses. In: *Psychophysiology,* 40, 904–913.

Woetmann-Christoffersen, Peter (2003). Hvad enhver kordreng skal kunne: Betragtning af motetten „Ut Phebi radiis" af Josquin Desprez [What every choir boy must know: Consideration of the motet „Ut Phebi radiis" by Josquin Desprez]. In. *Musik & Forskning* 28, 97–118.

Zatorre, R.J. (2003). Absolute Pitch. In: *Nature Neuroscience*, 6(7), 692–698.

2004

Alburger, Mark (2004). The solfege project: Comparative melody classification –Sol through Ti. In: *21st-Century-Music* 11(10), 5–10.

Bannan, Nicholas (2004). The Role for Action Research Projects in Developing New Pedagogical Approaches to Aural and Musicianship Education. In: Davidson, Jane F. (Hg.). *The Music Practitioner: Research for the Music Performer, Teacher and Listener*. Aldershot: Ashgate, 295–308.

Bernhard, H. Christian III. (2004). The effects of tonal training on the melodic ear playing and sight reading achievement of beginning wind instrumentalists. In: *Contributions to Music Education* 31(1), 91–107.

Brockmann, Irmgard (2004). Das Klavierstück Torre di Si von Violeta Dinescu – erarbeitet im Fach Höranalyse. In: Houben, Eva-Maria (Hg.), *Violeta Dinescu*. Saarbrücken: Pfau-Verlag.

Charles, Brigitte (2004). Boys' and girls' constructions of gender through musical. In: *British Journal of Music Education*, 21(3), 265–277.

Cowan, Nelson, Chen, Zhijian & Rouder, Jeffrey N. (2004). Constant Capacity in an Immediate Serial-Recall Task: A Logical Sequel to Miller (1956). In: *Psychological Science* 15 (9), 634–640.

Demany, Laurent et al. (2004). Pitch perception and retention: Two cumulative benefits of selective attention. In: *Perception & Psychophysics*, 66(4), 609–617.

Demorest, Steven-M. & Schultz, Sara J. M. (2004). Children's preference for authentic versus arranged experiments and a proposed framework. In: *Music Perception,* 21 (3), 339–356.

Deutsch, D., Henthorn, T. & Dolson, M. (2004). Absolute pitch, speech, and tone language: Some composition in the primary school. In: *Music Perception*, 21 (3), 339–356.

Dumitrescu, Theodor (2004). The solmization status of sharps in the 15th and 16th centuries. In: *Studi Musicali* 33, 253–283.

Eriksson, Ola (2004). *Musiklära, gehörsträning, visharmonisering*. Stockholm.

Evers, S. & Ellger, T. (2004). The clinical spectrum of musical hallucinations. In: *Journal of the Neurological Sciences*, 227 (1), 55–65.

Fourcassié, C. & de Larminat, V. (2004). Ein Fragebogen zum Hören der Musikerinnen und Musiker. In: L. Holtmeier, M. Polth & F. Diergarten (Hg.), *Musiktheorie zwischen Historie und Systematik* (S. 204–208). Augsburg: Wißner.

Furman, Mark-Evan (2004). Mind, music and miracles. In: *The South African Music Teacher Magazin* (http://sasmt-savmo.org.za/magazine/issues/141_contents.php).

Granholm, E. & Steinhauer, S.R. (2004). Introduction: Pupillometric measures of cognitive and emotional processing. In: *International Journal of Psychophysiology,* 52, 1–6.

Haas, Bernhard (2004). *Die neue Tonalität von Schubert bis Webern. Hören und Analysieren nach Albert Simon.* Wilhelmshaven: Noetzel.

Hamilton, Roy-H. & Pascual-Leone, Alvaro (2004). Absolute pitch in blind musicians. In: *NeuroReport,* 15(5), 803–806.

Hentschke, Liane & Martínez, Isabel Cecilia (2004). Mapping music education research in Brazil and Argentina: the British impact. In: *Psychology of Music*, 32(3), 357–367.

Hermesh, H., et al. (2004). Musical hallucinations: Prevalence in psychotic and nonpsychotic outpatients. In: *Journal of Clinical Psychiatry*, 65 (2), 191–197.

Hewitt, Michael-P. & Smith, B.P. (2004). The influence of teaching-career level and primary performance instrument on the assessment of music performance. In: *Journal of Research in Music Education.* 52(4), 314–327.

Higuera-Bilbao, Miren-Gotzone (2004). Piano complementario en el grado superior Complementary piano in the highest grades. In: *Música y educación: Revista trimestral de pedagogía musical*, 17(60), 81–88.

Ilari, Beatriz (2004). Aspectos de cognicao musical implicitos em notacoes inventadas e desenhos de criancas e adultos[Aspects of musical cognition implicit in the improvisations and drawings of children and adults]. In: *Revista da ABEM, Porto Alegre*, 7, 83–90.

Ittzés, Mihály (2004). Zoltán Kodály 1882–1967: Honorary President of ISME 1964–1967. In: *International Journal of Music Education* 22(2), 131–147.

Iyer, Padma (2004). *Music perception and cognition.* New Delhi: Vishvabharti Publications.

Juntunen, Marja-Leena (2004). *Embodiment in Dalcroze Eurhythmics*. Doctoral dissertation, Oulu University. Acta Universitatis Ouluensis, Series E, Scientiae rerum socialium, 73.

Juslin, Patrik-N. & Laukka, Petri (2004). Expression, perception, and induction of musical emotions: A review and a questionnaire study of everday listening. In: *Journal of New Music Research* 33(3), 217–238.

Kaiser, Ulrich (2004). *Gehörbildung, Grundkurs. Satzlehre, Improvisation, Höranalyse. Ein Lehrgang mit historischen Beispielen* (Bärenreiter Studienbücher Musik, 10). Kassel: Bärenreiter.

Karaseva, Marina Valeryevna (2004). Learning Japanese melodically: language ar training methodology by means of music notation. Globalization and National Originality. In: *Forum of Languages*. Kazan, "Ekotsentr", 207–212.

Krumhansl, Carol-L. (2004). The cognition of tonality – as we know it today. In: *Journal of New Music Research* 33(3), 253–268.

Kvavilashvili, L. & Mandler, G. (2004). Out of one's rnind: A study on involuntary semantic memories. In: *Cognitive Psychology* 48 (1), 47–94.

Laitz, Steven G. (2004). *The Complete Musician: An Integrated Approach to Tonal Theory, Analysis, and Listening*. Oxford University Press.

Lalitte, P., Bigand, E., Poulin-Charronnat, B., McAdams, S., Delbé, C. & Adamo, D. (2004). The perceptual structure of thematic materials in The Angel of Death. In: *Music Perception*, 22, 265–296.

Lau, C.K. (2004). The acquisition of absolute pitch for the mainstreamed, special educational needs and academically talented under Lau Chiu Kay Music Educatherapy. In: *The Journal of the Acoustical Society of America,* 116(4), 2580.

Levitin, D. J. (2004). L'oreille absolue : autoréférencement et mémoire. In: *L'année psychologique*, 103–120.

Loh, C. (2004). Mona listen: A web-based Ear Training module for musical pitch discrimination of melodic intervals. In: *E-Learn: World Conference onE-Learning in Corporate, Government, Healthcare, and Higher Education.* (AACE), 2026–2032.

Loh, C. (2004). *The Effects of Pitch Discrimination Training on Achievement in Melodic Interval Discrimination.* Thesis, Southern Illinois University Carbondale.

Marin-Iniesta, Juan-Francisco (2004). La memoria: Introduccion a la memoria musical [The memory: Introduction to the musical memory]. In: *Música y educación: Revista trimestral de pedagogía musical* Madrid, v. XVII, 4, n. 60, diciembre, 15–36.

McAdams, Stephen & Vieillard, Sandrine (2004). Perception of musical similarity among contemporary thematic materials in two instrumentations. In: *Music Perception* 22(2), 207–237.

McAdams, Stephen & Vines, Bradley W. (2004). Influences of large-scale form on continuous ratings in response to a contemporary piece in a live concert setting. In: *Music Perception* 22(2), 297–350.

McCabe, Melissa-Christine (2004). *The effect of movement-based instruction on the beginning instrumentalist's ability to sight-read rhythm patterns*. The University of North Carolina at Greensboro.

Meister, I. G., Krings, T., Foltys, H., Boroojerdi, B., Müller, M., Töpper, R. & Thron, A. (2004). Playing piano in the mind – an fMRI study on music imagery and performance in pianists. In: *Cognitive Brain Research*, 19(3), 219–228.

Miller, Kiri (2004). First sing the notes: Oral and written traditions in sacred harp transmission. In: *American Music* 22(4), 475–501.

Miyazaki, K. (2004). How well do we understand absolute pitch. In: *Acoustical Science and Technology*. 25 (6), 270–282.

Miyazaki, K. (2004). Recognition of transposed melodies by absolute-pitch possessors. In: *Japanese Psychological Research,* 46, 270–282.

Moloney, Kevin Patrick (2004). *Practice and ear training: the effects of different practice schedules on the development of a tonal schema.* 1341 AAT 9942849. Ann Arbor, Mich. Proquest

Neuloh, Georg & Curio, Gabriel (2004). Does familiarity facilitate the cortical processing of music sounds? In: *NeuroReport*, 15(16), 2471–2475. Online.

Noë, Alva (2004). *Action in Perception.* Cambridge, MA: MITPress.

Parisi, Joseph (2004). The effect of foot-tapping on rhythmic sight-reading accuracy in instrumental music performance. In: *Missouri Journal of Research in Music Education* 41, 33–41.

Pöhlert, Jochen (2004). *Das "Ohren-Buch": "neue" Wege der musikalischen Gehörbildung ; auditives Training & Spielen nach Gehör ; eine Wiederbelebung traditionellen Hörens & von der Notwendigkeit der Umwälzung des heutigen Hör(un)vermögens ; autodidaktischer Lehrgang für Komposition & Improvisation*, 4. Auflage.

Poulin-Charronnat, B., Bigand, E., Lalitte, P., Madurell, F., Vieillard, S. & McAdams, (2004). Effects of a change in instrumentation on the recognition of musical materials. In: *Music Perception*, 22, 239–263.

Reynolds, Roger (2004). Epilog: Reflections on psychological testing with „The angel of death". In: *Music Perception*, 22 (2), 351–356.

Rogers, M. R. (2004). *Teaching approaches in music theory: An overview of pedagogical philosophies* (2nd ed.). Carbondale: Southern Illinois University Press.

Ross, D.A., Olson, I.R., Marks, L.E. & Gore, J.C. (2004). A nonmusical paradigm for identifying absolute pitch possessors. In: The *Journal of the Acoustical Society of America,* 116(3), 1793–1799.

Rust, Douglas (2004). Two questions of perception in Lutosławski's second symphony. In: *Perspectives of New Music* 42(2), 190–220.

Saah, Victoria & West Marvin, Elizabeth (2004). Absolute memory. In: *Proceedings of the 8th International Conference on Music Perception and Cognition,* 736–739.

Sakakibara, A. (2004). Why Are People Able to Acquire Absolute Pitch. In: *The Japanese Journal of Educational Psychology,* 52 (4), 485–496.

Schellenberg, E. G. (2004). Music lessons enhance IQ. In: *Psychological Science*, 15 (8), 511–514.

Schwartz, K. (2004). Music Preferences, Personality, Style, and Developmental Issues of Adolescent. In: *The Journal of Youth Ministry* 3(1), 47–48.

Seal, M., Aleman, A. & McGuire, P. (2004). Compelling imagery, unanticipated speech and deceptive memory: Neurocognitive models of auditory verbal hallucinations in schizophrenia. In: *Cognitive Neuropsychiatry*, 9(1/2), 43–72.

Sheldon, Deborah-A. (2004). Listeners' identification of musical expression through figurative language and musical terminology. In: *Journal of Research in Music Education*, 52(4), 357–368.

Srinivasan, Indira (2004). *Deciphering solfa-notation of Indian music,* Chennai: Om International.

Teixeira-dos-Santos, Regina-Antunes & Del-Ben, Luciana (2004). Contextualized improvisation in solfege class. In: *International Journal of Music Education* 22(3), 266–276.

Väkevä, Lauri (2004). *Kasvatuksen taide ja taidekasvatus:Estetiikan ja taidekasvatuksen merkitys John Deweyn naturalistisessa pragmatismissa.* [Educational art and art education: The significance of aesthetics and art education in the naturalistic pragmatism of John Dewey]. Doctoral Dissertation, Oulu University (Finnland). Acta Universitatis Ouluensis, Series E, Scientiae rerum socialium, 68.

Watkins, C. (2004). Advanced intonation Skills: Helping students understand what they hear. In: *American String Teacher,* 54(1), 86–90.

Williamon, Aaron (Hg.) (2004). *Musical excellence: Strategies and techniques to enhance performance*. Oxford University Press.

Williams, Lindsey-R. (2004). Possible relationships between melodic memory, rhythmic memory, and sight-reading in college wind instrumentalists. In: *Missouri Journal of Research in Music Education* 41, 20–32.

Winkelhaus, E. (2004). *Zur kognitionspsychologischen Begründung einer systematischen Melodielehre* (= Systemische Musikwissenschaft Bd. 7). Frankfurt am Main: Peter Lang Verlag.

2005

Addessi, Anna-Rita & Caterina, R. (2005). Analysis and perception in post-tonal music: An example from Kurtag's string quartet op. 1. In: *Psychology of Music* 33(1), 94–116.

Addessi, Anna-Rita & Pachet, F. (2005). Experiments with a musical machine: Musical style replication in 3 to 5 year old children. In: *British Journal of Music Education* 22(01), 21–46.

Bahr, Nan & Christensen, C. A. (2005). Diversity of accuracy profiles for absolute pitch recognition. In: *Psychology of Music* 33(1), 58–93

Baile, Betty-A. & Davidson, J.W. (2005). Effects of group singing and performance for marginalized and middle-class singers. In: *Psychology of Music* 33(3), 269–303.

Beegle, Am (2005). The effect of temporal versus melodic cues on children's recall of familiar songs. In: *Journal of Experimental Psychology: Human Perception and Performance* 30(5), 956–974.

Bengtsson, S. L., Nagy, Z., Skate, S., Forsman. L., Forssberg. H. & Ullén, F. (2005). Extensive piano practicing has regionally specific effects on white matter development. In: *Nature Neuroscience*, 8, 1148–1150.

Berg, Shelton G. (2005). *Alfred`s Essentials of Jazz Theory: Complete: Lessons, Ear Training, Workbook,* with 3 audio discs, Van Nuys, CA.

Bishara, Anthony-J. & Radvansky, Gabriel A. (2005). The detection and tracing of melodic key changes. In: *Perception & Psychophysics* 67(1), 36–47.

Braun, M. & Chaloupka, V. (2005). Carbamazepine induced pitch shift and octave space representation. In: *Hearing Research.* 210 (1–2), 85–92.

Bruhn, H. (2005). Wissen und Gedächtnis. In: T. H.R. Oerter (Hg.), *Enzyklopädie der Psychologie. Allgemeine Musikpsychologie* (S. 537–590). Göttingen: Hogrefe.

Chaffin, Roger & Lemieu, Anthony F. (2005). Consideraciones generales sobre el perfeccionamiento musical [General perspectives on achieving musical excellence]. In: *Quodlibet: revista de especialización musical*, 32, 22–48.

Clarke, Eric-F. & Cook, N. (2005). Interpretation and performance in Bryn Harrison's „etre-temps". In: *Musicae Scientiae*. 9 (1), S, 31–74.

Clarke, Eric-F. (2005). Creativity in performance. In: *Musicae Scientiae* 9(1), 157–182.

Collins, David (2005). A synthesis process model of creative thinking in music composition. In: *Psychology of Music* 33(2), 193–216.

Covington, Kate (2005). The Mind's Ear: I Hear Music and No One is Performing. In: *College Music Symposium* 45, 25–41.

Cowan, Nelson, et al. (2005). On the Capacity of Attention: Its Estimation and its Role in Working Memory and Cognitive Aptitudes. In: *Cognitive Psychology* 51, 42–100.

Custodero, Lori-A. (2005). "Being with": The resonant legacy of childhood's creative aesthetic. In: *The Journal of Aesthetic Education* 39(2), 36–57.

Danko, G. (2005). *Befragung von Hochschullehrern zu Unterrichtsstrategien bei Musikstudierenden.* Unveröffentlichter Arbeitsbericht, HU Berlin.

Deliège, Irène (2005). Analogie: support créatif dans l'éducation de l'écoute musicale. In: *Proceedings of the Convegno internazionale su Educazione musicale e Formazione* (CDrom). Bologna (Italy).

Deliège, Irène (2005). Constantes psicollogicas en la percepcion de la obra musical: herencias teoricas elaboraciones recientes. In: *Eufonia* 34, Special issue Didatica della Musica, 33–43.

Deliège, Irène (2005). La perception de la musique. In: *Encyclopédie de la musique en quatre volumes Traduction française.* Editions Actes-Sud, 359–389.

Deutsch, D., Henthorn, T., Marvin, E. & Xu, H. (2005). Perfect Pitch, in Tone Language Speakers Carries Over to Music. In: *The Journal of the Acoustical Society of America.* 116 (4), 2580.

Dolan, David (2005). Back to the future: towards the revival of extemporisation in classical music performance. In: Odam, George & Bannan, Nicholas (Hg.). *The Reflective Conservatoire: Studies in Music Education.* Aldershot: Ashgate, 97–131.

Evers, Stefan, (2005). Hirnphysiologische Grundlagen der Musikwahrnehmung. In: Helga de la Motte-Haber und Günther Rötter (Hrsg.), *Musikpsychologie* (S. 40–54). Laaber: Laaber Verlag.

Ghezzo, Marta Árkossy (2005). *Solfège, Ear Training, Rhythm, Dictation, and Music Theory: A Comprehensive Course* [With 2 CD-ROM], Tuscaloosa.

Hall, Clare (2005). Gender and boys' singing in early childhood. In: *British Journal of Music Education* 22(1), 5–20.

Jensen, M. (2005). *Auditory imagery: a review and challenges ahead: Technical report*, SSKKII-200S.01. SSKKII center for cognitive science, Göteborg University.

Kaiser, U. (2005). Zur Gehörbildung in Deutschland. In: *Zeitschrift der Gesellschaft für Musiktheorie* 2(2-3), 197–202.

Karas, J. B. (2005), The Effect of Aural and Improvisatory Instruction on Fifth Grade Band Students' Sight Reading Ability, Doctoral dissertation, The University of Nebraska.

Karaseva, Marina Valeryevna (2005). Contemporary good ear for music and the new millennium challenges. In: *Music and musician in the changing social-cultural area*. Rostov on Don, 72–86.

Karaseva, Marina Valeryevna (2005). Humanitarian and creative education in Russia and un the U.S. In: *The Proceedings of the International Conference "Russian-American Interrelations in the Context of Globalization"*. Moscow, 73–80.

Karaseva, Marina Valeryevna (2005). *Methodological Programs in Ear training for majors in Musicology, Composition, and Choral conducting*, Moscow: UMO.

Karaseva, Marina Valeryevna (2005). *Music in Two Voices. Etudes for Singing, Playing, and Music Dictations. Sound Timbre Dictations*. Moscow: Kompozitor.

Karaseva, Marina Valeryevna (2005). The mystery of the 20th century music aversion: synthesical associations as a psychological key factor of listener's aural barriers. In: *Horror Novitatis*. Prague, 88–91 (in English).

Klute, Stefan (2005). Sonderleistung des Hörens: Absolutes Gehör und Synästhesie. In: Helga de la Motte-Haber & Günther Rötter (Hrsg.), *Musikpsychologie*, Laaber: Laaber Verlag, 158-159.

Kopacz, M. (2005), Personality and Music Preferences: The Influence of Personality Traits on Preferences Regarding Musical Elements. In: *Journal of Music Theory* 42(3), 216-239.

Kormann, A. (2005). Musiktests. In: R. Oerter & T. H. Stoffer (Hg.), *Enzyklopädie der Psychologie. Spezielle Musikpsychologie* (S. 369–408). Göttingen: Hogrefe.

Kraemer, D. J. M., Macrae, C. N., Green, A. E. & Kelley, W. M. (2005). Musical imagery: sound of silence activates auditory cortex. In: *Nature*, 434 (7030), 158.

Krumhansl, C. L & Cuddy, L. L. (2005). Musikalische Bezugssysteme. In: T. H. Stoffer & R. Oerter (Hg.), *Enzyklopädie der Psychologie. Allgemeine Musikpsychologie* (S. 267–306). Göttingen: Hogrefe.

Kurosawa, Kaori & Davidson, J.W. (2005). Nonverbal behaviours in popular music performance: A case study of The Corrs. In: *Musicae Scientiae* 9(1), 111–133.

la Motte-Haber, Helga de & Rötter, G. (2005). Formwahrnehmung. In: de la Motte-Haber, H. & Rötter, G. (Hg.), *Musikpsychologie. Handbuch der systematischen Musikwissenschaft* Bd. 3 (S. 263–267). Laaber: Laaber-Verlag.

la Motte-Haber, Helga de & Rötter, Günther (2005). *Musikpsychologie*. Laaber. Laaber Verlag.

la Motte-Haber, Helga de (2005). Modelle der musikalischen Wahrnehmung. Psychophysik - Gestalt Invarianten - Mustererkennen - Neuronale Netze - Sprachmetapher. In: Helga de la Motte - Haber und Günther Rötter (Hrsg.), *Musikpsychologie*, Laaber: Laaber Verlag, 61-64.

Laucirica, A. (2005). L'oreille absolue partielle chez les musiciens: Une compétence assez générale. [Partial absolute pitch in musicians: Could we talk about a general skill?]. In: *Musicae Scientiae* 9(2), 255–271.

Lehmann, A. C. (2005). Komposition und Improvisation: Generative musikalische Performanz. In: T. H. Stoffer & R. Oerter (Hg.), *Enzyklopädie der Psychologie. Allgemeine Musikpsychologie* (S. 912–954). Göttingen: Hogrefe.

Lehmann, A. C. (2005). Musikalischer Fertigkeitserwerb (Expertisierung): Theorie und Befunde. In: H. de la Motte-Haber & G. Rötter (Hg.), *Handbuch der Systematischen Musikwissenschaft, Band 3: Musikpsychologie* (S. 568–599). Laaber: Laaber.

Levitin, D. J. & Rogers, S. E. (2005). Absolute pitch. In: *Trends in Cognitive Sciences,* 9 (1), 26–33.

Lisboa, Tania & Williamon, Aaron (2005). Mastery through imitation: A preliminary study. In: *Musicae Scientiae* 9(1), 75–110.

Mang, Esther-H.S. (2005). The referent of children's early songs. In: *Music Education Research* 7(1), 3–20.

Mausfeld, R. (2005). Wahrnehmungspsychologie: Geschichte und Ansätze. In: Funke, J. & French, P. (Hrsg.) (2005). *Handwörterbuch Allgemeine Psychologie: Kognition*. Göttingen: Hogrefe.

McAdams, S. & Battier, M. (Hg.) (2005). *Creation and perception of a contemporarymusical work: The Angel of Death by Roger Reynolds* [E-book]. Paris: IRCAM-Centre Pompidou.

McPherson, Gary-E. (2005). From child to musician: Skill developmnent during the beginning stages of learning an instrument. In: *Psychology of Music* 33(1), 5–35.

Nuthmann, A. & van der Meer, E. (2005). Time's arrow and task-evoked pupillary response. In: *Psychophysiology,* 42, 306–317.

Payne, D. (2005). *Essential Skills for Promoting a Lifelong Love of Music and Music Making*: Part 1 of 4.

Peretz, Isabelle & Zatorre, Robert J. (2005). Brain Organization for Music Processing. In: *Annual Review of Psychology*, 56, 89-114

Peterson, Eila-M. (2005). Creativity in Music Listening. In: *Arts Education Policy Review* 107(3), 15–21.

Rötter, G. (2005). Anatomie und Physiologie des Ohrs. In: de la Motte-Haber, H. & Rötter, G. (Hg.), *Musikpsychologie. Handbuch der systematischen Musikwissenschaft* Bd. 3 (S. 33–39). Laaber: Laaber-Verlag.

Ruddock, Eve & Leong, Samuel (2005). I am unmusical! The verdict of self-judgement. In: *International Journal oj Music Education*, 23(1), 9–22.

Schüler, N. (2005). Teaching Approaches to Music Theory in the United States: Towards a Stronger Undergraduate Core Curriculum. In: *On Methods of Music Theory and (Ethno-) Musicology: From Interdisciplinary Research to Teaching*, ed. by N. Schüler (S. 189–202). Frankfurt am Main: Peter Lang.

Seddon, Frederick-A. (2005). Modes of communication during jazz improvisation. In: *British Journal of Music Education* 22(01), 47–61.

Sims, Wendy-L. (2005). Effects of free versus directed listening on duration of individual music listening by prekindergarten children. In: *Journal of Research in Music Education*, 53(1), 78–86.

Sloboda, John-A. (2005). Lectura a primera vista Sight-reading. In: *Quodlibet: revista de especialización musical*, 32, 49–74.

Szubertowska, Elzbieta (2005). Education and the music culture of Polish adolescents. In: *Psychology of Music* 33(3), 317–330.

Tan, Siu-lan & Spackman, Matthew P. (2005). Listeners' judgments of the musical unity of structurally altered and intact musical compositions. In: *Psychology of Music* 33, 133–153.

Tervartiemi, M., Just V., Koelsch, S., Widmann, A. & Schröger E. (2005). Pitch discrimination accuarcy in musicians vs nonmusicians: an event-related potential and behavioral study. In: *Experimental brain research* 161(19), 1–10.

Vitouch, O. (2005). Absolutes Gehör. In: T.H. Stoffer & R. Oerter (Hg.), *Allgemeine Musikpsychologie* (Enzyklopädie der Psychologie, Vol. D, VII, 1, 717–766). Göttingen: Hogrefe.

Welch, Graham, et al. (2005). Real-Time Feedback in the Singing Studio. An Innovatory Action-Research Project Using New Voice Technology. In: *Music Education Research*, 7(2), 225-249.

Wyatt, Keith; Schroeder, Carl & Elliott, Joe (2005). *Ear training for the contemporary musician*; (Musician's Institute Essential Concepts); Partitur, CD; Milwaukee.

Zatorre, R. J. & Halpern, A. R. (2005). Mental concerts: musical imagery and auditory cortex. In: *Neuron*, 47(1), 9–12.

2006

Bailes, F. (2006). The use of experience-sampling methods to monitor musical imagery in everyday life. In: *Musicae Scientiae*, 10 (2), 173–190.

Bigand, E. & Poulin-Charronnat, B. (2006). Are we "experienced listeners"? a review of the musical capacities that do not depend on formal musical training. In: *Cognition*. 100(1), 100–130.

Bortz, J. & Döring, N. (2006). *Forschungsmethoden und Evaluation*. Heidelberg: Springer.

Bresler, Liora & Stake, Robert E. (2006). Qualitative Research Methodology in Music Education. In: Colwell, Richard (Hg.), *MENC Handbook of Research Methodologies* (S. 70–311). Oxford: Oxford University Press.

Brown, B. (2006). The Perpetual Music Track. The Phenomenon of Constant Musical lmagery. In: *Journal of Consciousness Studies*, 13 (6), 25–44.

Chépélov, Pierre & Menut, Benoît (2006) *La Dictées en musiques* 1-7. Paris: Editions Henry Lemoine.

Connelly, F. Michael & Clandinin, D. Jean (2006). Narrative Inquiry. In: Green, Judith L.; Camilli, Gregory & Elmore, Patricia B. (Hg.). *Handbook of Complementary Methods in Education Research*. Mahwah, NJ: Erlbaum, 477–487.

Deliège, Irène (2006). Analogy, creative support to elaborate a model of music listening. In: I. Deliège & G.Wiggins (eds), *Musical creativity. Multidisciplinary research in theory and practice*. 63–77. Hove, Psychology Press, Taylor & Francis group.

Deliège, Irène (2006). Emergence, Anticipation and Schematization Processes in Listening to a Piece of Music. A re-reading of the cue abstraction model. In: P. Locher, C. Martindale & L. Dorfman (eds), *New directions in aesthetics, creativity, and the arts.* New York, Baywood 153–174.

Deutsch, D., Henthorn, T., Marvin, E.W. & Xu, H.-S. (2006). Absolute pitch. In: *The Journal of the Acoustical Society of America* 119(2), 719–722.

Deutsch, D. (2006). The enigma of absolute pitch. *In: Acoustics Today,* 2 (4), 11–19.

Donahue, M. (2006). Sounding Off: A Practical Approach to Ear Training. In: *JAZZed.*

Droe, K. (2006). Music Preference and Music Education: A Review of Literature. In: *Update: Applications of Research in Music Education*, 24, 23–32.

Ericsson, K. A. (2006). The influence of experience and deliberate practice on the development of superior expert performance. In: K. A. Ericssory N. Charnessr P. I. Feltovich & R. R. Hoffman (Hg.), *The Cambridge handbook of expertise and expert performance* (S. 683–704). Cambridge: Cambridge University Press.

Girdzijauskienė, S. (2006). *Kokybinis interviu.* Vilnius.

Green, E. (2006). Solfège, Ear Training, Rhythm, Dictation, and Music Theory: A Comprehensive Course. In: *Music Educators Journal* 92(4).

Hoppe, Dave, Makiko Sadakata & Peter Desain (2006). Development of Real-Time Visual Feedback Assistance in Singing Training. A Review. In: *Journal of Computer Assisted Learning*, 22(4), 308–316.

Jareckaitė, S. (2006). *Muzikinis ugdymas Vakarų Europoje ir Lietuvoje: Teorija ir praktika nuo antikos laikų iki XX a. pradžios*. Klaipėda.

Kamiya, N., Xiang, N. & Kleiner, M. (2006). An online ear training program designed for students, acousticians, and architects. In: *The Journal of the Acoustical Society of America* 119(5), 3207–3207.

Karpinski, Gary S. (2006). *Anthology for Sight Singing* . Norton.

Kassier, R., Brookes, T. & Rumsey F. (2006). A comparison between spatial audio listener training and repetitive practice. In: *Audio Engineering Society – 121st Convention Papers*.

Kassier, R., Brookes, T. & Rumsey, F. (2006). Designing a spatial audio attribute listener training system for optimal transfer. In: *Audio Engineering Society - 120th Convention Spring Preprints.*

Klonoski, Edward (2006). Improving Dictation as an Aural-Skills Instructional Tool. In: *Music Educators Journal*, 93(1), 54–59.

Kopiez, R. & Lee, J. I. (2006). Towards a dynamic model of skills involved in sight reading music. In: *Music Education Research*, 8(1), 97–120.

Kühn, C. (2006). *Musiktheorie unterrichten – Musik vermitteln.* Kassel: Bärenreiter.

Lehmann, Andreas C., Sloboda, John A. und Woody, Robery H. (2006). *Psychology for musicians : understanding and acquiring the skills.* Oxford [u. a.]: Oxford Univ. Press.

Micheyi, C., Delhommeau, K., Perrot, X. & Oxenham, A. J. (2006). Influence of musical and psychoacoustical training on pitch discrimination. In: *Hearing Research* 219(1), 36–47.

Miyazaki, K. & Ogawa, Yoko (2006). Learning of absolute pitch by children. In: *Music Perception,* 24 (1), 63.

Ramadoss, D. (2006). *Issues in pitch perception: An experimental approach*, Hyderabad: Central Institute of English and Foreign Languages MPhil thesis

Reitan, Inger Elise (2006). *Gegørtrening –I praksis: Hva sier fagplanen och hva opplever studentene?* [Aural-skills education –in practice: What do written curricula state and what do students experience?] Oslo: Norges musikhøgskole. NMH-publikasjoner:4.

Schüler, N. (2006). *Aural Learning Coursepack.* Texas State University, San Marcos.

Stewart, L. (2006). Congenital amusia. In: *Current Biology*, 16(21), R904–R906.

Väkevä, Lauri (2006). Teaching Popular Music in Finland: What's Up, What's Ahead? In: *International Journal of Music Education* 24 (2), 126–131.

van der Meer, E. (2006) Langzeitgedächtnis. In: P. Frensch & J. Funke (Hg.), *Handbuch Allgemeine Psychologie*. Göttingen: Hogrefe.

2007

Arnold, Bruce (2007). *Ear Training: One Note: Complete,* 6 Audio Disc, New York.

Bailes, F. (2007). The prevalence and naturc of imagined music in the Everyday lives ofmusical students. In: *Psychology of Music*, 35 (4), 1–16.

Bergby, Anne Katrin (2007). Bruk av instrumenter I hørelæreundervisning. [The use of instruments in aural-skills education]. In: Blix, Hilde Synnøve & Bergby, Anne Katrine (Hg.). *Øre for musikk: Om å undervise I hørelære*. [An ear for music: on the teaching of aural skills]. Oslo: Unipub. 193–196.

Bergby, Anne Katrin (2007). *Hva lærer studentene i kammermusikkundervisningen?* [What do students learn in chamber-music education? Paper presented to the annual conference of the Nordic Network of Research in Music Education], Helsinki, February 3 2007.

Bergby, Anne Katrin (2007). Intonasjon. [Intonation]. In: Blix, Hilde Synnøve & Bergby, Anne Katrine (Hg.), *Øre for musikk: Om å undervise i hørelære*. [An ear for music: on the teaching of aural skills] (S. 168–182). Oslo: Unipub.

Bergby, Anne Katrine & Blix, Hilde (2007). Undervisningsfaget hørelære. [Aural skills as an educational subject]. In: Blix, Hilde Synnøve & Bergby, Anne Katrine (Hg.). *Øre for musikk: Om å undervise I hørelære*. (S. 15–38). Oslo: Unipub.

Bergby, Anne Katrine et al. (2007). Forord. [Foreword]. In: Blix, Hilde Synnøve & Bergby, Anne Katrine (Hg.). *Øre for musikk: Om å undervise i hørelære*. [An ear for music: on the teaching of aural skills]. Oslo: Unipub.

Bergby, Anne Katrine (2007). Rytme. In: Blix, Hilde Synnøve & Bergby, Anne Katrine (Hg.). *Øre for musikk: Om å undervise i hørelære*. [An ear for music: on the teaching or aural skills]. (S. 94–111). Oslo: Unipub.

Blix, H. S. & Bergby, A. K. (2007). Generelle didaktiske betraktninger. [General educational viewpoints]. In: Blix, Hilde Synnøve & Bergby, Anne Katrine (Hg.). *Øre for musikk: Om å undervise i hørelære*. (S. 39–58). Oslo: Unipub.

Blix, H. S. & Bergby, A. K. (2007). Hørelærefaget før og nå. [Aural skills as a subject of education then and now]. In: Blix, H. S. & Bergby, A. K. (Hg.). *Øre for musikk: Om å undervise i hørelære*. (S. 7–14). Oslo: Unipub.

Blix, Hilde Synnøve (2007). Om å lese noter. [On note-reading]. In: Blix, Hilde Synnøve & Bergby, Anne Katrine (Hg.). *Øre for musikk: Om å undervise i hørelære*. [An ear for music: on the teaching of aural skills] (S. 59–74). Oslo: Unipub.

Bond, T. G. & Fox, C. M. (2007). *Applying the Rasch model: Fundamental measurement in the human sciences.* Mahwah, NJ: Lawrence Erlbaum Associates.

Bundesministerium für Bildung und Forschung (2007). *Zur Entwicklung nationaler Bildungsstandards*, Berlin: Bundesministerium für Bildung und (BMBF).

Colles, H.C. et al. (2007). Curwen. In: *Grove Music Online*. Oxford Music Online.
http://www.oxfordmusiconline.com/subscriber/article/grove/music/06973pg1

del Rio, Pablo & Álvarez, Amelia (2007). Inside and Outside the Zone of Proximal Development: An Ecofunctional Reading of Vygotsky. In: Daniels, Harry; Cole, Michael & Wertsch James V. (Hg.). *The Cambridge Companion to Vygotsky*. Cambridge: Cambridge University Press, 276–304.

Deliège, Irène (2007). Similarity relations in listening to music: How do they come into play ? In: *Musicae Scientiae, Discussion Forum* 4a, 9–37.

Di Dio, A. S. Fields, M. C. & Rowan, A. J. (2007). Palinacousis-Audibry Perseveration: Two Cases and a Review of the Literature. In: *Epilepsia*, 48 (9), 1801–1806.

Ellen, Pinzino M. (2007). From Letters On Music Learning Audiation—Another Way of Knowing. In: *From the Come Children Sing Institute*.

Fox, Mark; Martin, Peter & Green, Gill (2007). *Doing Practitioner Research*. London: Sage.

Granot, R. Y., Frankel, Y., Gritsenko, V., Lerer, E., Gritsenko, I., Bachner-Melman, R. & Ebstein, R. P. (2007). Provisional evidence that the arginine vasopressin 1a receptor gene is associated with musical memory. In: *Evolution and Human Behavior*, 28(5), 313–318.

Hell, B., Trapmann, S. & Schuler, H. (2007). Eine Metaanalyse der Validität von fachspezifischen Studierfähigkeitstests im deutschsprachigen Raum. In: *Empirischc Pädagogik*, 21, 251–270.

Henthorn, T. & Deutsch, D. (2007). Ethnicity versus Early Environment: Comment on Early childhood music education and predisposition to absolute pitch. *In: American Journal of Medical Genetics Part A.* 143A (1), 102–103.

Hyde, K. L., Lerch, J.P., Zatorre, R.J., Griffiths, T. D., Evans, A. C. & Peretz, L. (2007). Cortical thickness in congenital amusia: when less is better than more. In: *The Journal of Neuroscience*, 27(42), 13028–13032.

Jakhelln, Victoria C. (2007). Informasjonsteknologi og gehørundervisning. [Information technology and aural-skills education]. In: Blix, Hilde Synnøve & Bergby, Anne Katrine (Hg.). *Øre for musikk: Om å undervise i hørelære.* [An ear for music: on the teaching of aural skills] (S. 197–206). Oslo: Unipub.

Jander, Owen (2007). Solfeggio. *Grove Music Online*. Oxford Music Online.<http://www.oxfordmusiconline.com/subscriber/article/grove/music/26144>.

Johansen, Guro Gravem (2007). Improvisasjon og gehørtrening. [Improvisation and aural training]. In: Blix, Hilde Synnøve & Bergby, Anne Katrine (Hg.). *Øre for musikk: Om å undervise i hørelære*. [An ear for music: on the teaching of aural skills]. Oslo: Unipub, 148–167.

John-Steiner, Vera P. (2007). Vygotsky on Thinking and Speaking. In: Daniels, Harry; Cole, Michael & Wertsch James V. (Hg.). *The Cambridge Companion to Vygotsky* (S. 136–153). Cambridge: Cambridge University Press.

Karpinski, Gary S. & Kram, Richard (2007). *Manual for Ear Training and Sight Singing*, New York.

Karpinski, Gary S. (2007). *Instructor's dictation manual to accompany the Manual for ear training and sight singing*, New York.

Knowlton, D.S. (2007). An Andragogical Approach for Reducing Cognitive Load within Aural Theory Tasks. In: *Visions of Research in Music Education* 9/10(1).

Lahav, Amir, Saltzman, Elliot & Schlaug, Gottfried (2007). Action Representation of Sound: Audiomotor Recognition Network While Listening to Newly Acquired Actions. In: *The Journal of Neuroscience* 27(2), 308–314.

Liu, Z., Wu, F. & Yang, Q. (2007). The practice and study of ear training on discrimination of sound attributes. In: *Audio Engineering Society – 122nd Audio Engineering Society Convention 2007* 1, 260–263.

Liu, Z., Wu, F. & Yang, Q. (2007). The training and analysis on listening discrimination of pure tone frequency. In: *Audio Engineering Society – 122nd Audio Engineering Society Convention 2007* 1, 264–267.

Naito-Billen, Y. (2007). *Comparative analyses of auditory Stroop effect and counter Stroop effect between American and Japanese absolute pitch possessors.* ProQuest Dissertations and Theses.

North, A. C. & Hargreaves, D. J. (2007). Lifestyle Correlates of Musical Preference. I: Relationships, Living Arrangements, Beliefs, and Crime. In: *Psychology of Music* 35(1), 58–87.

North, A. C. & Hargreaves, D. J. (2007). Lifestyle Correlates of Musical Preference. II: Media, Leisure Time and Music. In: *Psychology of Music* 35(2), 179–200.

North, A. C. & Hargreaves, D. J. (2007). Lifestyle Correlates of Musical Preference. III: Travel, Money, Education, Employment and Health. In: *Psychology of Music* 35(3) 473–497.

Omori, S. & Ryuichi, S. (2007). *Oto o miru, toki o kiku: tetsugaku kogi*. Tokio: Chikumashobo.

Øye, Ingunn Fanavoll (2007). Gehørarbeid i instrumentalsundervisningen. [Aural-skills work in instrumental teaching]. In: Blix, Hilde Synnøve & Bergby, Anne Katrine (Hg.). *Øre for musikk:Om å undervise i hørelære*. [An ear for music: on the teaching of aural skills] (S. 179–192). Oslo: Unipub.

Pajamo, Reijo (2007). *Musiikkiopistosta musiikkiyliopistoksi: Sibelius-Akatemia 125 vuotta.* [From a music school to a music university: The Sibelius Academy 125 years old]. Helsinki: Sibelius-Academy.

Peretz, I., Cummings, S. & Dubé, M.-P. (2007). The genetics of congenital amusia (tone deafness): A family-aggregation study. In: *American journal of human genetics*, 81(3), 582–588.

Rainbow, Bernarr (2007). Galin-Paris-Chevé Method. In: *Grove Music Online.* Oxford Music.

Rainbow, Bernarr (2007). Tonic Sol-fa. In: *Grove Music Online*. Oxford Music.

Reed, Rasmus (2007). Harmonikk. [Harmony]. In: Blix, Hilde Synnøve & Bergby, Anne Katrine (Hg.). *Øre for musikk: Om å undervise i hørelære*. [An ear for music: on the teaching of aural skills] (S. 112–124). Oslo: Unipub.

Reitan, Inger Elise (2007). Hørelærefaget og forskning. [Aural skills and research]. In: Blix, Hilde Synnøve & Bergby, Anne Katrine (Hg.). *Øre for musikk: Om å undervise i hørelære*. [An ear for music: on the teaching of aural skills] (S. 217–225). Oslo: Unipub.

Reitan, Inger Elise (2007). Lytting. [Listening]. In: Blix, Hilde Synnøve & Bergby, Anne Katrine (Hg.). *Øre for musikk: Om å undervise i hørelære*. [An ear for music: on the teaching of aural skills] (S. 125–141). Oslo: Unipub.

Sacks, O. (2007). *Musicophilia: Tales of Music and the Brain*. New York: Alfred A. Knopf.

Schachnik, Gilson & Feist, Jonathan (2007). *Beginning Ear Training,* (Book, CD, Partitur), Milwaukee.

Siligo, W.R. (2007). Teaching music to sighted and visually-impaired students. In: Spotlight on making music with special learners. *MENC: The National Association for Music Education,* 63–67.

Smith, James G. & Young, Percy M. (2007). Chorus (i) [choir]. In: *Grove Music Online. Oxford Music*

Stevens, C. (2007). Creativity and composing. In: *Ways into music: Making every child's music matter* Published by: Matlock, Derbyshire, Derbyshire, Great Britain: National Association of Music Educators.

Tremblay, G. (2007). Champagne F. Marking musical dictations using the edit distance algorithm. In: *Software – Practice and Experience,* 37(2) 207–230.

Verhoeven J. & Davey R. (2007). A multimedia approach to eartraining and IPA transcription. In: *City,* 2–5.

2008

Ariza, C. (2008). Applications of algorithmically generated digital audio for web-based sonic measure Ear training. In: *Audio Engineering Society – 125th Audio Engineering Society Convention 2008 1* 397–401.

Bailey, N.J., McGilvray, D., Hair, G. (2008). Musically significant, automatic localisation of note boundaries for the performance analysis of vocal music. In: *Analysis,* 1–13.

Bi, J. (2008). *Sensoty discrimination tests and measuretnents: Statistical principles, procedures and tables.* Oxford: Blackwell Publishing.

Blix, Hilde Synnøve (2008). What is musical literacy? *Paper presented to the annual conference of the Nordic Network of Research in Music Education,* Oslo, January 23–25.

Brent, T.J. & Lebon, R.L. (2008). *A two-semester course sequence for jazz ear-training with application for vocal improvisation.* ProQuest Diss Theses.

Brodsky, W., Kessler, Y., Rubinsteful, B.-S., Ginsborg, J. & Henik, A. (2008). The mental representation of music notation: Notational audiation. In: *Journal of Experimental Psychology: Human Perception and Performance*, 34(2), 427–448.

Buck, M. W. (2008), *The Efficacy of SmartMusic® Assessment as a Teaching and Learning Tool,* Doctoral dissertation, The University of Southern Mississippi.

Cain, Tim (2008). The characteristics of action research in music education. In: *British Journal of Music Education* 25, 283–313.

Collins, Deni (2008). „So You Want to Write a Canon?" An Historically-Informed New Approach for the Modern Theory Class. In: *College Music Symposium* 48, 108–123.

Comtet, Emilie (2008). *La globalité dans les apprentissages au coeur du cours de formation musicale.* [A holistic perspective on the core contents of an aural-skills course]. Promotion [Thesis], CEDEFEM Rhônes-Alpes, Lyon.

Cowan, Nelson (2008). What Are the Differences Between Long-Term, Short-Term, and Working Memory? In: *Progress in Brain Research* 169, 323–338.

de Larminat, V. (2008). Gehörbildung zwischen französischer und deutscher Tradition – Versuch einer Synthese. In: *Zeitschrift der Gesellschaft für Musiktheotie*, 5(1), 121–162.

Estrada Rodriguez, L. A. (2008). *Didaktik und Curriculumentwicklung in der Gehörbildung. Eine vergleichende Untersuchung an deutschsprachigen-Lehrbüchern zur Gehörbildung aus der Zeit 1889 bis 1988*. Hannover.

Fresne, J. (2008). The Stamps-Baxter GI School of Music: The Singing School Funded by the GI Bill. In: *Contributions to Music Education* 35, 79–96.

Frith, S. (2008). Why Does Music Make People so Cross? In: *Voices: A World Forum for Music Therapy*, 8(3).

Gaunt, H. & Hallam, S. (2008). Individuality in the learning of music. In: S. Hallam, I. Cross & M. Thaut (Hg.), *Oxford handbook of music psychology* (S. 274–284). Oxford: Oxford University Press.

Houlahan, Mícheál & Tacka, Philip (2008). *Kodaly Today: A Cognitive Approach to Elementary Music Education.* Oxford: Oxford University Press.

Humphries, Lee (2008). *Learning to Sight-Sing* Minneapolis: Thinking Applied, No. 1.

Karaseva, M.V. (2008). *Japanese Solfeggio. Art of Melodic Intonation. 444 Exercises in Japanese Phrases Intoning. In Two Parts*. Moscow: Kompozitor.

Knigge, J. & Lehmarur-Wermser, A. (2008). Bildungsstandards für das Fach Musik – Eine Zwischenbiranz. In: *Zeitschrift für Kritische Musikpädagogik, Sonderedition* S. 60–98.

Kopiez, R. & Lee, J. I. (2008). Towards a general model of skills involved in sight reading music. In: *Music Education Research*, 10(1), 41–62.

Lehmann, A. C. (2008). Erinnern und Wiedererkennen. Auswendig- und Vomblattspiel. In: H. Bruhn, R. Kopiez & A. C. Lehmann (Hg.), *Musikpsychologie, Das neue Handbuch* (S. 354–373). Reinbek bei Hamburg: Rowohlt.

Lehmann, A. C. & Oerter, R. (2008). Lernen, Übung und Expertisierung. In: H. Bruhn, R. Kopiez & A. C. Lehmann (Hg.), *Musikpsychologie. Das neue Handbuch* (S. 105–128). Reinbek bei Hamburg: Rowohlt.

Levitin, D.J. (2008). Absolute pitch: Both a curse and a blessing. In: Clockars, M. & Peltomaa, M. (Hg.), *Music Meets Medicine, Proceedings of the Signe and Ane Gyllenberg Foundation. Helsinki, Finland: Signe and Ane Gyllenberg Foundation.* 124–132.

Martinkevičienė, Ernesta (2008). *Reliatyviosios ir absoliučiosios solmizacijos sistemų pasirinkimo priežastys muzikos pedagogikoje* [Reasons of choosing relative and absolute systems of solmisation in the pedagogics of music]. Vilnius. https://www.vdu.lt/cris/bitstream/20.500.12259/118555/1/ernesta_labanauskaite_md.pdf

McClung, Alan C. (2008). Sight-Singing Scores of High School Choristers with Extensive Training in Movable Solfège Syllables and Curwen Hand Signs. In: *Journal of Research in Music Education* 56 (3), 255–266.

McKernan, James (2008). *Curriculum and Imagination: Process Theory, Pedagogy and Action Research.* London: Routledge.

Myers, Gerald C. (2008). *Sight-singing instruction in the undergraduate choral ensembles of colleges and universities in the southern division of the American choral directors association: Teacher preparation, pedagogical practices and assessed results.* DMA diss., The University of North Carolina at Greensboro.

Niessen, A., Lehmann-Wermser, A., Knigge, J. & Lehmann, A. C. (2008). Entwurf eines Kompetenzmodells "Musik wahrnehmen und kontextualisieren". In: *Zeitschrift für Kritische Musikpädagogik*, Sonderedition 2, 3–33.

Radley, Roberta (2008). *The Real Easy Ear Training Book*: a beginning, intermediate guide to hearing the chord changes; (+ 2 CD's); Pataluma CA.

Rolle C. (2008). Musikalische Bildung durch Kompetenzerwerb? Überlegungen im Anschluss an den Entwurf eines Kompetenzmodells „Musik wahrnehmen und kontextualisieren". In: *Zeitschrift für Kritische Musikpädagogik*, Sonderedition 2, 42–59.

Schmoll, Michael (2008). *Die AMA-Schule der Gehörbildung*, 5 Bände, Brühl: AMA Verlag.

Schoofs, Daniela, Preuß, Diana & Wolf, Oliver T. (2008). Psychosocial Stress Induces Working Memory Impairments in an N-Back Paradigm. In: *Psychoneuroendocrinology* 33, 643–653.

Sloboda, J., Lamon, A. & Greasley, A. (2008). Choosing to hear music: motivation, process, and effect. In: S. Hallam, I. Cross & M. Thaut (Hg.), *Oxford handbook of musicpsychology* (S. 431–440). Oxford: Oxford University press.

Vital, V., Konstantinidis, I., Vital, I. & Triaridis, S. (2008). Minimizing the dead ear in otosclerosis surgery. In: *Auris Nasus Larynx,* 35(4), 475–479.

Vogt, J. (2008). Musikbezogene Bildungskompetenz – ein hölzernes Eisen? Anmerkungen zu den theoretischen Überlegungen zu einem Kompetenzmodell für das Fach Musik ein hölzernes Eisen? Anmerkungen zu den theoretischen Überlegungen zu einem Kompetenzmodell für das Fach Musik. In: *Zeitschrift für Kritische Musikpädagogik, Sonderedition* 2, 34–41.

Weaver, A. C. (2008). *Music to Their Ears: The Importance of Familiarity in Learning and Incorporating Popular Music Styles into the College Teaching of Aural Skills.* Master's thesis, Texas State University.

2009

Abell, N., Springer, D. W. & Kamata. A. (2009). *Developing and validating rapid assessment instruments*. New York: Oxford University Press.

Baddeley, A., Eysenck, M. W. & Anderson, M. (2009). *Memory*. Hove & New York: Psychology Press.

Baruŝs, I. & Wammes, M. (2009). Characteristics of Spontaneous Musical Imagery. In: *Journal of Consciousness Studies*, 16 (l). 37–61.

Becker-Gruvstedt, Maria (2009). Unikt nordiskt horn/gehörs-initiativ. [A unique Nordic horn/aural-skills initiative]. In: *MusikteoriForum Syd*, Medlemsbrev 5, maj.

Bremberg, Brita, Kruse, Gro Shetelig & Nielsen, Mette Stig (2009). *Listento Scandinavia*. Kopenhagen: Wilhelm Hansen.

Brockmann, Nicole M. (2009). *From Sight to Sound: Improvisational Games for Classical Musicians.* Bloomington, In: Indiana University Press.

Campbell, Patricia Shehan (2009). Learning to Improvise Music, Improvising to Learn Music. In: Solis, Gabriel & Nettl, Bruno (Hg.). In: *Musical Improvisation: Art, Education, and Society*. Urbana, IL: University of Illinois Press, 119–142.

Chaffin, R., Logan, T. R. & Begosh, K. T. (2009). Performing from memory. In: S. Hallam, I. Cross & M. Thaut (Hg.), *Oxford handbook of music psychology* (S. 352–363). Oxford: Oxford University Press.

Comiskey, A. (2009). From solfa to the stage : developing basic music literacy skills for older beginners at the tertiary level. In: *Australian Kodaly Journal*, 56–60.

Cope, T. E. & Baguley, D. M. (2009). Is musical hallucination anotological phenomenon? A review of the literature. In: *Clinical Otolaryngology*, 34 (5), 423–430.

Dattatreya, N. M. & Chittaranjan, A. (2009). Musical obsession: Repeated auditory imagery of a cell phone ring tone. In: *Psychiatry And Clinical Neurosciences*, 63 (4), 591–592.

Delaere, M., London, J., Decroupet, P., Brubaker, B. & Pace, I. (2009). Tempo, Metre, Rhythm: Time in Twenty-century Music. In: *Unfolding Time*. Leuven University Press, 13–44.

Deutsch, D., Dooley, K., Henthorn, T. & Head, B. (2009). Absolute pitch. In: *The Journal of the Acoustical Society of America,* 125 (4), 2398–2403.

Elliott, John (2009). Building Educational Theory Through Action Research. In: Noffke, Susan & Somekh, Bridget (Hg.). *The SAGE Handbook of Educational Action Research.* London: Sage, 28–38.

Faul, F., Erdfelder, E., Buchner, A. & Lang, A.-G. (2009). Statistical power analyses using G*power 3.1: Tests for correlation and regression analyses. In: *Behavior Research Methods*, 41(4), 1149–1160.

Felbick, Lutz (2009). Gehörbildung und Musikpsychologie. In: Markus Jans, Angelika Moths, John Mackeown, Balz Trümpy (Hg.), *Musiktheorie an ihren Grenzen: Neue und alte Musik.* Bern, 441–458.

Fukuda, Keisuke & Vogel, Edward K. (2009). Human Variation in Overriding Attentional Capture. In: *The Journal of Neuroscience* 29, 8726 – 8733.

Grewe, O., Kopiez, R. & Altenmüller, E. (2009). The chill parameter: Goose bumps and shivers as promising measures in emotion research. In: *Music Perception* 27(1), 61–74.

Guichard, Loïc (2009). *«Il faut bien faire du solfège pour avoir de bonnes bases»! Réflexions sur les finalités du cours de formation musicale et son utilité pour tous les élèves.* [It is necessary to practise solfége to have a solid basis! Reflections on the relevance of aural-skills courses and their usefulness for all pupils]. Promotion [Thesis], CEDEFEM Rhônes-Alpes, Lyon.

Holmes, Alena V. (2009*). Effects of fixed-do and movable-do solfege instruction on the development of sight-singing skills in seven- and eight-year-old children.* Ph.D. diss., University of Florida.

Karaseva, Marina Valeryevna [Карасёва, Марина] (2009). Сольфеджио — психотехника развития музыкального слуха (третье издание) [*Solfeggio – a Psychotechnique of Ear Traning*]. Moscow: Konservatoriya, 3. Ed. Moscow: Kompozitor.

Kittley, C. (2009). *The Volunteer Choir: Pedagogical Aspects of Sight-Reading in the Church Choir Setting*. Master's thesis, Texas State University.

Kopiez, R. & Platz, F. (2009). The role of listening expertise, attentiory and musical style in the perception of clash of keys. In: *Music Perception*, 26(4), 321–134.

Lalitte, P., Bigand, E., Kantor-Marstynuska, J. & Delbé, C. (2009). On listening to atonal variants of two piano sonatas by Beethoven. In: *Music Perception*, 26(3), 223–234.

Leaver, A. M., Van Lare, J., Zielinski, B., Halpern, A. R. & Rauschecker, J. P. (2009). Brain activation during anticipation of sound sequences. In: *The Journal of Neuroscience*, 29(8), 2477–2485

Leigh, John (2009). *Orlando: ein multimediales Gehörbildungsprogramm* [Unter Mitarb. von Edith Metzner]. Dresden: Fahnauer.

Luethi, Mathias; Meier, Beat & Sandi, Carmen (2009). Stress Effects on Working Memory, Explicit Memory, and Implicit Memory for Neutral and Emotional Stimuli in Healthy Men. In: *Frontiers in Behavioral Neuroscience* 2 (5). https://www.ncbi.nlm.nih.gov/pmc/articles/PMC2628592

Määttänen, Pentti (2009). *Toiminta ja kokemus: pragmatistista terveen järjen filosofiaa.* [Action and experience. Pragmatist common sense philosophy]. Helsinki: Gaudeamus.

Maceli, Anthony (2009). *Cultivating the Imaginative Ear for Jazz Improvisation: A Study in Three Settings*. Doctoral dissertation, Teacher's College, Columbia University.

McPherson, G. E. & Hallam, S. (2009). Musical potential. In: S. Hallam, I. Cross & M. Thaut (Hg.), *Oxford handbook of music psychology* (S. 255–264). Oxford: Oxford University Press.

Noë, Alva (2009). Out of Our Heads: *Why You Are Not Your Brain, and Other Lessons from the Biology of Consciousness*. New York, NY: Hill and Wang.

Noffke, Susan E. (2009). Revisiting the Professional, Personal, and Political Dimensions of Action Research. In: Noffke, Susan & Somekh, Bridget (Hg.), *The SAGE Handbook of Educational Action Research*. London: Sage, 6–23.

Paraczky, Agnes (2009). *Näkeekö taitava muusikkosen, minkä kuulee? Melodiadiktaatin ongelmat suomalaisessa ja unkarilaisessa taidemusiikin ammattikoulutuksessa.* [Do Accomplished Musicians See What They Hear? The problems of melodic dictation in Finnish and Hungarian musicians' higher education]. Doctoral dissertation, Jyväskylä University (Finnland).

Petersen, B., Mortensen, M. V., Gjedde, A. & Vuust, P. (2009). Reestablishing speech understanding through musical ear training after cochlear implantation: A study of the potential cortical plasticity in the brain. In: *Annals of the New York Academy of Sciences*, 1169, 437–440.

Praharaj, S. K., Goyal, N., Sarkar, S., Bagati, D., Sinha, P. & Sinha, V. K. (2009). Musical obsession or pseudohallucination: Electrophysiological standpoint. In: *Psychiatry And Clinical Neurosciences*, 63 (2), 230–234.

Qin, Shaozheng, et al. (2009). Acute Psychological Stress Reduces Working Memory – Related Activity in the Dorsolateral Prefrontal Cortex. In: *Biological Psychiatry* 66, 25–32.

Rainbow, Bernarr (2009). *Four Centuries of Music Teaching Manuals, 1518–1932*; with an introduction by Gordon Cox. Woolbridge: Boydell Press.

Reznicow, J. (2009), *The Effect SmartMusic has on Improving an Individual's Intonation and Rhythmic Accuracy*, Master's thesis, Coe College.

Rodriguez, A. R. (2009), *A Descriptive Study of the Integration of Music Theory Instruction in Selected Instrumental Music Programs in Texas*, Master's thesis, Texas State University.

Solis, Gabriel & Nettl, Bruno (Hg.) (2009). *Musical Improvisation: Art, Education and Society*. Urbana, IL: University of Illinois Press.

Theusch, E., Basu, A. & Gitschier, J. (2009). Genome-wide Study of Families with Absolute Pitch. In: *The American Journal of Human Genetics*, 85 (1), 112–119.

Ukkola, L. T., Onkamo, P., Raijas, P., Karma, K. & Järvelä, I. (2009). Musical aptitude is associated with AVPR1A-haplotypes. In: *PLOS ONE*, 4(5), e5534.

Ward, Christopher J. (2009). Musical Exploration Using ict in the Middle and Secondary School Classroom. In: *International Journal of Music Education*, 27(2), 154-168.

Westerlund, Heidi & Väkevä, Lauri (2009). Praksialismikeskustelu suomalaisessa musiikkikasvatuksessa" [Discussions about praxialism in Finnish music education]. In: J. Louhivuori, P. Paananen & L. Väkevä (Hg.), *Johdatus musiikkikasvatukseen* [Introduction to music education]. Jyväskylä: FISME, 16–23.

Zeni, Jane (2009). Ethics and the 'Personal' in Action Research. In: Noffke, Susan & Somekh, Bridget (Hg.). *The SAGE Handbook of Educational Action Research*. London: Sage, 254–266.

2010

Beaman, C. P. & Williams, T. F. (2010). Earworms (stuck song syndrome): Towards a natural history of intrusive thoughts. In: *British Journal of Psychology*, 101(4), 637–453.

Bradley, E.D. (2010). *Crosslinguistic Perception of Pitch in Language and Music* dissertation. (prospectus). Language (Baltim) 20, 1156289.

Cleland, Kent D. & Dobrea-Grindahl, Mary (2010). *Developing Musicianship Through Aural Skills: A Holistic Approach to Sight-Singing and Ear-Training,* New York: W.W. Routledge. (Rewiev Tuck 2011).

Davis, S. (2010). Error detection and in the aural skills class: Research and pedagogy. In: *Journal of Music Theory Pedagogy* 24, 37–67.

Deliège, Irène (2010). Parallelism and auditory analysis of music. In: R. Bader, C. Neuhaus & U. Morgenstern (eds). *Concepts, experiments, and Fieldwork: Studies in systematic musicology and ethnomusicology*, 217–232. Frankfurt am Main: Peter Lang.

Dooley, K. & Deutsch, D. (2010). Absolute pitch correlates with high performance on musical dictation. In: *The Journal of the Acoustical Society of America*, 128, 890–893.

Helve, Maija (2010). *Musiikin perusteiden opettajan pedagoginen ajattelu opetuksen suunnittelun ohjaajana.* [The pedagogical thinking of teachers of fundamentals of music as a basis for educational planning]. Master's thesis. Helsinki: Sibelius Academy.

Kühn, C. (2010). Musiktheorie lehren. Zu einer Umfrage an den deutschen Musikhochschulen. In: *Zeitschrift der Gesellschaft für Musiktheorie*, 7(1), 11–60.

Lo-Bamijoko, J.N. (2010). Music Education in Nigeria: The Status of Music Learning and Teaching. In: *The Quarterly Journal of Music Teaching and Learning,* 16(1), 38–42.

Määttänen, Pentti (2010). Shusterman on Somatic Experience. In: *Action, Criticism, and Theory for Music Education* 9 (1), 56–66.

Mausfeld, R. (2010). Wahrnehmungspsychologie. In: A. Schütz, H. Selg, M. Brand & S. Lautenbacher (Hg.), *Psychologie. Eine Einführung in ihre Grundlagen und Anwendungsfelder* (S. 66–88). Stuttgart: Kohlhammer.

Musco, Ann Marie (2010). Playing by Ear: Is Expert Opinion Supported by Research? In: *Bulletin of the Council for Research in Music Education* 184, 49–63.

Nancy, J.-L. (2014). *Zum Gehör* , [Originalausgabe Jean-Luc Nancy, *Á l'écoute*. Paris 2002, aus dem Französischen von Esther von der Osten], 3. Auflage Zürich, Berlin: Diaphanes.

Pallesen, Karen Johanne, et al. (2010). Cognitive Control in Auditory Working Memory Is Enhanced in Musicians. In: *PLOS ONE* 5 (6), 1–12.

Pope, J. (2010). Dalcroze Eurhythmics: Interaction in Australia in the 1920s. In: *Australian Journal of Music Education* (2) 135–147.

Prosser, Steve (2010). *Intervallic Ear Training for Musicians*: Lehrbuch mit 2 CD's, Mainz.

Richards, C. & Jaccard, J.L. (2010). Violins and Voices, Eyes and Ears, Folk Songs and Fingers: Applying Kodály's Principles to String Instrument Pedagogy. In: *Kodaly Envoy*, 36(2), 4–10.

Rikandi, Inga (2010). Revolution or Reconstruction? Considering change in Finnish Piano Pedagogy. In: Rikandi, Inga (Hg.). *Mapping the Common Ground: Philosophical Perspectives on Finnish Music Education*. Helsinki: BTJ, 160–177.

Rokahr, Tobias (2010). John Leigh, Orlando – ein multimediales Gehörbildungsprogramm, Dresden: Fahnauer 2009. In: *Zeitschrift der Gesellschaft für Musiktheorie*. 7(1), 111–112.

Schellenberg, E. G. & Moreno, S. (2010). Music lessons, pitch processing, and g. In: *Psychology of Music*, 38(2), 209–221.

Servias, D. & McCabe, R. (2010). *Towards confident and informed musicianship: A curricular synthesis of theory, ear training, and harmony, achieved through the acquisition of keyboard skills*. ProQuest Dissertations and Theses.

Shin, H.-S. (2010). The Study of Sight-Singing and Ear-training Program for Applied Music-Major Students. In: *Journal of the Korea Academia-Industrial cooperation Society* 11(10), 3673–3679.

Song, C. (2010). 宋超, 论调式感的训练 [Training for a feeling for modality]. Yinyue tiandi/The world Music.

Strait, D. L., Kraus, N., Parbery-Clark, A. & Ashley, R. (2010). Musical experience shapes top-down auditory mechanisms: evidence from masking and auditory attention performance. In: *Hearing Research*, 261(1), 22–29.

Strobl, C. (2010). *Das Rasch-Modell: Eine verständliche Einführung für Studium und Praxis*. Mering: Rainer Hampp Verlag.

Takesue, S. (2010). *Music Fundamentals*. Routledge.

Walientin, M., Nielsen, A. H., Friis-Olivarius, M., Vuust, C. & Vuust, P. (2010). The Musical Ear-Test, a new reliable test for measuring musical competence. In: *Learning and Individual Differences*, 20 (3), 188–196.

Williamson,V.J., McDonald, C., Deutsch, D., Griffiths, T.D. & Stewart, L. (2010). Faster decline of pitch memory over time in congenital amusia. In: *Advances in Cognitive Psychology*, 6, 15–22.

Woody, R. H. & Lehmann, A. C. (2010). Student musicians' ear-playing ability as a function of vernacular music experiences. In: *Journal of Research in Music Education*, 58(2), 101–115.

2011

Acer, D. (2011). Okulöncesi Öğretmen Adaylarının Materyal Geliştirme Dersine İlişkin Görüşlerinin İncelenmesi [A Study on the Viewpoints of Preschool Teacher Candidates on Design of Instructional Materials Course]. In: *Elementary Education Online*. 10(2), 421–429.

AERA, APA & NCME. (2011). *Standards for educntional and psychological testing.* Washington: American Research Association.

Anderman, M.A. (2011). *Musicianship instruction in California Community Colleges*. ProQuest Dissertations and Theses.

Bendig, Volker (2011). *Elementare Gehörbildung*. [von den Anfängen bis zur Aufnahmeprüfung an einer wissenschaftlichen Hochschule ; mit DVD-ROM]. 3., völlig neu bearb. und erw. Aufl. (Musikwissenschaft, Musikpädagogik in der Blauen Eule ; 95) Essen: Die Blaue Eule.

Biamonte, Nicole (2011). *Pop-culture pedagogy in the music classroom: teaching tools from American idol to YouTube*. Lanham, MD: Scarecrow.

Blankenbehler, Gregory & Blankenbehler, Erica (2011). *Singing Lessons for Little Singers*: A 3–in-1 Voice, Ear-Training and Sight-Singing Method for Children; Joondalup, Australia.

Bühner, M. (2011). *Einführung in die Test- und Fragebogenkonstruktion.* München: Pearson.

Chaffin, Charles (2011). An Examination of the Cognitive Workload Associated with Conducting in an Instrumental Music Context: A Review of Literature. In: *Bulletin of the Council for Research in Music Education* 189, 73–87.

Degé, F. & Schwarzer, G. (2011). The effect of a music Program on phonological awareness in preschoolers. In: *Frontiers in Psychology*, 2.

Dooley, K. & Deutsch, D. (2011). Absolute pitch correlates with high performance on interval naming tasks. In: *The Journal of the Acoustical Society of America.* 130 (6), 4097–4104.

Geld, Tom van der (2011). *Die neue Gehörbildung für Rock, Pop & Jazz. Vollständiger Lehrgang für Jazz-, Rock- & Pop-Musiker* Band 1 und 2. Schott, je eine mp3-CD (2. überarbeitete Auflage).

Gerber, C. (2011). A Comparison of the Teaching Philosophy and Methods of Philip C. Hayden and the Kodály Approach. In: *Kodaly Envoy*, 37(2), 4–11.

Halpern, A. R. & Bartlett, J. C. (2011). The Persistence of Musical Memories: A Descriptive Study of Earworms. In: *Perception: An Interdisciplinary Journal*, 28 (4), 425–432.

Hubbard, T. L. (2011). Auditory imagery: Empirical findings. In: *Psychological Bulletin*, 136(2), 302.

Hwang, Y.T. & Chu, C.N. (2011). The design of adaptive error feedback music ear-training system with image cues. In: *Lecture Notes in Computer Science* (including subseries Lecture Notes in Artificial Intelligence and Lecture Notes in Bioinformatics). 6764 LNCS(PART 4) 35–38.

Ilomäki, Lotta (2011). *In Search of Musicanship. A Practitioner-Research Project on Pianists' Aural-Skills Education*, Diss. Helsinki. https://helda.helsinki.fi/bitstream/handle/10138/234908/nbnfife201106171782_copy2.pdf?sequence=1

Janczyk, Markus & Grabowski, Joachim (2011). The Focus of Attention in Working Memory: Evidence from a Word Updating Task. In: *Memory* 19 (2), 211–225.

Jentschke, Sebastian & Koelsch, Stefan (2011). Sprach- und Musikverarbeitung bei Kindern: Einflüsse musikalischen Trainings. In: *MitSprache – Fachzeitschrift für Sprachheilpädagogik*, 1, 27–42.

Kämpfe, J., Sedlmeier, P. & Renkewitz, F. (2011). The impact of background music on adult listeners: A meta-analysis. In: *Psychology of Music*, 39(4), 424–448.

Kaniwa, T., Kim, S., Terasawa, H., Ikeda, M., Yamada, T. & Makino, S. (2011). Towards a personalized technical ear training program: An investigation of the effect of adaptive feedback. In: *Proceedings of the 8th Sound and Music Computing Conference*, SMC.

Knigge, J. (2011). *Modellbasierte Entwicklung und Analyse von Testaufgaben zur Erfassung der Kompetenz „Musik wahrnehmen und kontextualisieren".* Münster: LIT Verlag.

Krause, M. (2011). Der Anteil der Musiktheorie an der Konstruktion musikbezogener Bedeutung in Schule und Hochschule. In: *Zeitschrift der Gesellschaft für Musiktheorie*, 8(1), 23–28.

Lera, G., Herrero, N., González, J., Aguilar, E., Sanjurin, J. & Leal. C. (2011). Insight among psychotic patients with auditory haliucinations. In: *Journal of Clinical Psychology* 67 (7), 701–708.

Losert, M. (2011). *Die didaktische Konzeption der Tonika-Do-Methode: Geschichte – Erklärungen – Methoden.* Augsburg: Wißner (Disseration an der UDK Berlin).

Manzo, V.J. (2011). Interactive Ear Training. In: Max/MSP, *Jitter for Music.* Oxford University Press.

Moreno, Sylvain, et al. (2011). Short-Term Music Training Enhances Verbal Intelligence and Executive Function. In: *Psychological Science* 22 (11), 1425–1433.

Navas, F.E.M. (2011). Desarrollo de la competencia auditiva Propuesta metodológica [Development of hearing competence]. In: *Pensamiento, palabra y obra.* 5, 90–105.

Niermann, F. (2011). Das Singen und die Not mit der Note: Gedanken zum Umgang mit Leistungen im Musikunterricht. In: *Musikerziehung: Zeitschrift der Musikerzieher Österreichs*, 64(2), 10–17.

Omigie, D. & Stewart, L. (2011). Preserved statistical learning of tonal and linguistic material in congenital amusia. In: *Frontiers in Psychology*, 2, 109.

Pérez, Mora Y. (2011). Análisis crítico sobre el quehacer docente de los músicos. In: *Actualidades Investigativas en Educación*. 7(1).

Rifkin, D. & Stoecker, P. (2011). A Revised Taxonomy for Music Learning. *Journal of Music Theory Pedagogy*, 25, 155–189,

SML [The Association of Finnish Music Schools] (2011). *The Curriculum and the Examination System. Abridged information in English.* <http://www.musicedu.fi/index.php?mid=131>.

Tuck, P. (2011). Review of Kent D. Cleland and Mary Dobrea-Grindahl, Developing Musicianship Through Aural Skills: A Holistic Approach to Sight-Singing and Ear-Training (Routledge, 2010). In: *Music Theory Online*. 17(1).

Tuck, Tim (2011). *Hören lernen im Musikunterricht: praktische Materialien zur Gehörbildung ab Klasse 5,* 2. Aufl. Donauwörth: Auer.

Vogt, Jürgen (2011). Noch ein Unwort: Musikalische Kompetenz. In: *Neue Musikzeitung*, 9, 16.

Willemze, Theo (2011). *Kleine algemene muziekleer: tevens inleiding in de solfège: over muziek en muzikaliteit*. Houten: Het Spectrum.

2012

Autorengruppe Bildungsberichterstattung (2012). *Der 4. Bildungsbericht, Kapitel H: Kulturelle, musisch-ästhetische Bildung im Lebenslauf*. Bielefeld: W Bertelsmann Verlag. Entnommen von www.bildungsbericht.index.html?seite=10203

Baddeley, Alan (2012). Working Memory: Theories, Models, and Controversies. In: *Annual Review of Psychology* 63, 1–29.

Belmonte, J.G. & Castro, P.L. (2012). El pensamiento del solfeo dalcroziano, mucho más que rítmica [The thinking of sol-fa by Dalcroze, much more than eurhythmics]. In: *Ensayos*, Vol 0, Iss 27, 89–100.

Boettger, Andreas (2012). *taataa! Rhythmus lesen und hören: Lehrbuch zur rhythmischen Gehörbildung mit 444 Übungen*. Leinfelden-Echterdingen: Carus. [Hörbeispiele und Videos zu allen Übungen: http://www.taataa.net].

College Board (2012). *Music Theory. Course description*. Entnornmen am 21 März 2016 von https://secure-media.collegeboard.org/ap-student/course/ap-music-theory-2012–course-exam-description.pdf https://apstudents.collegeboard.org https://sat.collegeboard.org

Dittmar, C., Abeßer, J., Grollmisch, S., Lehmarur, A. C. & Hasselhorry J. (2012). Automatic singing assessment of pupil performances. In: E. Cambouropoulos, C. Tsougras, P. Mavromatis & K. Pastiadis (Hg.), *Proceedings of the 12th lnternational Conference on music Perception and Cognition and the 8th Triennial Conference of the European Society for the Cognitive Sciences of Music, July 23–28,2012, Thessaloniki, Greece* (S. 263–264).

Dohn, Anders; Garza-Villarreal, Eduardo A.; Heaton, Pamela; Vuust, Peter & Krueger, Frank (Hg.) (2012). Do Musicians with Perfect Pitch have more Autism Traits than Musicians without Perfect Pitch? An Empirical Study. In: *PLOS ONE*. 7 (5), e37961.

Grauzdiņa, I. (2012). The Use of Audio Interpretive Materials in the Development of Tuneful Ear. In: *Arts and Music in Cultural Discourse. Proceedings of the International Scientific and Practical Conference*, 85.

Herholz, S. C., Halpern, A. R. & Zatorre, R. J. (2012). Neuronal correlates of perception, imagery, and memory for familiar tunes. In: *Journal of Cognitive Neuroscience*, 24(6), 1382–1397.

Hung, Jou-Lu (2012). *An investigation of the influence of fixed-do and movable-do solfège systems on sight-singing pitch accuracy for various levels of diatonic and chromatic complexity*. Ed. diss., The University of San Francisco.

Jordan, A.-K., Knigge, J., Lehmann, A. C., Niessen, A. & Lehmann-Wermser (2012). Entwicklung und Validierung eines Kompetenzmodells im Fach Musik – Wahrnehmen und Kontextualisieren von Musik. In: *Zeitschrift für Pädagogik*, 58(4), 502–522.

Law, L. N. C. & Zentner, M. (2012). Assessing musical abilities objectively: Construction and validation of the profile of music perception skills. In: *PLOS ONE*, 7(12), e52508.

Lehmann, A. C. & Hasselhorn, J. (2012). Assessing children's voice using hornbach and taggart's (2005) rubric. In: E. Cambouropoulos, C. Tsougras, p. Mavromatis & K. Pastiadis (Hg.), *Proceedings of the 12th International Conference on music Perception and Cognition and the 8th Triennial Conference of the European Society for the Cognitive Sciences of Music, July 23–28,2012, Thessaloniki, Greece*, (S. 572–573).

Lehmann, A. C. & Hasselhorn, J. (2012). *KOPRA-M*. Heutige Version s. www.idmt.fraunhofer.de/de/institute/projects-products/projects/kopra-m.html

Liikkanen, Lassi (2012). *Involuntary Musical Imagery (earworms)*. Aalto University. from https://www.youtube.com/watch?v=gc5my6Lfipo

Meave, A. & Orduña, F. (2012). Modus XXI: An atonal melody generator for ear training, based on Lars Edlund's modus novus methodology. In: *Journal of Applied Research and Technology*, 10(1), 5–13.

Mixon, Donovan (2012). *Performance Ear Training*: Lehrbuch mit 2 CD. Mainz.

Moore, P. (2012). Laying the Foundations for Harmonic Knowledge. In: *Teaching Music*. 20(1) 57.

Morley, P., Andrew, Narayanan, M., Mines, R., Molokhia, A., Baxter, S., Craig, G., & Craig, I. (2012). AVpRTA and SLC6A4 polymorphisms in choral singers and non-musicians: A gene association study. In: *PLOS ONE*, 7(2), e31763.

Nicolás, B. & Maria, A. (2012). Baroque Music through Hearing. In: *Edulearn 12: 4th Int.Conf. on Education and new Learning Technologies*. 5699–5704.

Nicolás, B. & Maria, A. (2012). Music of the Classical Period through Hearing. A Work Proposal. In: 5th *International Conference on Education and new Learning Technologies* (ICERI). 4332–4338.

Nobis, Herbert (2012). *Hören und Singen: Ein Solfége-Übungsbuch zur Gehörbildung*. Mainz: Schott.

Oxmond, Hans (2012). *Sight-singing: vol. 1: the Pentatonic scale: Ear training melodies & exercises*. København.

Petersen, B., Mortensen, M.V., Hansen, M. & Vuust, P. (2012). Singing in the key of life: A study on effects of musical ear training after cochlear implantation. In: *Psychomusicology: Music, Mind, and Brain* (Supplemental Material for Singing in the Key of Life: A Study on Effects of Musical Ear Training After Cochlear Implantation), 22(2), 134–151.

Platz, F. & Kopiez, R. (2012). When the eye listens: A meta-analysis of how audio-visual presentation enhances the appreciation of music performance. In: *Music Perception*, 30(1), 71–83.

Rammsayer, T. H. & Troche, S. J. (2012). On sex-related differences in auditory and visual sensory functioning. In: *Archives of Sexual Behavior*, 41(3), 583–590.

Taris, Marie C. (2012). *The green violin: theory, ear training, and musicianship for violinists.* North Charleston, S.C.

Williamson, V. J., Jiika, S. R., Fry, J., Finkel, S., Müllensiefen, D. & Stewart, L. (2012). How do "earworms" start? Classirying the everyday circunstances of lnvoluntary Musical Imagery. In: *Psychology of Music*, 40 (3), 259–284.

Wolf, A., Kopiez, R. & Platz, F. (2012). Der Status Quo der musiktheoretischen Zulassungsprüfung an Musikhochschulen: Eine testtheoretische Analyse. In: *Beiträge empirischer Musikpädagogik*, 3 (2). Entnommen am21 März 2016 von http://www.b-em.info

Woody, R. H. (2012). Playing by ear: Foundation or Frill? In: *Music Educators Journal* 99(2), 82–88.

2013

Abeßer, J., Hasselhorn, J., Dittmar, C. Lehmann, A. & Grollmisch, S. (2013). Automatic quality assessment of vocal and instrumental performances of ninth-grade and tenth-grade pupils. In: Derrien (Hg.), *Proceedings of the 10th International Symposium on Computer Music Multidisciplinary Research. CMMR 2013. Sound. Music & Motion, 15–18th October 2013. Marseilles France*, 975–988.

Adolphe, Bruce (2013). *The Mind's Ear;* Exercises for Improving the Musical Imagination for Performers, Composers, And Listeners. Oxford.

Ahern, K.F. (2013). Sight and Sound Seeking Texts in All Available Forms: Invisible Writing and a New Reading Rhetoric of Sight and Sound. In: *Journal of Basic Writing* 32(2), 80–105.

Ashby P. (2013). *Understanding phonetics*. Publ. By Taylor and Francis.

Baker, D. & Green, L. (2013). Ear playing and aural development in the instrumental lesson: Results from a „case-control" experiment control experiment. In: *Research Studies in Music Education*, 35(2), 141–159.

Baldan, S., Götzen, A. De, & Serafin, S. (2013). Sonic Tennis : a rhythmic interaction game for mobile devices. In: *13th International Conference on New Interfaces for Musical Expression* (NIME) 2, 2903–2906.

Benjamin, T., Horvit, M. & Nelson, R. (2013). *Music for Sight Singing* (6th ed.). Belmont, CA: Thompson Schirmer.

Corey, James (2013). Technical ear training : Tools and practical methods. In: *The Journal of the Acoustical Society of America* 133(5), 3413.

Cumming, Julie E. (2013). Renaissance Improvisation and Musicology. In: *Music Theory Online,* 19 (2). https://mtosmt.org/issues/mto.13.19.2/mto.13.19.2.cumming.php

Deutsch, D. (2013). Absolute pitch. In: D. Deutsch (Hg.), *The Psychology of Music* (3rd.). 141–182.

Deutsch, D., Li, X. & Shen, J. (2013). Absolute pitch. In: *The Journal of the Acoustical Society of America.* 134 (5), 3853–3859.

Fachgemeinschaft Hörerziehung-Gehörbildung (2013). *Fragebogen über das Gehör der Musiker und Musikerinnen.* http://www.gmth.de

Fleischer, J., Koeppen, K., Kenk, M., Klieme, E. & Leutnel D. (2013). Kompetenzmodellierung: Struktur, Konzepte und Forschungszugänge des DFG-Schwerpunktprogramms. In: *Zeitschrift für Erziehungswissenschaft*, 16(1), 5–22.

Gervain, J., Vines B.W., Chen, L.M., Seo, R.J., Hensch, T.K., Werker, J.F. & Young, A.H. (2013). Valproate reopens critical-period learning of absolute pitch. *In: Frontiers in Systems Neuroscience.* 7 (102), 1–11.

Gregersen, P.K., Kowalsky, E., Lee, A., Baron-Cohen, S., Fisher, S.E., Asher, J.E., Ballard, D., Freudenberg, J. & Li, W. (2013). Absolute pitch. In: *Human Molecular Genetics,* 22 (10), 2097–104.

Henry, M.J. & McAuley, J. D. (2013). Failure to apply signal detection theory to the Montreal Battery of Evaluation of Amusia may misdiagnose amusia. In: *Music Perception*, 30(5), 480–496.

Horvit, Michael & Koozin, Timothy, et al. (2013). *Music for Ear Training;* (Book Only). Boston.

IJsselsteijn, W., De Kort, Y. and Poels, K. (2013). *The game experience questionnaire.* Eindhoven: Technische Universiteit Eindhoven.

Juchniewicz, J. & Silverman, M.J. (2013). The influences of progression type and distortion on the perception of terminal power chords. In: *Psychology of Music,* 41(1), 119–130.

Kazić, Senad (2013). *Solfeggio*: *historija i praksa*. Muzička akademija u Sarajevu Institut za muzikologiju 1,

Kim, S., Kaniwa, T., Terasawa, H., Yamada, T. & Makino, S. (2013). Inter-subject differences in personalized technical ear training and the influence of an individually optimized training sequence. In: *Acoustical Science and Technology* 34(6), 424–431.

Koç, F. (2013). The Comparison of Methods Used for Oud Education in Turkish Music. In: *Procedia – Social and Behavioral Sciences*, 106, 2645–2651.

Kuuskankare, M. & Norilo, V. (2013). Rhythm reading exercises with PWGL. In: *Lecture Notes in Computer Science* (including subseries Lecture Notes in Artificial Intelligence and Lecture Notes in Bioinformatics). 8095 LNCS 165–177.

Marano, Nancy (2013). *Musicianship for the Jazz Vocalist*, Learn to coordinate your voice, ear, hands and brain, using these breathing, rhythm and ear-training exercises. Mainz.

Marui, A. & Kamekawa T. (2013). Towards the development of objective difficulty measure in Technical Ear Training tasks. In: *Proceedings of Meetings on Acoustics*, 19.

McKinnon-Bassett, M. & Martens, W.L. (2013). Experimental comparison of two versions of a technical ear training program: Transfer of training on tone colour identification to a dissimilarity-rating task. In: *Proceedings of the AES International Conference*, 54–63.

Mehr, S. A., Schachner, A., Katz, R. C. & Spelke, E.S. (2013). Two randomized trials provide no consistent evidence for nonmusical cognitive benefits of brief preschool music enrichment. In: *PLOS ONE*,8(12) e82007.

Melby-Lervåg, Monica & Hulme, Charles (2013). Is Working Memory Training Effective? A MetaAnalytic Review. In: *Developmental Psychology* 49 (2), 270–291.

Mottron, Laurent; Bouvet, Lucie; Bonnel, Anna; Samson, Fabienne; Burack, Jacob A.; Dawson, Michelle & Heaton, Pamela (2013). Veridical mapping in the development of exceptional autistic abilities. In: *Neuroscience & Biobehavioral Reviews,* 37 (2), 209–228.

Nicolás, B. & Maria, A. (2013). Music in the Romantic Era through Hearing: A Work Proposal. In: 7th *International Technology and Development Conference* (INTED). 5396–5402.

Nicolás, B. & Maria, A. (2013). Quality of Sounds through Hearing: A Traching Proposal. In: *EDULEARN13: 5th International Conference on Education and new Learning Technologies*, 4809–4814.

Nishimura, A. (2013). Ear training for non-technical students using a web-based training system. In: *Proceedings of the AES International Conference*. 29–35.

Powell, Josh (2013). Melodic Dictation. An Examination of Strategy and Time Usage by College Music Students. Master Thesis, Southern Methodist University.

Pyzdek, A.T. (2013). "Tone deaf"— The touch based ear-training game. In: *The Journal of the Acoustical Society of America*, 134(5), 4134–4134.

Rahn, J. (2013). Perceptual Aspects of Tuning in a Balinese Gamelan Angklung for North American Students. In: *Canadian University Music Review,* 16(2), 1–43.

Rogers, Melissa (2013). Aural Dictation Affects High Achievement in Sight Singing, Performance and Composition Skills. In: *Australian Journal of Music Education*, 1, 34-52.

Schellenberg, E. G. & Weiss, M. W. (2013). Music and cognitive abilities. In: D. Deutsch (Hg.), *Psychology of music* (S. 499–550). Amsterdam: Academic press.

Schubert, Peter (2013). My Undergraduate Skills-Intensive Counterpoint Learning Environment (MUSICLE). In: *Engaging Students: Essays in Music Pedagogy* 1. http://flipcamp.org/engagingstudents/schubert.html.

Schüler, N. (2013). Technology as a Tool to Enhance Sight Singing Education. In: *Music and Technologies*, ed. by D. Kucinskas and St. Davismoon. Cambridge Scholars, Newcastle upon Tyne, 73–81.

Sussman, E. (2013). Software for the Choral Classroom. In: *Choral Director*, 10(5), 20–21.

Swisher, E. (2013). Playing in the Pitch Center. In: *ITG Journal [ITG=The International Trumpet Guild*], 37(3), 53–54.

Tsabary, E. & Dorfman, J. (2013). *The aural skills acquisition process of undergraduate electroacoustic (EA) music majors in the context of a new aural learning method.* ProQuest Dissertations and Theses.

Wohlmann, Katharine Jane (2013). *Ear-tudes: an ear training method for the collegiate tubist.* DMA (Doctor of Musical Arts) thesis, University of Iowa. https://ir.uiowa.edu/cgi/viewcontent.cgi?article=4791&context=etd

2014

Ben-Haim, Moshe Shay; Eitan, Zohar & Chajut, Eran (2014). Pitch memory. In: *Journal of Experimental Psychology: Human Perception and Performance,* 40 (1), 24–32.

Blix, H.S. (2014). Learning Strategies in Ear Training. In: *Norges musikkhøgskole NMH-publik(Alexander 1997),* 97–115.

Cleland, Kent D. (2014). *Developing Musicianship through Aural Skills*: A Holistic Approach to Sight Singing and Ear Training. Routledge.

Ericsson, K. A. (2014). Why expert performance is special and cannot be extrapolated from studies of performance in the general population: A response to criticisms. In: *Intelligence*, 45, 31–103.

Felbick, Lutz (2014). Das methodisch-didaktische Konzept des argentinischen Lehrbuchs „Analisis Auditivo de la Musica“ im Vergleich zu europäischen Höranalyse-Werken. In: Ralf Kubicek (Hg.), *Musiktheorie und Vermittlung.* (= *Paraphrasen – Weimarer Beiträge zur Musiktheorie*, Schriftenreihe der Hochschule für Musik Franz Liszt Weimar, Bd. 2) (S. 201–217). Hildesheim: Olms.

Felbick, Lutz, (2014). Rezension der Gehörbildungs-Software EarMaster 6, Egaa. In: *Zeitschrift der Gesellschaft für Musiktheorie* (ZGMTH), 11(2), 281–287.

Grabowski, J. (2014). Kompetenz: ein bildungswissenschaftlicher Begriff. In: J. Grabowski (Hg.), *Sinn und Unsinn von Kompetenzen. Fähigkeitskonzepte im Bereich von Syrache, Medien und Kultur* (S. 9–28). Opladen: Verlag Barbara Budrich.

Hasselhorn, J. & Lehmann, A. C. (2014). Entwicklung eines empirisch überprüfbaren Modell musikpraktischcr Kompetenz (KOPRA-M). ln: B. Clausen (Hg.), *AMPF-Jahrbuch Teilhabe und Gerechtigkeit* (S. 77–94). Münster: Waxmann.

Healy, A. F., Kole, J. A. & Bourne Jr, L. E. (2014). Training principles to advance expertise. In: *Frontiers in Psychology*, 5, 131.

Jordan, A.-K. (2014). *Empirische Validierung eines Kompetenzmodells für das Fach Musik: Teilkompetenz "Musik wahrnehmen und kontextualisieren".* Münster: Waxmann.

Karahan, Ahmet Suat, (2014). The evaluation of synchronous distance ear training compared to the traditional ear training. In: *Educational Research and Reviews,* 9(23), 1266–1274.

Knigge, J. (2014). Der Kompetenzbegriff in der Musikpädagogik: Verwendung, Kritik, Perspektiven. In: J. Vogt, M. Brenk & F. Heß (Hg.), *(Grund)Begriffe musikpädagogischen Nachdenkens – Entstehung, Bedeutung, Gebrauch* (S. 105–136). Münster: LIT Verlag.

Kupferstein, H. & Walsh, B. (2014). Non-Verbal Paradigm for Assessing Individuals for Absolute Pitch. In: *World Futures,* 72 (7–8), 390–408.

Lehmann, A. C. (2014). Using admission assessments to predict final grades in a college music program. In: *Journal of Research in Music Education*, 62(3), 245–258.

Leong, Samuel, and Lee Cheng (2014). Effects of Real-Time Visual Feedback on Pre-Service Teachers' Singing. In: *Journal of Computer Assisted Learning*, 30(3), 285-296.

MacIntyre, Peter D., and Gillian K. Potter (2014). Music Motivation and the Effect of Writing Music. A Comparison of Pianists and Guitarists. In: *Psychology of Music*, 42(3), 403-419.

Matussek, Peter (2014). Auditive Gestaltwahrnehmung. In: ders., *Medienästhetik des Klangs*. Siegen. http://www.medienaesthetik.uni-siegen.de/index.php?id=496

Mishra, J. (2014). RCEU2019_003Factors Related to Sight-Reading Accuracy. In: *Journal of Research in Music Education* 61(4), 452–465.

Mishra, Jennifer (2014). Improving Sightreading Accuracy. A Meta-Analysis. In: *Psychology of Music*, 42(2), 131-156,

Mosing, M. A., Pedersery N. L., Madison, G. & Ullén, F. (2014). Genetic pleiotropy explains associations between musical auditory discrimination and intelligence. In: *PLOS ONE*, 9(11), e113874.

Mosing, M.A., Madison, G., Pedersen, N. L., Kuja-Halkola, R. & Ullén, F. (2014). Practice does not make perfect; No causal effect of music practice on music ability. In: *Psychological Science* , 25(9), 1795–1803.

Müllensiefen, D., Gingras, B, Musil, J. & Stewart, L. (2014). The musicality of non-musicians: An index for assessing musical sophistication in the general population. In: *PLOS ONE*, 9(2), e89t642.

Musil, J. & Müllensiefen, D. (2014). Optimising a test of the ability to tap in time with musical beat. In: M. K. Song (Hg.), *Proceedings of the 13th International Conference on Music Perception and Cognition and the 5th Conference of Asia-Pacific Society for the Cognitiae Sciences of Music, August 4–8, 2014, Seoul, South Korea* (S.75–76).

Nishimura, A. (2014). Effects of ear training on lectures of audio information processing for nontechnical undergraduates. In: *The Journal of the Acoustical Society of Japan*, 70(5), 252–259.

Nolan, R. (2014). Note-centric ear training with pentatonics. In: *Downbeat*, 86.

Ottman, Robert W. & Nancy Rogers (2014). *Music for Sight Singing.* 9th ed. Boston: Pearson.

Paney, A. S. & Buonviri, N. O. (2014). Teaching melodic dictation in Advanced Placement music theory. In: *Journal of Research in Music Education*, 61, 396–414.

Paney, A. S. (2014).The effect of directing attention on melodic dictation testing. In: *Psychology of Music.* 44(1), 15–24.

Petty, Colleen & Henry, Michele L. (2014). The Effects of Technology on the Sight-Reading Achievement of Beginning Choir Students. In: *Texas Music Education Research*, 23, 23-28.

Platz, F., Kopiez, R., Lehmann, A. C. & Wolf, A. (2014). The influence of deliberate practice on musical achievement: A meta-analysis. In: *Frontiers in Psychology*, 5, 646.

Schaal, N. K., Bauer, A.-K. R. & Müllensiefen, D. (2014). Der Gold-MSI: Replikation und Validierung eines Fragebogeninstrumentes zur Messung Musikalischer Erfahrenheit anhand einer deutschen Stichprobe. In: *Musicae Scientiae* 18(4), 423–447.

Sergeant, D. C. & Himonides, E. (2014). Gender and the performance of music. In: *Cognitive Science*, 5, 276.

Stambaugh, L. A. (2014). Differences in error detection skills by band and choral preservice teachers. In: *Journal of Music Teacher Education* 25(2), 1–12.

Theorell, T., Lennartsson, A.-K., Madison, G., Mosing, M. & Ullén, F. (2014). Predictors of continued playing or singing – from childhood and adolescense to adult years. In: *Acta Paediatrica*, 104, 274–284.

Ullén, F., Mosing, M. A., Holm, L., Erikssorn H. & Madison, G. (2014). Psychometric properties and heritability of a new online test for musicality, the Swedish musical discrimination test. In: *Personality and Individual Differences*, 63, 87–93.

Varivarigou, M. (2014). 'Play it by ear – teachers' responses to ear-playing tasks during one-to-one instrumental lessons. In: *Music Education Research* 16, 471–484.

Vera-Tejeiro, Ana (2014). El oído absoluto [Perfect pitch]. In: *Estudios de Psicología*. 14(49).

Wachter, M.I. (2014). *Effects of sight singing using moveable-do solmization on the transposition performance of undergraduate group piano students*. ProQuest Dissertations and Theses.

Weiss, M. W., Schellenberg, E. G., Trehub, S. E. & Dawber, E. J. (2014). Processing advantages for vocal melodies: Are children like adults? In: M. K. Song (Hg.), *Proceedings of the 13th Internatianal Conference on Music Perception and Cognition and the 5th Conference of Asia-Pacific Society for the Cognitive Sciences of Music, August 4–8, 2014, Seoul, South Korea.*

Werntz, Julia (2014). *Steps to the sea: ear training and composing in a minute equal temperament*. Lebanon, NH.

Wolf, A. & Kopiez, R. (2014). Do grades reflect the development of excellence in music students? The prognostic validity of entrance exams at universities of music. In: *Musicae Scientiae*, 18(2), 232–248.

2015

Arya, D.D. (2015). North Indian Classical Vocal Music for the Classroom. In: *Music Educators Journal*, 102(1), 83–89.

Aycan, O. (2015). Pre-service music teachers opinions about the significance of choir lesson. In: *Educational Research and Reviews,* 10(7), 879–886.

Benward, Bruce, Maureen Carr, Taylor Greer, Eric McKee & Phillip Torbert (2015). *Sight singing complete.* 8th ed. New York: McGraw Hill.

Bogdanova, M. (2015). Reflection in the Elementary Music Ear Training. In: *International Journal of Literature and Arts,* 3(5), 14.

Butkovic, A., Ullén, F. & Mosing, M. A. (2015). Personality related traits as predictors of music practice: Underlying environmental and genetic influences. In: *Personality and Individual Differences*, 74, 133–138.

Check, J. (2015). Review: Sight Singing Complete, 8th. ed by Maureen Carr and Aural Skills in Context: A Comprehensive Approach to Sight Singing, Ear Training, Keyboard Harmony, and Improvisation by Evan Jones. New York: McGraw-Hill Education. In: *The College Music Symposium* 55.

Daumali Domènech, F., Ramos, M.L.L. & Poch, N.P. (2015). Master Snorer. In: *22nd International Congress on Sound and Vibration*, ICSV.

Degé, F. (2015). Die nächste Studie kommt bestimmt. Macht Musikunterricht intelligenter und sollten wir uns das wirklich fragen? In: *Neue Musikzeitung* 64 (2), 28.

Demirbatir, R.E., Celiktas, H. & Engur, D. (2015). A Comparative Examination of the 2013 Musical Aptitude Test Scores of Music Education Students and their 1st Academic year GPAs. In: *Procedia – Social and Behavioral Sciences.*

Dickinson, Stefanie C. (2015). Developing and Implementing a Repertoire-Specific Approach to Ear Training. In: *College Music Symposium.*

Dickinson, Stephanie C. (2015). Film as a Rhetorical Device for Demonstrating the Relevance of Ear Training to Careers in Music. In: *College Music Symposium.*

Edler, Florian (2015). Höranalyse als Zugang zu Neuer Musik. Perspektiven und Grenzen. In: *Musiktheorie und Komposition. XII. Jahreskongress der Gesellschaft für Musiktheorie Essen 2012* (= Folkwang Studien 15), hg. von Markus Roth und Matthias Schlothfeldt, Hildesheim. 233–242.

Fieldman, H.A. (2015). Review of Evan Jones, Matthew Shaftel, and Juan Chattah, Aural Skills in Context: A Comprehensive Approach to Sight Singing, Ear Training, Harmony, and Improvisation (Oxford). In: *Music Theory Online* 21(1).

Fournier, Guillaume (2015), *Recension, description et catégorisation des stratégies cognitives liées à la lecture à vue chantée et à l'apprentissage du solfège chez les étudiants en musique de niveau collégial.* Master Thesis, Université Laval.

Hasselhorn, J. (2015). *Messbarkeit musikpraktischer Kompetenzen von Schülerinnen und Schülern – Entwicklung und empirische Validierung eines Kompetenzmodells.* Münster: Waxmann.

Houlahan, Mícheál & Tacka, Philip (2015). *Kodály Today: A Cognitive Approach to Elementary Music Education Inspired by the Kodály Concept.* Oxford; New York: Oxford University Press.

Ingmire, Jann (2015). *Acquiring perfect pitch may be possible for some adults.* University of Chicago News.

Kim, S. & Olive, S. (2015). Assessing influence of a headphone type on individualized ear training. In: *138th Audio Engineering Society Convention.*

Kim, S. (2015). An assessment of individualized technical ear training for audio production. In: *The Journal of the Acoustical Society of America.* 138 (1), EL110–EL113.

Koller, I., Maier, M. I. & Hatzinger, R. (2015). An empirical power analysis of quasi-exact tests for the Rasch model: Measurement invariance in small samples. In: *Methodology*, 11(2), 45–54.

Koller, I., Alexandrowicz, R. & Hatzinger, R. (2015). *Das Rasch Modell in der Praxis. Eine Einführung im eRm*. Wien: facultas.wuv.

Kopiez, R. & Lehmann, A. C. (2015). Musicological reports on early 20th-century musical prodigies: The beginnings of an objective assessment. In: G. E. Mcpherson (Hg.), *Musical prodigies: Interpretations from p sychology, education, musicology and ethnomusicology*. Oxford: Oxford University press.

Lin, D. (2015). *Research on Interpretation Between Solfeggio and Ear Training and Music Aesthetic Psychology Based on Aesthetics*. Atlantis Press.

Ma, Wei Ji, Husain, M. & Bays, P.M. (2015). Changing Concepts of Working Memory. In: *Nature Neuroscience,* 17 (3), 347–356.

Marcozzi, R. (2015). *Strategies and Patterns for Ear Training*. Routledge.

Martin, D. & Massenburg, G. (2015). Advanced Technical Ear Training: Development of an Innovative Set of Exercises for Audio Engineers. In: *139th AES Convention.*

Nishimura, A. (2015). Effects of ear training on education on sound quality of digital audio for non-technical undergraduates. In: *138th Audio Engineering Society Convention 2015,* 1, 48–55.

Olson, C.A. (2015). Getting Ready for the Takedown. In: *Teaching Music* 84(7), 18–19.

Özçimen, A. (2015). Pre-Service Music Teachers' Opinions about the Significance of Choir Lesson. In: *Educational Research and Reviews.*

Paney, Andrew S. & Kay, Ann C. (2015). Developing Singing in Third-Grade Music Classrooms the Effect of a Concurrent-Feedback Computer Game on Pitch-Matching Skills. In: *Update. Applications of Research in Music Education,* 34(1), 42-49.

Paney, Andrew S. (2015). Singing Video Games May Help Improve Pitch-Matching Accuracy. In: *Music Education Research,* 17(1), 48–56.

Platz, F., Kopiez, R., Lehmann, A. C., Hasselhorn, J., Büring, M., Wolf, A. & Estrada Rodriguez, L. A. (2015). Requiem for Edwin Gordon's „Advanced Measures of Music Audiation" (AMMA)? – A critical evaluation. In: *Proceedings of the Ninth Triennial Conference of the European Society for the Cognitive Sciences of Music, 17–22. August 2015, Manchester, United Kingdom.*

Rodina, T. (2015). *Ear Training for Professionals The Psychological and Didactic Aspect.* Atlantis Press.

Rosciszewska, T. & Miskiewicz, A. (2015). Timbre solfege: Development of auditory cues for the identification of spectral characteristics of sound. In: *138th Audio Engineering Society Convention 2015.*

Schaller, T. & Burleigh, I.G. (2015). Using Web Audio for Ear Training of Sound Engineers. In: *AES 26th UK Conference: Audio Education.*

Serquera, J., Schlee, W., Pryss, R., Neff, P. & Langguth, B. (2015). Music technology for tinnitus treatment within tinnet. In: *Proceedings of the AES International Conference.*

Setiawan, N. & Raharjo, E. (2015). Upaya Meningkatkan Minat Dan Hasil Belajar Vokal Dan Drum Pada Kegiatan Ekstrakurikuler Band Dengan Metode Ear Training Pada Siswa Smp N 3 Semarang. In: *Harmonia: Jurnal Pengetahuan Dan Pemikiran Seni.*

Song, C.G. (2015). Research on Computer Music Technology for Solfeggio Training of Students' Musical Ability. In: *Frontiers of Manufacturing Science and Measuring Technology V,* 517–523.

Spencer, Eddie (2015). *Ear Training, How to Develop a Good Musical Ear* (Book, 2 Cds). carisch srl publisher.

Tsabary, E. (2015). Aural atoms and structures : From electroacoustic ear training to analysis and back again. In: *Electroacoustic Music Studies Network.* (June 2015) 1–12.

Upitis, R., Boese, K, Abrami, P.C. & Anwar, Z. (2015). Digital Resource Exchange About Music (DREAM): Phase 2 usability testing. In: *Proceedings of the International Conference on e-Learning 2015, E-LEARNING 2015 – Part of the Multi Conference on Computer Science and Information Systems 2015.* 151–156.

Upitis, R., Brook, J., Abrami, P.C. & Varela, W. (2015). Exploring the Studio Practices of Canadian Independent Music Teachers. In: *Canadian Music Educator* 56 (4), 4–12.

2016

Bradley, E.D. & Van Hell, J.G. (2016). Effects of musical ear training on lexical tone perception. In: *Proceedings of the Linguistic Society of America 2016.*

Brazhnikova, Y.A. (2016). Innovative technique of working with music text by symmetry operations. In: *Integration Education,* 20(4), 507–521.

Carlson, Rachel (2016). *Teaching sight-reading to undergraduate choral ensemble singers: Lessons from successful learners*. DMA diss., University of Maryland.

Corey, J. & Benson, D.H. (2016). *Audio production and critical listening: Technical ear training*, second edition. Ed. Taylor and Francis.

Cox, C.L. (2016). Ear Training, Solfège and Sound Education. In: *Leonardo Music Journal* (26), 44–47.

Duan, Z. (2016). *Designing Serious Games for Habilitation and Learning – From Ear Training to Singing*. Thesis, PQDT - Global.

Gerber, C.L. (2016). The Rhythm Forms of Philip Cady Hayden. In: *Journal of Historical Research in Music Education* 38(1), 45–71.

Hong, Matt H. Y.; Hicks, William S. & Horn, Michael S. (2016). MiLa: An Audiovisual Instrument for Learning the Curwen Hand Signs. In: *Association for Computing Machinery (ACM)*. S. 1691–1697. via dl.acm.org.

Imamura, H. & Kim, S. (2016). Efficacy of a new spatial ear training program for "Ensemble width" and "Individual source width." In: *The Journal of the Acoustical Society of America,* 140(4), 2987–2987.

Karahan, A.S. (2016). Müzik Öğretmenliği Programında yer alan Müziksel İşitme Okuma Yazma dersi yazılı sınavlarında çoktan seçmeli test yöntem [Availability of the multiple-choice test method for the exams of Ear Training Courses and its effect on the students' success levels]. In: *International Journal of Human Sciences* 13(1), 1558.

Kozak, M. (2016). Experiencing structure in Penderecki's threnody: Analysis, ear-training, and musical understanding. In: *Music Theory Spectrum*, 38(2), 200–217.

Kramer, E. (2016). Twenty-first century trends in computer-assisted ear training. In: *Clavier Companion.*

Law, L. N. C. & Zentner, M. (2016). *PROMS. Profile of music perception skills.* Entnommen am 12.12.2020. www.uibk.ac.at/psychologie/fachbereiche/pdd/personality_assessment/proms/index.html.en

Murphy, Paul, Joel Phillips, Elizabeth West Marvin & Jane Piper Clendinning (2016). *The musician's guide to aural skills: Ear training*. 3rd ed. New York: W.W. Norton & Company.

Murphy, Paul, Joel Phillips, Elizabeth West Marvin & Jane Piper Clendinning (2016). *The musician's guide to aural skills: Sight singing*. 3rd ed. New York: W.W. Norton & Company.

N.N. (2016). Music Theory and Ear Training for the Visually Impaired. In: *College Music Symposium* (2016) 56.

N.N. (2016). The Application of the Flipped Classroom Method in the Teaching of Music Theory and Ear Training. In: *College Music Symposium*

Piché, M.-È. (2016). Typologie des cycles de quintes évasifs dans Le Clavier bien tempéré de J.S. Bach. In: *Les Cahiers de la Société québécoise de recherche en musique,* 15(2), 41–54.

Rizqyawan, M.I. & Hermawan, G. (2016). Adventure game as learning media for introducing music interval and ear training to kids. In: *Proceedings of the 2015 International Conference on Automation, Cognitive Science, Optics, Micro Electro-Mechanical System, and Information Technology, ICACOMIT 2015.*

Royal Academy of Music in Aarhus (2016). *Rhythmic programmes.* https://musikkons.dk/en/programmes/jazz-pop/

Spring, H. (2016). Embodied action frameworks: Teaching multicultural ear training. In: Heble, A.& Laver, M., *Improvisation and Music Education: Beyond the Classroom.* Taylor and Francis Inc.

Wolf, A. & Kopiez, R. (2016). Measurement musical knowledge: Construction of the Musical Ear Training Assessment. In: *International Conference on Music Cognition and Perception 2016.*

Wolf, A. (2016). *"Es hört doch jeder nur, was er versteht". Konstruktion eines kompetenzbasierten Assessments für Gehörbildung.* Berlin (als Diss. Hannover 2015).

2017

Berkowitz, Sol, Gabriel Fontrier, Leo Kraft, Perry Goldstein & Edward Smaldone (2017). *A new approach to sight singing*. 6th ed. New York: W.W. Norton & Company.

Caregnato, C. (2017). Memorização, Percepção Musical e Cognição: Oito questionamentos do dia-a-dia [Memorization, musical perception and cognition: Eight questions about the day-to-day]. In: *Revista Vórtex*, 5(3), 1–19.

Demirbatir, R.E., Çeliktaş, H. & Engür, D. (2017). The Effect of the Tuning System and Instrument Variables on Modal Dictation Performance. In: *Journal of Education and Training Studies,* 6(1), 124.

Harvey, A.R. & Harvey A. (2017). How the Brain Processes Music. In: *Music, evolution, and the harmony of souls*. Oxford University Press, 10–45.

Jancewicz, P. (2017). On boating and the pleasures of ear training. In: *Clavier Companion.*

Karpinski, Gary S. & Richard Kram (2017). *Anthology for sight singing.* 2nd ed. New York: W.W. Norton & Company. (Begleitbuch: *Manual for Ear Training and Sight Singing* with Student CD-ROM).

Karpinski, Gary S. (2017). *Manual for Ear Training and Sight Singing.* New York.

Kim, S. & Imamura, H. (2017). An assessment of a spatial ear training program for perceived auditory source width. In: *The Journal of the Acoustical Society of America,* 142(2) EL201–EL204.

Kleppinger, St. V. (2017). Practical and Philosophical Reflections Regarding Aural Skills Assessment. In: *Indiana Theory Review*, 33, 153–182.

Krueger, Carol (2017). *Progressive sight singing.* 3rd ed. New York: Oxford University Press.

Lin, Q., Chen S.-J., Jiang W. & Jia G.-Q. (2017). Study of an Interactive System of Sight-Singing and Ear-Training. In: *Journal of Computer and Communications*, 5(9), 67–78.

Martin, D., Massenburg, G. & King, R. (2017). Dynamic range controller ear training: Description of a methodology, software application, and required stimuli. In: *143rd Audio Engineering Society Convention 2017.*

McClaskey, C.M. (2017). Standard-interval size affects interval-discrimination thresholds for pure-tone melodic pitch intervals. In: *Hearing Research,* 355, 64–69.

Noda, M. (2017). Internationalizing the Music Course: MUSC 2022 Ear Training and Sight Singing through an International Lens. In: *International Research and Review,* 6(2), 51–63.

Oney, T. (2017). Dalcroze Eurhythmics: An Application to Voice Pedagogy. In: *Journal of Singing,* 74(1), 37.

Otutumi, C.H. (2017). As Cartas do Gervásio e a autorregulação da aprendizagem como potencializadoras do estudo na Percepção Musical. In: *Opus,* 23(3), 166–192.

Paule-Ruiz, M.P., Álvarez-García, V., Pérez-Pérez, J.R., Álvarez-Sierra, M. & Trespalacios-Menéndez, F. (2017). Music learning in preschool with mobile devices. In: *Behaviour and Information Technology,* 36(1), 95–111.

Rodina, T.B. (2017). Musical . ation at the Ear Training Lessons: Typical Problems an their Solutions. In: *Aktuální Pedagog* 2(1), 86-93.

Ruiz, E.B., Guerrero, I.M.M. & Gómez, F.J.B. (2017). El conocimiento armónico como estrategia para mejorar la comprensión, la motivación y la creatividad en el aprendizaje del lenguaje musical. In: *Revista Electrónica Complutense de Investigación en Educación Musical - RECIEM.* 14, 305-327.

Valiquet, P. (2017). Animating the Object: Marcelle Deschênes and acousmatic education in Quebec. In: *Organised Sound.* Cambridge University Press.

Vital Otutumi , C. H. (2017). As Cartas do Gervásio and Self-Regulated Learning as Reinforcers to Music Ear Training. In: *Opus*, 23(3), 166–192.

Wilczyńska, E. (2017). Review of the book: „Kształcenie słuchu. Historia – teoria – praktyka. Działalność Międzyuczelnianej Katedry Kształcenia Słuchu w latach 1995–2012". [Ear-Training. History – theory – practice. The activity of the Interacademic Chair of Ear-Training from 1995–2012]. In: *Kontekst Kształcenia Muzycznego*, 4(1), 125–130.

Zeng, Z. (2017). *Exploring the Aesthetic Connotations of Sight-singing and Ear-training.* Atlantis Press.

2018

Arıcı, İ. (2018). Computer-Assisted Music teaching in Music Teacher Education Departments: Marmara University Sample. In: *Educational Policy Analysis and Strategic Research,* 13(1), 71–80.

Atsushi, M. & Toru, K. (2018). Does spectral flatness affect the difficulty of the peak frequency identification task in technical ear training? In: *144th Audio Engineering Society Convention 2018.*

Cruz, L., Rolla, V., Kestenberg, J. & Velho, L. (2018). Visual Representations for Music Understanding Improvement. In: *Lecture Notes in Computer Science* (including subseries Lecture Notes in Artificial Intelligence and Lecture Notes in Bioinformatics). 11265 LNCS 468–476.

Feller, R. (2018). Audio Production and Critical Listening: Technical Ear Training. In: *Computer Music Journal* 42(1), 82–86.

Hwang, Y.T. & Chu, C.N. (2018). The design of music ear training system in building mental model with image stimulus fading strategy. In: *Lecture Notes in Computer Science* (including subseries Lecture Notes in Artificial Intelligence and Lecture Notes in Bioinformatics). 6764 LNCS(PART 4) 35–38.

Kawahara, K., Takada, M. & Iwamiya, S.I. (2018). How to listen professionally: Advanced technical listening training program at Kyushu University. In: *25th International Congress on Sound and Vibration 2018, ICSV* 2018: Hiroshima Calling.

Kim, Y. & Jeon, Y. (2018). Development and Implementation of Jazz Chord's Sight Singing and Ear Training Program Through the Shape of Musical Intervals. In: *Korean Music Education Society,* 47(4), 21–48.

Martin, D., Massenburg, G. & King, R. (2018). Dynamic range controller ear training: Analysis of audio engineering student training data. In: *144th Audio Engineering Society Convention 2018.*

Öztürk, G. & Kalyoncu, N. (2018). The Effect of Cooperative Learning on Students' Anxiety and Achievement in Musical Ear Training Lessons. In: *Eğitimde ve Psikolojide Ölçme ve Değerlendirme Dergisi*, 356–374.

Ringhandt, Ute (2018). *Crashkurs Gehörbildung Melodik – Harmonik – Rhythmus – Kadenz – Sequenz*, Ausgabe mit MP3. Mainz.

Schmid, Sebastian (2018). Wie hört der Mensch? - Besonderheiten in der Wahrnehmung des Menschen. Bachelorarbeit (Hochschule der Medien Stuttgart) online: https://curdt.home.hdm-stuttgart.de/PDF/Schmid_Sebastian.pdf

Serdaroglu, D.E. (2018). Ear Training Made Easy: Using IOS Based Applications to Assist Ear Training in Children. In: *European Journal of Medicine and Natural Sciences,* 2(1), 61.

Wilson, A. (2018). Aural Skills for Making Music: Incorporating Ear Training into Rehearsal Settings. In: *Canadian Winds / Vents Canadiens,* 17(1), 32–35.

Wolf, A., Kopiez, R. & Platz, F. (2018). Thinking in music: An objective measure of notation-evoked sound imagery in musicians. In: *Psychomusicology: Music, Mind, and Brain,* 28(4), 209–221.

Wolf, A. & Kopiez, R. (2018). Development and Validation of the Musical Ear Training Assessment (META). In: *Journal of Research in Music Education,* 66(1), 53–70.

Wolsky, T. (2018). Working with Audio. In: Wolsky, T., *From iMovie to Final Cut Pro X.* Routledge, 143–186.

Yu, L. (2018). *Research on the Application of National Music Thinking in Solfeggio and Ear Training*. Atlantis Press.

Žuvela, S.K. (2018). *Ko sc nepremični "DO" začne premikati večpomenskost intonančnih zlogov* [When the fixed „Do" tends to move: The Ambiguity of the Solfège Syllabary]. Glasbeno, 28, 29–49.

Wang, Maomao (2018). On the Grasp of the Uniqueness of the National Mode in the Teaching of Solfeggio and Ear Training. In: *Art Research Letters*, 7(3), 61–65.

2019

Andrianopoulou, Monika (2019). *Aural Education: Reconceptualising Ear Training in Higher Music Learning (SEMPRE Studies in The Psychology of Music)*. Diss. 2018 https://discovery.ucl.ac.uk/id/eprint/10043813/ New York: Routledge.

Ardiningsih, D. (2019). Pengembangan game kuis interaktif sebagai instrumen evaluasi formatif pada mata kuliah teori musik. In: *Jurnal Inovasi Teknologi Pendidikan* 6(1), 92–103.

Atsushi, M. & Toru, K. (2019). Predicting objective difficulty in peak identification task of technical ear training. In: *147th. Audio Engineering Society International Convention 2019*.

Boucher, H. (2019). For a Cultural Adaptation of the Kodaly Approach for French Québécois Including the Use of the Fixed Do System. In: *Canadian Music Education*.

Carden, Jill & Cline, Tony (2019). Absolute pitch: Myths, evidence and relevance to music education and performance. In: *Psychology of Music* 47(6), 890–901.

Duan, Z., Gupta, C., Percival G., Grunberg, D. & Wang, Y. (2019). Seccima: Singing and ear training for children with cochlear implants via a mobile application. In: *Proceedings of the 14th Sound and Music Computing Conference 2017, SliMC 2017*.

Dufrene, B.A. & LaBrot, Z. (2019). Bug-in-the-Ear Training. In: *Technology Applications in School Psychology Consultation, Supervision, and Training*. Routledge, 26–45.

Dunmire, C.E. (2019). *Audiating and Vocalizing Voice-Leading in Seventh Chords: Harmonic Recognition in Freshman Ear-Training Courses*. ProQuest Dissertations and Theses.

Fields, V.A. (2019). VIII. Concepts of Ear Training. In: V. Fields, *Training the Singing Voice*. Columbia University Press, 176–189.

Fletcher, C., Hulusic, V. & Amelidis, P. (2019). Virtual reality ear trainingsystem: A study on spatialised audio in interval recognition. In: *11th International Conference on Virtual Worlds and Games for Serious Applications, VS-Games 2019 - Proceedings*.

Fournier, G., Moreno Sala M.T., Dubé, F. & O'Neill, S. (2019). Cognitive strategies in sight-singing: The development of an inventory for aural skills pedagogy. In: *Psychology of Music,* 47(2), 270–283.

Hasegawa, R. (2019). Explorations of Equal-Tempered Microtonality. Ivan Wyschnegradsky, Manual of Quarter-Tone Harmony, Edited by Noah Kaplan and translated by Rosalie Kaplan, Brooklyn, Underwolf, 2017. 28 pages with online audio supplement Julia Werntz, Steps to the Sea: Ear. In: *Circuit: Musiques contemporaines*, 29(2), 99.

Hatfield, Gaye Tolan (2019). *Berklee Ear Training; Duets and Trios*; Score. Milwaukee.

Haugseth, B. (2019). Gehørtrening og læring. In: *Acta Didactica Norge* 13(3).

Hertig, Mauro (2019). *Höranalyse – Neue Werkzeuge der musikalischen Wahrnehmung*. Hofheim am Taunus.

Howie, W., Martin, D., Kim, S., Kamekawa, T. & King, R. (2019). Effect of audio production experience, musical training, and age on listener performance in 3D audio evaluation. In: *AES: Journal of the Audio Engineering Society*, 67(10), 782–794.

Ji, S. (2019). *Musical Ear Training and Solfeggio Practice in Modern China.* Manuscript.

Kwon, M.J. (2019). Effects of ear training on speech disorder evaluation and confidence rating. In: *Journal of speech-language & hearing disorders,* 28(1), 71–76.

Lee, H. & Johnson, D. (2019). An open-access database of 3D microphone array recordings. In: *147th Audio Engineering Society International Convention 2019.*

Liu, W. (2019). Diversified Reform of singing and ear training in Ordinary Higher Music Majors. In: *The Convergence of Humanities, Social Science an Art's Academy,* 3(1), 254–266.

Liu, F. (2019). *Innovation and Research on the Teaching of Singing and Ear Training based on the Preschool Education Major*. Atlantis Press.

Marui, A. & Kamekawa, T. (2019). Does spectral flatness affect the difficulty of the peak frequency identification task in technical ear training? (Part 2). In: *AES 146th International Convention. 2019.*

Qinfeng, Jiang (2019). Brief Analysis on Multiple Effects of Solfeggio Teaching and Ear Training on Music and Art Education. In: *International Conference on Arts, Management, Education and Innovation (ICAMEI 2019)*, 980–984.

Omuku, P. (2019). Issues and Challenges of Choral Music Pedagogy in Nigeria: Teachers' Perspective. In: *Journal of Nigerian Music Education (JONMED).*

Park, S., Kamekawa, T. & Marui, A. (2019). Investigation into how reference sources and the experience of technical ear training work in mixing through headphones. In: *AES 146th International Convention 2019.*

Serdaroglu, E. (2019). Ear Training Made Easy: Using IOS Based Applications to Assist Ear Training in Children. In: *European Journal of Social Science Education and Research,* 5(3), 202–209.

Silla, C.N., Przybysz, A.L., Rivolli, A., Gimenez, T., Barroso, C. & Machado, J. (2019). Girls, music and computer science. In: *Proceedings – Frontiers in Education Conference, FIE.*

Song, C. (2019). Analysis on the Evaluation of Solfeggio and Ear Training Courses. In: *Proceedings of the 2019 3rd International Conference on Education, Management Science and Economics (ICEMSE 2019).*

Wang, D. (2019). Research on Psychological Impact of Solfeggio and Ear Training Reform on College Students. In: *DEStech Transactions on Environment, Energy and Earth Sciences 2019.*

Wong, Alan C.-N., Yip, Ken H. M., Kelvin, F. H. & Wong, Yetta Kwailing (2019). Is it impossible to acquire absolute pitch in adulthood? In: *bioRxiv* 10.1101, 355933.

Xing, R. (2019). Inheriting National Culture and Exploring New Ways of Teaching Exploration on the Integration of National Music into Sight Singing and Ear Training Teaching. In: *Proceedings of the 5th International Conference on Arts, Design and Contemporary Education* (ICADCE 2019).

2020

ABRSM (2020). *The history of ABRSM.* Entnommen am 3. November 2020 von https://de.abrsm.org/en/

ABRSM (2020). *Aural tests*, Entnommen am 3. November 2020 von https://gb.abrsm.org/en/search/?q=aural%20tests

ABRSM (2020). *Music Theory exams*. Entnommen am 3. November 2020 von https://gb.abrsm.org/en/our-exams/online-theory/

Baragwanath, Nicholas (2020). *The Solfeggio Tradition. A Forgotten Art of Melody in the Long Einghteenth Century*. Oxford.

Brauer, Vincent (2020). *Recherche en éducation musicale – Numéro Spézial, L'écoute de l'œuvre musicale: des représentations aux savoirs sur l'œuvre.* No. 35, Journée d'études Université Toulouse – Jean Jaurès, 22 février 2019, Faculté de musique de l'Université Lava, Québec.

https://www.mus.ulaval.ca/sites/mus.ulaval.ca/files/2021-01/Recherche-education-musicale-35.pdf

Chappell, E. (2020). Research-to-Resource: The Importance of Aural Learning in the Strings Classroom. In: *Update: Applications of Research in Music Education.*

Cornelius, N. & Brown, J.L. (2020). The interaction of repetition and difficulty for working memory in melodic dictation tasks. In: *Update: Applications of Research in Music Education.*

Cotter, K. N. & Silvia, P. J. (2020). Mental Control of Musical Imagery: Comparing Tonal and Song Stimuli. In: *Psychomusicology: Music, Mind, and Brain* , 30(3), 145–158.

Desbrosses, Jessica & Tripier-Mondanci, Odile (2020). Problématiser un commentaire comparé d'œuvres musicales écoutées: scénarios de formation. In: *Recherche en éducation musicale - Numéro Spézial, L'écoute de l'œuvre musicale: des représentations aux savoirs sur l'œuvre,* 35, 145–170.

Ding, L. (2020). Application of computer music production technology and computer multimedia system in college sight-singing and ear training. In: *Journal of Physics: Conference Series.*

Donelian, Armen (2020). *Training the ear: for the improvising musician.* Leipzig; Frankfurt am Main.

dos Santos, R.A.T. & dos Santos, R.P. (2020). Developing a Tool for Music Theory Placement: An Emphasis on Implicitly Learned Abilities. In: *Journal of Research in Music Education,* (September).

Escoubet, Stéphane (2020). Appréhender l'œuvre musicale par ses réceptions ordinaires: propositions méthodologiques et étude de cas. In: *Recherche en éducation musicale – Numéro Spézial, L'écoute de l'œuvre musicale: des représentations aux savoirs sur l'œuvre,* 35, 45–60.

Felbick, Lutz (2020). *Gehörbildung und Kurzzeitgedächtnis* (Vortrag auf https://www.youtube.com).

Hecker, Martin (2020). *Neue Musik im integrativen Theorie- und Gehörbildungsunterricht – Im Spannungsfeld zwischen Gehörbildung, Analyse, Improvisation und Tonsatz* (Studien zur Musikwissenschaft, Band 49). Hamburg.

Heinsen, D. & Heinsen, R. (2020). Promoting Far Transfer and 21st-Century Competency Through the Aural Skills Capstone Project. In: *Engaging Students: Essays in Music Pedagogy.*

Homone, A. (2020). The Musical Audition or the Musicogram as Ear Training Methods. In: *Information and Communincation Technology in Musical Field.*

Huey, Beth Ann (2020). *Determination of Biases in Sight-Singing Textbooks Published between 1980 and 2018*. Diss. University of Massachusetts Amherst. https://scholarworks.umass.edu/cgi/viewcontent.cgi?article=2992&context=dissertations_2

Huguet, Marie-Céline (2020). L'enseignement explicite: une approche pertinente pour l'enseignement de l'écoute d'œuvre au collège ? In: *Recherche en éducation musicale – Numéro Spézial, L'écoute de l'œuvre musicale: des représentations aux savoirs sur l'œuvre* 35, 119–144.

Kania, A. (2020). Musical Understanding. In: A. Kania, *Philosophy of Western Music* Routledge.

Long, M.K. (2020). What Do Signatures Signify? In: *Journal of Music Theory Pedagogy,*64 (2), 147–201.

Maizières, Frédéric (2020). Les représentations partagées d'auditeurs novices du finale du Carnaval des animaux de Camille Saint-Saëns. In: *Recherche en éducation musicale – Numéro Spézial, L'écoute de l'œuvre musicale: des représentations aux savoirs sur l'œuvre,* 35, 61–88.

Maizières, Frédéric; Tripier-Mondancin, Odile & Escoubet, Stéphane (2020). L'écoute de l'œuvre musicale: des représentations aux savoirs sur l'œuvre. In: *Recherche en éducation musicale – Numéro Spézial, L'écoute de l'œuvre musicale: des représentations aux savoirs sur l'œuvre,* 35, 1–6.

Marty, Nicolas (2020). L'écoute « musicale » et l'œuvre-objet. In: *Recherche en éducation musicale – Numéro Spézial, L'écoute de l'œuvre musicale: des représentations aux savoirs sur l'œuvre.* 35, 21–44.

Mira, Fernandes P. (2020). Chants, raps and songs: how they enhance language memorisation. In: *Revistamultidisciplinar.com.* 2(2), 21–30.

Nikolsky, A. (2020). Emergence of the distinction between "verbal" and "musical" in early childhood development. In: Nobuo Masataka, *The Origins of Language Revisited: Differentiation from Music and the Emergence of Neurodiversity and Autism*. Springer.

Pedersen, K., Hulusic,V., Amelidis, P. & Slattery, T. (2020). Spatialised Audio in a Custom-Built OpenGL-based Ear Training Virtual Environment. In: *IEEE Computer Graphics and Applications* [Institute of Electrical and Electronics Engineers (IEEE)].

Perrin, Roland & Noar, Charlotte (2020). *Real ear training: understand and notate music you hear*. London.

Pesek, M., Suhadolnik, L., Šavli, P. & Marolt, M. (2020). Motivating students for ear-training with a rhythmic dictation application. In: *Applied Sciences* (Switzerland).

Pesek, M., Vucko, Z., Savli, P., Kavcic, A. & Marolt, M. (2020). Troubadour: A Gamified e-Learning Platform for Ear Training of Computer and Information Science, University of Ljubljana. In: *IEEE Computer Graphics and Applications* [Institute of Electrical and Electronics Engineers (IEEE)] https://ieeexplore.ieee.org/.

Pineau-Girard, Marion (2020). Écoute musicale: passive, active ou interactive? Mécanismes et impacts cognitifs. In: *Recherche en éducation musicale - Numéro Spézial, L'écoute de l'œuvre musicale: des représentations aux savoirs sur l'œuvre,* 35, 7–20.

Sasikumar, H. (2020). Bridging disparity: An attempt to train consumers in music technology using "audio descriptors." In: *Proceedings – 2020 6th International Conference on Engineering, Applied Sciences and Technology, ICEAST.*

Southcott, J. (2020). *Sarah Anna Glover: Nineteenth-century music education pioneer.*

Sorenson, R. (2020). Perceptions and Preparedness: Preservice Music Educators and Popular Music Teaching Skills. In: *Update: Applications of Research in Music Education.*

Tripier-Mondancin, Odile & Maizières, Frédéric (2020). La situation d'écoute musicale au collège: vers la co-construction de connaissances secondaires. In: *Recherche en éducation musicale - Numéro Spézial, L'écoute de l'œuvre musicale: des représentations aux savoirs sur l'œuvre,* 35, 89–118.

VanHandel, L. (Hg.) (2020). *The Routledge Companion to Music Theory.* Routledge, New York.

Wiener, S. & Bradley, E.D. (2020). Harnessing the musician advantage: Short-term musical training affects non-native cue weighting of linguistic pitch. In: *Language Teaching Research.*

Wolfs, Z.G., Boshuizen, H.P.A. & van Strien, J.L.H. (2020). The role of positional knowledge and tonal approaches in cellists' sight-reading. In: *Musicae Scientiae.*

Index Autoren

Dissertationen/Theses

Zeitschriften

Stichworte

Inhaltsverzeichnis